A UNIÃO EUROPEIA
APÓS O TRATADO DE LISBOA

MARIA JOSÉ RANGEL DE MESQUITA
Professora da Faculdade de Direito da Universidade de Lisboa

A UNIÃO EUROPEIA APÓS O TRATADO DE LISBOA

ALMEDINA

A UNIÃO EUROPEIA APÓS O TRATADO DE LISBOA

AUTORA
MARIA JOSÉ RANGEL DE MESQUITA

EDITOR
EDIÇÕES ALMEDINA, SA
Av. Fernão Magalhães, n.° 584, 5.° Andar
3000-174 Coimbra
Tel.: 239 851 904
Fax: 239 851 901
www.almedina.net
editora@almedina.net

PRÉ-IMPRESSÃO | IMPRESSÃO | ACABAMENTO
G.C. – GRÁFICA DE COIMBRA, LDA.
Palheira – Assafarge
3001-453 Coimbra
producao@graficadecoimbra.pt

Setembro, 2010

DEPÓSITO LEGAL
316207/10

Os dados e as opiniões inseridos na presente publicação
são da exclusiva responsabilidade do(s) seu(s) autor(es).

Toda a reprodução desta obra, por fotocópia ou outro qualquer
processo, sem prévia autorização escrita do Editor, é ilícita
e passível de procedimento judicial contra o infractor.

Biblioteca Nacional de Portugal – Catalogação na Publicação

MESQUITA, Maria José Rangel de

A União Europeia após o Tratado
de Lisboa. - (Monografias)
ISBN 978-972-40-4322-7

CDU   061.1UE
          341

NOTA PRÉVIA

A entrada em vigor, em 1 de Dezembro de 2009, do Tratado de Lisboa, tratado modificativo do Tratado da União Europeia e dos Tratados institutivos das Comunidades Europeias – Comunidade Europeia e Comunidade Europeia da Energia Atómica –, representa o culminar de um longo processo de revisão dos Tratados, aberto com a Declaração n.º 23 respeitante ao futuro da União anexa ao Tratado de Nice, e, simultaneamente, um novo marco da integração europeia.

O texto que ora se publica representa uma etapa do processo de estudo sobre o quadro jurídico da integração europeia aberto com a aprovação, em 2003, do Tratado que estabelece uma Constituição para a Europa, e que o Tratado de Lisboa refunda com vista à consolidação do processo de integração e à dotação da União dos instrumentos jurídicos que lhe permitam prosseguir as suas atribuições e desempenhar o seu papel na Ordem Jurídica interna e internacional.

A presente publicação, sob a designação de *A União Europeia após o Tratado de Lisboa*, sem a pretensão de se configurar como Lições, visa pôr à disposição dos Alunos e de todos aqueles que se interessam pelo estudo do Direito da União Europeia, um texto que apresenta e analisa, por um lado, o Tratado de Lisboa e as principais alterações pelo mesmo introduzidas nos Tratados institutivos mais relevantes – o Tratado da União Europeia e o Tratado institutivo da Comunidade Europeia – e, por outro, os principais contornos jurídicos da União Europeia após a entrada em vigor do Tratado de Lisboa em função de um conjunto de temas que em regra integram a estrutura dos manuais de Direito da União Europeia: sucessivamente, *Princípios, valores e objectivos da União Europeia*, *Atribuições e políticas da União Europeia*, *Cidadania e legitimação democrática*, *Direitos Fundamentais e adesão da União Europeia à Convenção Europeia dos Direitos do Homem*, *A estrutura orgânica da União Europeia*, *O poder judicial*, *Incumprimento dos Estados membros e poder san-*

cionatório da União Europeia e, por fim, *Cooperações reforçadas e cooperações estruturadas permanentes*[1].

Espera-se que a presente publicação possa corresponder à finalidade que presidiu à sua elaboração, contribuindo para o estudo e o debate científico sobre as questões relacionadas com a integração europeia, a qual, com a entrada em vigor do Tratado de Lisboa, dispõe de um quadro jurídico renovado que, espera-se, possa vir a revelar-se suficiente para os desafios com os quais a União Europeia se confronta.

Faculdade de Direito da Universidade de Lisboa
Lisboa, Maio de 2010

A autora

---

[1] Os parágrafos 7 e 10 retomam, o primeiro desenvolvidamente, os estudos elaborados para as obras de homenagem aos Professores Doutores Sérvulo Correia e Paulo de Pitta e Cunha, respectivamente (no prelo); o parágrafo 9 reflecte o estudo desenvolvido para a prolação da conferência sobre «O sistema jurisdicional após o Tratado de Lisboa» nas Jornadas sobre o Tratado de Lisboa realizadas em 15 e 16 de Março de 2010 na Faculdade de Direito da Universidade de Lisboa; o artigo sobre «Cidadania europeia e legitimação democrática após o Tratado de Lisboa» que integrará o volume monográfico de *O Direito*, N.º 5, 2010, retoma o parágrafo 6.

ABREVIATURAS E SIGLAS

art./arts.	artigo/artigos
ARUNEPS	Alto Representante da União para os Negócios Estrangeiros e a Política de Segurança
BCE	Banco Central Europeu
BEI	Banco Europeu de Investimento
CDE	Cahiers de Droit Européen
CDFUE	Carta dos Direitos Fundamentais da União Europeia
CEDH	Convenção Europeia dos Direitos do Homem (Convenção Europeia para a Salvaguarda dos Direitos do Homem e das Liberdades Fundamentais)
CEEA	Comunidade Europeia da Energia Atómica
CES	Comité Económico e Social
CIG	Conferência Intergovernamental
CMLR	Common Market Law Review
Col.	Colectânea de Jurisprudência do Tribunal de Justiça / Colectânea de Jurisprudência do Tribunal de Justiça e do Tribunal de Primeira Instância
coord.	coordenação
COSAC	Conferência das Comissões de Assuntos Europeus dos Parlamentos Nacionais
CPJMP	Cooperação Policial e Judiciária em Matéria Penal
dir.	direcção
Dir. Un. Eur.	Il Diritto dell'Unione Europea
ed.	edição/editor(es)
ELR	European Law Review
ELSJ	Espaço de Liberdade, Segurança e Justiça
EPL	European Public Law
EURATOM	Comunidade Europeia da Energia Atómica
JO	Jornal Oficial das Comunidades Europeias
JOUE	Jornal Oficial da União Europeia
MJ	Maastricht Journal of European and Comparative Law
ONU	Organização das Nações Unidas

org.	organização
p.	página
par.	parágrafo
PCSD	Política Comum de Segurança e Defesa
PE	Parlamento Europeu
PEC	Pacto de Estabilidade e Crescimento
PESC	Política Externa e de Segurança Comum
pp.	páginas
RAE	Revue des Affaires Européennes/Law & European Affairs
Rec.	Recueil de la Jurisprudence de la Cour de Justice des Communautés Européennes / Recueil de la Jurisprudence de la Cour et du Tribunal de Première Instance
Rev. Der. Com. Eur.	Revista de Derecho Comunitario Europeo
Riv. Ital. Dir. Pubbl. Com.	Rivista Italiana di Diritto Pubblico Comunitario
RMCUE	Revue du Marché Commun et de l'Union européenne
RTDE	Revue Trimestrielle de Droit Européen
SEAE	Serviço Europeu de Acção Externa
TA	Tratado de Amesterdão
TCE	Tratado institutivo da Comunidade Europeia
TCEEA	Tratado institutivo da Comunidade Europeia da Energia Atómica
TECE	Tratado que estabelece uma Constituição para a Europa
TEDH	Tribunal Europeu dos Direitos do Homem
TFPUE	Tribunal da Função Pública da União Europeia
TFUE	Tratado sobre o Funcionamento da União Europeia
TG	Tribunal Geral
TJ	Tribunal de Justiça
TJCE	Tribunal de Justiça das Comunidades Europeias
TJUE	Tribunal de Justiça da União Europeia
TL	Tratado de Lisboa
TN	Tratado de Nice
TPI	Tribunal de Primeira Instância
TUE	Tratado da União Europeia
UE	União Europeia
Vol.	Volume

I – O TRATADO DE LISBOA

§ 1 Antecedentes: do Tratado de Nice à entrada em vigor do Tratado de Lisboa

A assinatura do Tratado de Lisboa (TL), em 13 de Dezembro de 2007, representou o culminar de um difícil processo comunitário de revisão dos Tratados institutivos das Comunidades Europeias e da União Europeia (UE) aberto com a Declaração N.º 23 anexa ao Tratado de Nice (TN) sobre o futuro da União Europeia. Esta Declaração identificava quatro pontos de reflexão no quadro do futuro da União: i) a delimitação das competências entre a UE e os Estados membros com respeito pelo princípio da subsidiariedade; ii) o estatuto da Carta dos Direitos Fundamentais da União Europeia (CDFUE); iii) a simplificação dos Tratados; iv) o papel dos parlamentos nacionais na arquitectura europeia[2].

Durante o período de tempo que decorreu entre a assinatura do Tratado de Nice e a assinatura do Tratado de Lisboa registou-se um conjunto de factos relevantes relacionados como futuro da União Europeia de entre os quais se destacam, em especial: i) a convocação, na sequência da "Declaração de Laeken sobre o futuro da União Europeia" aprovada pelo Conselho Europeu de Dezembro de 2001, de uma Convenção para a elaboração de um tratado modificativo dos tratados existentes; ii) a apresentação ao Conselho Europeu, em Julho de 2003, do Tratado que estabelece uma Constituição para a Europa (TECE), aprovado pela Convenção; iii) a convocação, em 2003, de uma Conferência Intergovernamental (CIG) e a posterior assinatura do TECE em 29 de Outubro de 2004[3]; iv) o fracasso do processo de ratificação deste Tratado na sequência do resultado nega-

---

[2] V. o n.º 5 da Declaração N.º 23 respeitante ao futuro da União anexa ao Tratado de Nice.

[3] Texto constante do documento CIG 87/1/04 REV 1, objecto de posterior publicação no Jornal Oficial da União Europeia (JOUE) C 310 de 16/12/2004, p. 1 e ss.

tivo dos referendos realizados, em França e, depois, nos Países Baixos, respectivamente em Maio e Junho de 2005; v) o decurso de um período de reflexão decidido pelo Conselho Europeu de Bruxelas de Junho de 2005; vi) a definição, pelo Conselho Europeu de Bruxelas de Junho de 2007, de um mandato para a CIG com vista à elaboração de um *novo* Tratado, denominado Tratado Reformador[4]; vii) a convocação posterior de uma nova CIG[5] para aprovação desse Tratado Reformador cujo projecto foi elaborado pela presidência portuguesa em exercício[6]; viii) e, finalmente, ultrapassados os pontos de discórdia no Conselho Europeu informal de Outubro[7], a assinatura, em Lisboa, em 13 de Dezembro de 2007, ainda durante a presidência portuguesa da União Europeia, de um *Tratado modificativo do Tratado da União Europeia e do Tratado da Comunidade Europeia*[8-9]

---

[4] Conclusões do Conselho Europeu de Bruxelas de 21 e 22 de Junho de 2007, I, e *Projecto de mandato da CIG,* constante do respectivo Anexo I – doravante designado *mandato da CIG* ou apenas *mandato*. O *mandato* comportava cinco pontos: I) Observações de ordem geral; II) Alterações ao Tratado da União Europeia; III) Alterações ao Tratado da Comunidade Europeia; IV) Protocolos e Tratado Euratom; V) Declarações.

[5] A CIG foi convocada em 19 de Julho de 2007 – vide documento da Presidência 12004/07 de 19/7/2007 e respectivo anexo sobre a organização da CIG.

[6] O primeiro projecto foi apresentado pela Presidência portuguesa em 24 de Julho de 2007 – Documentos CIG 1/07, 2/07, 3/07 e 4/07, de 24 de Julho de 2007 – Projecto de Tratado que altera o Tratado da União Europeia e o Tratado que institui a Comunidade Europeia. Em 5 de Outubro de 2007 foi apresentado um novo texto revisto – Documentos CIG 1/1/07 REV 1, 2/1/07 REV 1, 3/1/07 REV 1 e 4/1/07 REV 1, de 5 de Outubro de 2007 – Projecto de Tratado que altera o Tratado da União Europeia e o Tratado que institui a Comunidade Europeia

[7] As modificações resultantes da Cimeira Informal de 18 e 19 de Outubro constam dos documentos CIG 1/1/07 REV 1 COR 1, 2/1/07 REV 1 COR 1 e COR 2, 3/1/07 REV 1 COR 1 e COR 2 e 4/1/07 REV 1, de 22 de Outubro.

[8] *Tratado de Lisboa que altera o Tratado da União Europeia e o Tratado que institui a Comunidade Europeia* (2007/C 306/01), publicado no JOUE C 306, de 17/12/2007, p. 1 e ss.

[9] As *Versões consolidadas do Tratado da União Europeia e do Tratado sobre o Funcionamento da União Europeia* (2008/C 115/01) foram publicadas no JOUE C 115 de 9 de Maio de 2008, p. 1 e ss., e objecto de rectificação pela Acta de Rectificação do Tratado de Lisboa 2009/C 290/01, publicada no JOUE C 290 de 30 de Novembro de 2009. A última versão das *Versões consolidadas do Tratado da União Europeia e do Tratado sobre o Funcionamento da União Europeia* foi publicada no JOUE C 83 de 30/3/2010, p. 1 e ss. (2010/C 83/01).

– e abertura do respectivo processo de aprovação e/ou ratificação por cada um dos vinte e sete Estados membros.

O suposto êxito da assinatura de um *novo* – mas, como concluiremos a final, *velho* – Tratado[10] não pode naturalmente ser confundido com o êxito do respectivo processo de aprovação e/ou ratificação pelos Estados membros, que deveria estar concluído antes das eleições para o Parlamento Europeu de Junho de 2009[11].

A história recente da integração europeia – de Maastricht a Nice – ensina que por diversas vezes não foi fácil chegar ao momento da efectiva entrada em vigor dos tratados modificativos e que a mesma só foi por vezes conseguida com sacrifício da unidade na construção europeia. O processo de ratificação do Tratado de Lisboa confirmou a história: as dificuldades suscitadas pelo resultado negativo do primeiro referendo realizado na Irlanda, obrigatório à luz das normas constitucionais internas, bem como as dificuldades surgidas em outros Estados membros, em especial a Polónia e a República Checa, só foram superadas cerca de dois anos após a assinatura do Tratado de Lisboa. Em 10 de Outubro de 2009 o Presidente da Polónia assinou o instrumento de ratificação do Tratado de Lisboa e, em 16 de Outubro de 2009, duas semanas após o resultado positivo do segundo referendo irlandês, a Presidente da Irlanda assinou também o Tratado[12]. Finalmente, após a pronúncia do Tribunal Constitucional em 3 de Novembro, o Presidente da República Checa assinou também o instrumento de ratificação do Tratado de Lisboa, ficando assim concluído o processo de aprovação e ratificação do Tratado de Lisboa. A entrada em vigor do Tratado de Lisboa, nos termos do seu artigo 6.º n.º 1, *in fine,* tem lugar no primeiro dia do mês seguinte ao do depósito do instrumento de ratificação do Estado signatário que proceder a esta formalidade em último

---

[10] Nas expressões de Jean-Claude GAUTRON, «ruptura formal» e «continuidade material» com a «defunta Constituição» (leia-se TECE) – *Le traité de Lisbonne ou le retour de la realpolitik*, RAE, 2007-2008/2, p. 164 e ss.

[11] V. Conclusões do Conselho Europeu de Bruxelas, cit., I, 11, *in fine*.

[12] Vide as Conclusões do Conselho Europeu de 11 e 12 de Dezembro de 2008, I, 3, no qual o Conselho toma nota das preocupações do povo Irlandês elencadas no Anexo 1 e enuncia as garantias jurídicas necessárias sobre três domínios: fiscalidade, política de segurança e de defesa e garantias constitucionais em matéria de direito à vida, educação e família e, posteriormente, as Conclusões do Conselho Europeu de 18 e 19 de Junho de 2009, I, 2 a 5, e Anexos 1 a 3.

lugar – pelo que, tendo o depósito do instrumento de ratificação da República Checa junto do Governo da República Italiana, depositário do Tratado, tido lugar durante o mês de Novembro, o Tratado de Lisboa entrou em vigor no dia 1 de Dezembro de 2009[13].

---

[13] Vide o comunicado de imprensa sobre a reunião informal dos Chefes de Estado ou de Governo da União Europeia de 19 de Novembro de 2009 e as Conclusões do Conselho Europeu de 10 e 11 de Dezembro de 2009, I, 1.

§ 2 A conformação do Tratado de Lisboa pelo Mandato da Conferência Intergovernamental definido pelo Conselho Europeu de Bruxelas de Junho de 2007

O Tratado de Lisboa apresenta-se como um Tratado *modificativo* do Tratado da União Europeia (TUE) e do Tratado da Comunidade Europeia (TCE)[14] – não procedendo, como o TECE, à substituição do TUE e do TCE por um único Tratado.

A configuração jurídica estrutural *final* do Tratado de Lisboa resulta do mandato da conferência intergovernamental definido pelo Conselho Europeu de Bruxelas de 21 e 22 de Junho de 2007. A configuração jurídica substancial do Tratado de Lisboa resulta do teor do Tratado que estabelece uma Constituição para a Europa, com as modificações fixadas no referido mandato da CIG.

Em termos estruturais, as principais orientações definidas no *mandato da CIG* foram as seguintes: i) afastamento do conceito constitucional, que consistia desde logo em revogar todos os Tratados em vigor, substituindo-os por um texto único denominado "Constituição"; ii) manutenção dos Tratados em vigor (TUE, TCE e Tratado institutivo da Comunidade Euro-

---

[14] Os textos que ora se consideram para efeitos de análise são o texto do *Tratado de Lisboa que altera o Tratado da União Europeia e o Tratado que institui a Comunidade Europeia* (2007/C 306/01), cit., e as versões consolidadas do TUE e do TFUE (2010/C 83/01, cit.). No decurso do texto far-se-á referência ao texto do TUE e do TFUE com a redacção do Tratado de Lisboa e à numeração dos respectivos artigos decorrente da renumeração resultante do Tratado de Lisboa – sem prejuízo, em alguns casos, de referência complementar ao artigo do Tratado de Lisboa que originou as modificações objecto de análise. No decurso do texto far-se-á ainda referência, quando for pertinente, aos artigos do TUE e do TCE na redacção anterior às modificações introduzidas pelo Tratado de Lisboa – fazendo-se então referência ao ex-artigo do TUE ou do TCE relevante.

peia da Energia Atómica (TCEEA))[15-16] sem carácter constitucional, com todas as consequências em termos terminológicos – e com idêntico valor jurídico[17], mas sem prejuízo de regimes jurídicos diferenciados[18]; iii) configuração do *Tratado Reformador* como um tratado modificativo do TUE e do TCE; iv) dotação da União de personalidade jurídica única; v) e, em consequência, alteração da denominação do TCE para *Tratado sobre o Funcionamento da União* (TFUE); vi) a União substitui-se e sucede à Comunidade Europeia; vii) omissão de qualquer alusão aos símbolos da União Europeia (bandeira, hino, lema); viii) tratamento do princípio do primado numa declaração que remeterá para a jurisprudência do Tribunal de Justiça; ix) integração das inovações resultantes da CIG de 2004 no TUE e no TFUE, com as «modificações» introduzidas nessas inovações à luz das consultas realizadas com os Estados membros[19].

Ora a referência expressa à «integração das inovações resultantes da CIG de 2004» implica necessariamente que o mandato da CIG considerou e retomou, no essencial, o texto do Tratado que estabelece uma Constituição para a Europa, assinado em Outubro de 2004 após o encerramento dos

---

[15] Vide a Acta Final da Conferência Intergovernamental, II. Protocolos, B. Protocolos anexados ao Tratado de Lisboa, Protocolo n.º 2 que altera o Tratado que institui a Comunidade Europeia da Energia Atómica.

[16] A versão consolidada do TCEEA (2010/C 84/01) foi publicada no JOUE C 84, de 30/3/2020, p. 1 e ss. Não versaremos na presente publicação sobre o regime de Direito originário da Comunidade Europeia da Energia Atómica (EURATOM) após as modificações introduzidas pelo Tratado de Lisboa. São de sublinhar no entanto dois aspectos: em primeiro lugar, a EURATOM tem personalidade jurídica (art. 184.º TCEEA) distinta da personalidade jurídica da União Europeia (art. 47.º TUE); em segundo lugar o Capítulo 1 do Título III («Disposições institucionais e financeiras») do TCEEA prevê expressamente a aplicação ao TCEEA de determinadas disposições do TUE e do TFUE (art. 106.º-A, n.º 1, TCEEA); em terceiro lugar o TCEEA prevê expressamente que as disposições do TUE e do TFUE não derrogam as disposições do TCEEA (art. 106.º-A, n.º 3, TCEEA).

[17] Art. 1.º, par. 3, TUE, e art. 1.º. n.º 2, TFUE – tal implica formalmente a inexistência de qualquer hiararquia entre os dois Tratados, TUE e TFUE, sem prejuízo de uma supremacia ou prevalência substancial do TUE na medida em que contém disposições comuns gerais em matéria de, designadamente, princípios, valores e protecção direitos fundamentais.

[18] Em especial em matéria de processos de revisão (ordinário e simplificados), de domínios materiais abrangidos nas atribuições da União (PESC e demais domínios) ou processos legislativos (comum e especial).

[19] V. *mandato*, I, 1 a 4.

trabalhos da CIG[20-21] – sem prejuízo das «modificações» introduzidas nessas inovações elencadas no mandato da CIG[22].

2.1. As «modificações» às inovações da Conferência Intergovernamental de 2004

As «modificações» às inovações da CIG 2004, de acordo com o *mandato*, prendem-se em especial com: i) as competências respectivas da UE e dos Estados membros e a respectiva delimitação; ii) a natureza especí-

---

[20] Não cumpre neste âmbito proceder a uma análise exaustiva do TECE, objecto de vasta doutrina, e sua comparação com o texto do Tratado de Lisboa de forma a aferir exaustivamente a medida em que o TECE é retomado pelo Tratado de Lisboa.

[21] Sobre o TECE v. na doutrina portuguesa, v. as obras gerais de Ana Maria GUERRA MARTINS, *O Projecto de Constituição Europeia. Contributo para o Debate sobre o Futuro da União*, 2.ª ed., Coimbra, Almedina, 2004, Guilherme D'OLIVEIRA MARTINS, *Que Constituição para a União Europeia – Análise do projecto da Convenção*, Lisboa, 2003, Paulo de PITTA E CUNHA, *A Constituição Europeia. Um olhar crítico sobre o projecto*, Coimbra, Almedina, 2004, *A Crise da Constituição Europeia*, Coimbra, Almedina, 2005, e *Reservas à Constituição Europeia/Reservations on the European Constitution*, Coimbra, Almedina, 2005, e, ainda, as obras colectivas *Uma Constituição para a Europa, Colóquio Internacional de Lisboa (Maio de 2003)*, Coimbra, Almedina, 2004 e *Colóquio Ibérico: Constituição Europeia, Homenagem ao Doutor Francisco de Lucas Pires*, Coimbra, Coimbra Editora, 2005, o número monográfico da revista O Direito, Ano 137.º, 2005, IV-V e o número monográfico da Revista de Estudos Europeus dedicada ao tema *A Constituição Europeia e Portugal – ano I, N.º 2, 2007*. Na doutrina estrangeira vide, entre outras, as obras gerais de Giuliano AMATO, H. BRIBOSIA e Bruno DE WITTE (ed.), *Genèse et destinée de la Constitution européenne – Genesis and destiny of the European Constitution*, Bruxelles, 2007, J. C. PIRIS, *le Traité constitutionnel pour l'Europe, une analyse juridique*, Bruxelles, 2006, A. KADDOUS e A. AUER (ed.), *Les principes fondamentaux de la Constitution européenne*, Bruxelles, 2006, Marianne DONY e Emmanuelle BRIBOSIA (ed.), *Commentaire de la Constitution de l'Union européenne*, Bruxelles, Éditions de l' Université de Bruxelles, 2005, Olivier DE SCHUTTER e Paul. NIHOUL (coord.), *Une Constitution pour l'Europe*, Bruxelles, Larcier, 2004, Vlad CONSTANTINESCO, Yves GAUTIER e Valérie MICHEL (dir.), *Le Traité établissant une constitution pour l'Europe: Analyses et commentaires*, Strasbourg, Presses Universitaires de Strasbourg, 2005, Lucia Serena ROSSI, *Vers une Nouvelle architecture de l'Union européenne. Le Project de Traité-Constitution*, Bruxelles, Bruylant, 2004, Olivier BEAUD, Arnaud LECHEVALIER, Ingolf PERNICE e Sylvie STRUDEL (dir.), *L'Europe en voie de Constitution. Pour un bilan critique des travaux de la Convention*, Bruxelles, Bruylant, 2004, e, ainda, o número monográfico da RTDE, avril-juin 2005.

fica da Política Externa e de Segurança Comum (PESC); iii) o reforço do papel dos Parlamentos nacionais; iv) o tratamento da CDFUE; e v) um mecanismo (de cooperação reforçada) no domínio da cooperação policial e judiciária em matéria penal (CPJMP)[23].

Quanto às *competências respectivas da UE e dos Estados membros* e a respectiva delimitação, o mandato da CIG impõe 7 «modificações» às inovações da CIG 2004, a incluir umas no TUE e as outras no TFUE. Tais modificações são as seguintes: especificação, no artigo (do TUE) sobre princípios fundamentais, no tocante às competências (art. 5.º, n.º 2, TUE), que a União actua unicamente dentro dos limites das competências que os Estados lhe tenham atribuído nos Tratados[24]; indicação, no artigo a incluir no TUE sobre as Relações entre a União e os Estados membros (art. 4, n.º 1, TUE) e nos termos do artigo sobre a delimitação das competências da União (art. 5.º, n.º 2, TUE), que as competências que não sejam atribuídas à União nos Tratados pertencem aos Estados membros[25]; especificação, no artigo a incluir no TUE sobre as Relações entre a União e os Estados membros (art. 4.º, n.º 2, *in fine,* TUE), de que a segurança nacional continua a ser da exclusiva responsabilidade dos Estados membros[26]; indicação, no artigo do TFUE sobre as categorias de competências (art. 2.º, n.º 2, TFUE), que os Estados voltam a exercer a sua competência na medida em que a União tenha decidido deixar de exercer a sua[27]; altera-

---

[22] Jean-Victor LOUIS sublinha este aspecto, ao afirmar que o Tratado (de Lisboa) incorpora as novidades introduzidas pelo Tratado constitucional (leia-se TECE), na medida em que o mandato da CIG não decidiu modificá-las (*Editorial,* CDE, 2007, n.os 5-6, p. 566).

[23] Vide *mandato da CIG,* I, 4. Sublinhe-se que três das questões enunciadas eram referidas na Declaração respeitante ao futuro da União Europeia anexa ao TN – delimitação de competências entre a UE e os Estados membros, estatuto da CDFUE e papel dos Parlamentos nacionais na arquitectura europeia (V. Declaração n.º 23, ponto 5).

[24] *Mandato,* II, 10.

[25] *Mandato,* Anexo 1, 4).

[26] *Mandato,* Anexo 1, 4). Vide também o Anexo 2 do mandato, 2, a), em matéria de alterações ao TCE.

[27] *Mandato,* III, 19, b). Vide também a Declaração a adoptar pela Conferência a respeito da delimitação das competências, na qual se prevê quando tal situação (decisão da UE de deixar de exercer a sua competência) ocorre – revogação de acto legislativo para melhor garantir o respeito dos princípios da subsidiariedade e da proporcionalidade (Mandato, III, 19, b), nota 10, a), e *Declaração (18) sobre a delimitação de competências* anexa ao TL.

ção do artigo do TFUE relativo às acções de apoio, de coordenação ou de complemento (art. 6.º TFUE), no sentido de salientar que a União desenvolve acções destinadas a apoiar, coordenar ou completar as acções dos Estados membros[28]; a previsão, no quadro do processo ordinário de revisão (art. 48.º TUE), de que os Tratados podem ser alterados no sentido de aumentar ou reduzir as competências atribuídas à União[29]; por último, a anexação aos Tratados de um protocolo relativo ao exercício das competências partilhadas e ao artigo 2.º, n.º 2 do TFUE, segundo o qual «quando a União toma medidas num determinado domínio, o âmbito desse exercício de competências apenas abrange os elementos regidos pelo acto da União em causa e, por conseguinte, não abrange o domínio da sua totalidade»[30].

No que diz respeito à *natureza específica da Política Externa e de Segurança Comum* o mandato da CIG determina que a PESC, cujas regras se integram doravante no domínio da acção externa da União, «se encontra sujeita a procedimentos específicos»[31]. Tais procedimentos específicos consistem nos seguintes[32]: a definição e execução da PESC pelo Conselho Europeu e pelo Conselho; a deliberação destes órgãos em regra por unanimidade; a exclusão da adopção de actos legislativos; a execução da PESC pelo Alto Representante da União Europeia para os Negócios Estrangeiros e a Política de Segurança (ARUNEPS) e pelos Estados membros nos termos dos Tratados; a definição pelos Tratados dos papéis específicos que cabem ao Parlamento Europeu (PE) e aos Estados membros; a exclusão da competência do Tribunal de Justiça da União Europeia (TJUE), com duas excepções – controlo do respeito pelo artigo 40.º do TUE e controlo da legalidade de determinadas decisões previstas no artigo 263.º do TFUE[33]. O mandato prevê ainda que a CIG adoptaria uma Declaração em matéria de PESC segundo a qual as disposições do TUE em matéria de PESC não afectam a competência dos Estados membros, tal como presentemente consagradas, para a formulação e condução das respectivas políticas de negócios estrangeiros nem as suas representações em países terceiros ou

---

[28] *Mandato*, III, 19, c).
[29] *Mandato*, II, 16.
[30] *Mandato*, III, 19, b), nota 10, b).
[31] *Mandato*, II, 15.
[32] *Mandato*, Anexo 1, 8).
[33] Vide art. 275.º TFUE e *infra*, § 9, 9.4.

organizações Internacionais, incluindo a qualidade de membro da Organização das Nações Unidas (ONU)[34]. A desconstitucionalização dos Tratados determinada pelo Conselho Europeu de Junho de 2007 e pelo mandato implicou a redenominação do antigo Alto Representante para a PESC que, em vez de Ministro dos Negócios Estrangeiros da União como previsto no TECE, se passará a denominar Alto Representante da União para os Negócios Estrangeiros e a Política de Segurança[35].

Quanto ao *reforço do papel dos Parlamentos nacionais*, tema já elencado pela Declaração sobre o futuro da União anexa ao Tratado de Nice, o mandato da CIG impõe a introdução no TUE de um artigo específico sobre o papel dos Parlamentos nacionais ao nível da União Europeia[36]. Esta disposição, que retoma o conteúdo do TECE (e do respectivo Protocolo relativo ao papel dos parlamentos nacionais na União Europeia) na matéria, elenca diversas áreas de participação dos parlamentos nacionais: mecanismos de avaliação da execução das políticas no âmbito do Espaço de Liberdade, Segurança e Justiça (ELSJ), avaliação das actividades do Eurojust e controlo político da Europol[37], processo de revisão dos tratados e pedidos de adesão à União[38] e, ainda, informação em matéria de projectos de actos legislativos europeus[39], garantia do respeito pelo princípio da subsidiariedade[40], e cooperação interparlamentar entre PE e parlamentos nacionais[41].

O mandato da CIG impõe todavia o reforço do papel dos parlamentos nacionais quanto a dois aspectos: alargamento do prazo – de 6 para 8 semanas – para apreciação dos projectos de actos legislativos e emissão de

---

[34] *Mandato*, II, 15), nota 6 e Anexo 1, 8, nota 22. V. a Declaração (N.º 13) sobre a política externa e de segurança comum.

[35] *Mandato*, I, 3) – v., designadamente, o art. 18.º e o art. 27.º TUE.

[36] *Mandato*, Anexo 1, 7).

[37] V. art. 12.º, c), TUE e arts. 70.º, 88.º e 85.º TFUE.

[38] V. art. 12.º, d) e e), TUE e arts. 48.º e 49.º TUE. V. *infra,* § 6, 6.1.

[39] V. art. 12.º a), TUE e Protocolo (N.º 1) relativo ao papel dos parlamentos nacionais na União Europeia (arts. 1.º a 4.º).

[40] V. art. 12.º, b), TUE e Protocolo (N.º 2) relativo à aplicação dos princípios da subsidiariedade e da proporcionalidade (arts. 6.º a 8.º) – v. também o art. 3.º do Protocolo relativo ao papel dos parlamentos nacionais na UE.

[41] V. art. 12.º, f) TUE e Protocolo (N.º 1) relativo ao papel dos parlamentos nacionais na União Europeia (arts. 9.º e 10.º).

parecer sobre o princípio da subsidiariedade e introdução de um mecanismo de controlo reforçado da subsidiariedade[42].

Quanto ao «tratamento» da CDFUE, matéria também elencada na Declaração sobre o futuro da União anexa ao Tratado de Nice, o mandato da CIG determinou, em vez da inclusão do texto da CDFUE no Direito originário, que o artigo do TUE relativo aos direitos fundamentais remeteria para a CDFUE acordada na CIG de 2004, conferindo-lhe valor juridicamente vinculativo e definindo o seu âmbito de aplicação[43]. O novo texto do artigo 6.º TUE passa a ter a redacção definida no Anexo 1, 5) do mandato da CIG, prevendo agora: que a União reconhece os direitos, liberdades e princípios enunciados na CDFUE de 7/12/2000[44], com as adaptações introduzidas em 2007[45] e que tem o mesmo valor jurídico que os Tratados; que o disposto na Carta não pode alargar as competências da União tal como definidas nos Tratados; que tais direitos, liberdades e princípios devem ser interpretados de acordo com as disposições gerais constantes do Título VII da Carta que regem a sua interpretação e aplicação (e tendo em devida conta as anotações a que a Carta faz referência, que estabelecem as fontes dessas disposições): e, ainda, que a União aderirá à Convenção Europeia dos Direitos do Homem (CEDH) e que tal adesão não altera as competências da União, tal como definidas nos Tratados[46-47].

---

[42] V. *Mandato*, II, 11, art. 4.º do Protocolo (N.º 1) relativo ao papel dos parlamentos nacionais na UE e art. 6.º do Protocolo (N.º 2) relativo à aplicação dos princípios da subsidiariedade e da proporcionalidade. V. *infra*, § 6, 6.2.

[43] *Mandato*, II, 9 e nota 3, que expressamente clarifica que o texto da Carta não será integrado nos Tratados.

[44] O Texto da CDFUE foi originariamente publicado no JO C 364, de 18/12/2000, p. 18 e ss.

[45] O PE, o Conselho e a Comissão re-proclamaram solenemente a CDFUE em 12/12/2007 (2007/3/ 303/01, JOUE C 303 de 14/12/2007, p. 1 e ss.). O texto proclamado em 2007 retoma, adaptando-a, a CDFUE proclamada em 7 de Dezembro de 2000 e, conjuntamente com o texto de 2007, foram publicadas «Anotações relativas à Carta dos Direitos Fundamentais», as quais foram elaboradas e actualizadas sob responsabilidade do *Praesidium* da Convenção que redigiu a Carta (2007/3 303/02, JOUE C 303, de 14/12/2007, p. 17 e ss.). Os JOUE que publicaram as versões consolidadas do TUE e do TFUE publicaram também o texto da CDFUE (ainda que sem as Anotações) – a última das quais 2010/C 83/02, JOUE C de 30/3/2010, p. 389 e ss.

[46] V. art. 6.º, n.ºs 1 e 2, TUE. O n.º 3 corresponde no essencial ao ex-art. 6.º, n.º 2 do TUE.

[47] A Declaração *ad* n.º 2 do artigo 6.º do TUE (Declaração 2) estipula que a adesão

Em matéria de CDFUE o mandato da CIG previu ainda a inclusão de um protocolo e de duas declarações anexas ao Tratado de Lisboa: o Protocolo (N.º 30) relativo à aplicação da CDFUE à Polónia e ao Reino Unido, a Declaração sobre a CDFUE (Declaração 1), e uma Declaração unilateral da Polónia sobre a Carta (Declaração 61)[48] – o primeiro, estabelecendo situações de excepção em benefício do Reino Unido e da Polónia, a segunda estipulando, em especial, que a Carta não alarga o campo de aplicação da legislação da União para além dos poderes da União, nem estabelece qualquer novo poder ou missão para a União, nem altera os poderes e missões definidos nos Tratados, a terceira clarificando que a Carta não afecta o direito dos Estados membros de legislar em matéria de moralidade pública e direito da família, bem como de protecção da dignidade humana e respeito pela integridade física e moral do ser humano[49].

Por último, em matéria de um *«mecanismo no domínio da cooperação policial e judiciária em matéria penal»*, o mandato da CIG anunciou também, como modificação a introduzir nas inovações resultantes da CIG 2004, a introdução de um mecanismo no domínio da CPJMP que «permita a alguns Estados membros ir mais além em determinado acto, dando simultaneamente aos demais a possibilidade de não o fazerem»[50]. Por outras palavras, trata-se da instituição de *cooperações reforçadas*[51] no

---

à CEDH deve ter lugar segundo modalidades que permitam preservar as especificidades do ordenamento jurídico da União.

[48] *Mandato*, Anexo 1, 5), notas 17, 19 e 18.

[49] Nas Declarações dos Estados membros anexas ao Tratado incluem-se mais duas relativas à CDFUE: a Declaração (53) da República Checa sobre a CDFUE e a Declaração (62) da Polónia sobre o protocolo relativo à aplicação da CDFUE à Polónia e ao Reino Unido – esta última em matéria de respeito pelos direitos sociais e laborais.

[50] *Mandato da CIG*, I, 4.

[51] O *mandato da CIG* (II, 7) estipula que o TUE manterá um Título sobre «Disposições relativas à cooperação reforçada» (Título IV) que sucede ao ex-Título VII do TUE (relativo ao regime geral da cooperação reforçada). De acordo com o *Tratado de Lisboa* (art. 1.º, 22)), o novo art. 20.º, n.º 2, do TUE retoma no essencial o art. I-44.º, n.º 2, do TECE, mas refere como requisito *nove* Estados e não um terço como dispunha o TECE (art. I-44.º, n.º 2). O *mandato da CIG* também se refere a um terço (Anexo 2, A, 2), c) e d)), mas o *Tratado de Lisboa*, ao concretizar o mandato, refere-se a «nove» Estados membros (art. 20.º, 2, TUE). Numa União Europeia a 27, um terço dos Estados membros é, de facto nove, mas com um ulterior alargamento, a versão do *Tratado de Lisboa* facilita, em vez de dificultar, proporcionalmente ao alargamento, a aplicação do requisito do número mínimo de Estados (aplaudindo a exigência de 9 Estados com base, designadamente, no

âmbito da cooperação judiciária em matéria penal e da cooperação policial[52]. O TECE já previa, no âmbito da cooperação judiciária em matéria penal, em certos casos – quando um Estado membro considerasse que um projecto de acto legislativo prejudicava aspectos fundamentais do seu sistema de justiça penal – a submissão do projecto ao Conselho Europeu e a suspensão do processo legislativo que poderia terminar: com o envio do projecto ao Conselho e o fim da suspensão do processo, com a apresentação de um novo projecto e, a final, na falta de pronúncia do Conselho Europeu ou não aprovação do novo projecto, com uma autorização para instituição de uma cooperação reforçada[53]. O *mandato da CIG*, por um lado, retoma este mecanismo, simplificando-o: se houver consenso no Conselho Europeu, o projecto é remetido ao Conselho, que põe fim à suspensão do processo legislativo ordinário e em caso de desacordo – e se pelo menos 9 Estados pretenderem instituir uma cooperação reforçada com base no projecto de directiva em questão – será autorizada 'automaticamente' uma cooperação reforçada[54]; por outro lado, o *mandato* estende este mecanismo a mais dois casos, em matéria de cooperação judiciária em matéria penal – instituição de uma procuradoria europeia para combate às infracções lesivas dos interesses financeiros da União – e de cooperação policial[55-56].

---

argumento da facilidade em alcançar o consenso entre 9 Estados, Maria Amparo Alcoceba GALLEGO, *La integración diferenciada en el Tratado de Lisboa o la ampliación de la Europa a la carta: sobre la construcción de uma nueva Unión Europea*, in Carlos R. Fernández LIESA e Castor M. Díaz BARRADO (dir.) e M. Amparo Alcoceba GALLEGO e Ana Manero SALVADOR (coord.), *El Tratado de Lisboa. Análisis y Perspectivas*, Madrid, Dykinson, 2008, p. 313). O procedimento com vista à instituição de uma cooperação reforçada, tal como no TECE onde consta da parte terceira que sucede ao TCE (arts. III-416.º e ss.), passará a constar do TFUE – arts. 326.º a 334.º TFUE. V. *infra*, § 11.

[52] V. *infra*, § 11, 11.2.
[53] Cf. arts. III-270.º, n.ºs 3 e 4, e III-271, n.ºs 3 e 4, TECE.
[54] Cf. arts. 82.º, 3, e 83.º, 3, TFUE – a primeira das disposições do TFUE respeita ao reconhecimento mútuo das sentenças e decisões judiciais e a segunda às regras mínimas relativas à definição das infracções penais e das sanções em domínios de criminalidade particularmente grave com dimensão transfronteiriça. Os 9 Estados em causa devem notificar o PE, o Conselho e a Comissão em conformidade, considera-se que foi concedida uma autorização para proceder à cooperação reforçada (referida no n.º 2 do art. 20.º TUE e no n.º 1 do art. 329.º TFUE) e aplicam-se as disposições relativas à cooperação reforçada (previstas no TFUE).
[55] Respectivamente arts. 86.º e 87.º TFUE (que correspondem aos arts. III-274.º e III-275.º do TECE).
[56] Na óptica inversa, de *opt-out*, v. ainda o disposto no *mandato*, III, 19), l), no tocante

2.2. As alterações ao Tratado da União Europeia

As alterações ao TUE definidas pelo *mandato* passam pela redefinição dos respectivos Títulos: em vez de 8, o TUE passa a ter apenas 6 títulos relativos a I) Disposições comuns; II) Disposições relativas aos princípios democráticos; III) Disposições relativas às instituições; IV) Disposições relativas à cooperação reforçada; V) Disposições gerais relativas à acção externa da União e disposições específicas relativas à PESC; VI) Disposições finais. Os Títulos II e III são, pois, títulos *novos*, os demais obedecem à anterior estrutura do TUE, introduzindo, respectivamente, as inovações e as alterações acordadas na CIG de 2004[57].

Além da redefinição estrutural, o *mandato* deu ainda indicações relativas a conteúdos de todos os Títulos do TUE, quer retomando o resultado e inovações da CIG 2004 (e, nessa medida, o TECE), quer introduzindo *modificações*. De entre tais modificações são de salientar as que de seguida se enunciam.

Quanto às *Disposições comuns* (Título I): não inclusão do texto da CDFUE nos Tratados, passando o artigo do TUE relativo aos direitos fundamentais a referir que a União reconhece os direitos, liberdades e princípios enunciados na Carta dos Direitos Fundamentais da União Europeia[58], com as adaptações introduzidas em 2007 e a que atribui o mesmo valor jurídico do que os Tratados[59].

Quanto às *Disposições relativas aos princípios democráticos* (Título II): inserção de um novo artigo, já referido, sobre o papel dos Parlamentos nacionais ao nível da UE; e estabelecimento de um mecanismo de controlo reforçado da subsidiariedade pelos parlamentos nacionais[60].

Quanto às *Disposições relativas às instituições* (Título III): o protelamento da produção de efeitos do novo sistema de votação por dupla

---

ao alargamento do âmbito do Protocolo sobre a posição do Reino Unido e da Irlanda (1997) por forma a incluir em relação ao Reino Unido os Capítulos sobre a cooperação judiciária em matéria penal e sobre a cooperação policial e, também, a incluir a aplicação do Protocolo em relação às medidas com base em Schengen e às alterações a medidas vigentes. Cf. Protocolo (N.º 21) relativo à posição do Reino Unido e da Irlanda em relação ao ELSJ.

[57] V. mandato da CIG, II, 7.
[58] *Supra*, 2.1 e *infra*, § 3, 3.3.
[59] *Mandato*, II, 9 e Anexo I, 5.
[60] *Mandato*, II, 11, e Anexo I, 7, e art. 12. TUE – v. *infra*, § 6, 6.2.

maioria (acordado na CIG) para 1 de Novembro de 2014 – e consequente aplicação até essa data do sistema de maioria qualificada previsto no ex--artigo 205.°, n.° 2, do TCE –, com possibilidade de existência de um período transitório subsequente até 31 de Março de 2017, durante o qual um Estado membro do Conselho pode solicitar que a decisão seja tomada de acordo com o referido antigo sistema de maioria qualificada; e a fixação da minoria de bloqueio em pelo menos 75% da população ou 75% do número de Estados até 31 de Março de 2017 e, a partir de 1 de Abril de 2017, 55% em ambos os casos – para efeitos de aplicação do mecanismo acordado na CIG para chegar, no seio do Conselho, a uma solução satisfatória que vá de encontro às preocupações dos Estados que integram a minoria de bloqueio[61-62].

Quanto às *Disposições relativas à cooperação reforçada* (Título IV): a previsão do número mínimo de 9 Estados membros para o lançamento de uma cooperação reforçada[63].

Quanto às *Disposições gerais relativas à acção externa da União e disposições específicas relativas à PESC* (Título V): a expressa indicação de que a PESC se encontra sujeita a regras e a procedimentos específicos[64].

Quanto às *Disposições finais* (Título VI): a expressa previsão, no quadro do processo de revisão ordinário, que os Tratados podem ser revistos no sentido de *aumentar* ou *reduzir* as competências atribuídas à União[65].

2.3. *As alterações ao Tratado da Comunidade Europeia*

Por seu *turno*, as alterações ao TCE, redenominado TFUE, definidas pelo mandato da CIG, retomam o resultado da CIG 2004[66], com um con-

---

[61] Cf. Declaração *ad* artigo I-25.° (do TECE) anexa à Acta final da CIG de 2004 (e, assim, ao TECE) e art. I-25.°, n.° 2, do TECE.
[62] *Mandato*, II, 13 – v. art. 16.°, 4 e 5 TUE e Protocolo (N.° 36) relativo às disposições transitórias, Título II (Disposições relativas à maioria qualificada), art. 3.°. V. *infra*, § 8, 8.1.5.
[63] *Mandato*, II, 14 – v. art. 20.°, n.° 2 TUE.
[64] *Mandato*, II, 15, e Anexo I, 8 – v. art. 24.°, n.° 1, par. 2, TUE.
[65] *Mandato*, II, 16 – v. art. 48.°, 2 TUE.
[66] As alterações decorrentes da CIG 2004 (e, assim, do TECE), conforme refere o mandato, prendem-se com: as categorias de competências e os domínios de competência; o âmbito da votação por maioria qualificada e da co-decisão; a distinção entre actos legis-

junto de vinte e quatro «modificações»[67] das quais se destacam em especial as seguintes: i) enunciado do objectivo do TFUE e relação deste com o TUE, bem como declaração de que ambos têm o mesmo valor jurídico[68]; ii) expresso enunciado, quanto à categoria de competências partilhadas, de que os Estados voltam a exercer a sua competência na medida em que a União tenha decidido não exercer a sua[69]; iii) novo protocolo relativo aos serviços de interesse económico geral[70]; iv) a previsão, no âmbito do ELSJ, de uma disposição sobre a cooperação e coordenação dos Estados membros no domínio da segurança nacional[71]; v) atribuição aos Parlamentos nacionais, no âmbito da cooperação judiciária em matéria civil, de um papel na cláusula-ponte sobre direito da família[72]; vi) integração, no âmbito da cooperação judiciária em matéria penal e da cooperação policial – concretamente quanto ao reconhecimento mútuo de sentenças, às regras mínimas sobre a definição das infracções penais e sanções, ao procurador europeu e à cooperação policial – de um novo mecanismo que permite a instituição de cooperações reforçadas e, ainda, alargamento do protocolo sobre a posição do Reino Unido e da Irlanda de 1997 para incluir quanto ao Reino Unido, designadamente, os capítulos do TFUE relativos à cooperação judiciária em matéria penal e sobre a cooperação policial e a aplicação do protocolo em relação às medidas com base em Schengen[73]; vii) a previsão de que as medidas no âmbito da política espacial europeia não podem

---

lativos e não legislativos, nomeadamente as disposições sobre o ELSJ; a cláusula de solidariedade, os melhoramentos à administração do euro; disposições horizontais, como a cláusula social; disposições específicas em matérias como os serviços públicos, espaço, energia, protecção civil, ajuda humanitária, saúde pública, desporto, turismo, regiões ultraperiféricas, cooperação administrativa, disposições financeiras (recursos próprios, quadro financeiro plurianual, novo processo orçamental) – v. mandato da CIG, III, 18.

[67] V. *mandato* da CIG, III, 19, alíneas a) a x), e Anexo 2, A e B.
[68] *Mandato*, III, 19, a) – v. art. 1.º, 1 e 2, TFUE.
[69] *Mandato*, III, 19, b). A CIG aprovaria também, de acordo com o mandato, uma declaração sobre a delimitação de competências. V. art. 2.º, 2, *in fine*, TFUE e a Declaração (18) sobre a delimitação de competências anexa ao TL.
[70] *Mandato*, III, 19, i) – v. Protocolo (N.º 26) relativo aos serviços de interesse geral.
[71] *Mandato*, III, 19, j) e Anexo 2, 2a) – v. art. 73.º TFUE.
[72] *Mandato*, III, 19, k) e Anexo 2, 2b) – v. art. 81.º, 3, pars. 2 e 3, TFUE.
[73] *Mandato*, III, 19, l) e Anexo 2, 2c) e d) – v. arts. 82.º, 3, 83.º, 3, 86.º, 1 e 87.º, 3 TFUE e Protocolo (N.º 21) relativo à posição do Reino Unido e da Irlanda em relação ao ELSJ.

implicar a harmonização das disposições regulamentares e administrativas dos Estados membros[74]; viii) a especificação, no artigo relativo ao ambiente, da particular necessidade em combater as alterações climáticas[75]; ix) a inserção de um artigo, na parte relativa à acção externa da União, prevendo que a acção da União na cena internacional assenta nos princípios e prossegue os objectivos e é conduzida em conformidade com as disposições gerais sobre a acção externa da União previstas no TUE[76]; x) a expressa previsão de que o acordo relativo à adesão da União à Convenção Europeia dos Direitos do Homem será celebrado pelo Conselho, por unanimidade, e sujeito à ratificação pelos Estados membros[77]; xi) a inserção de três artigos relativos aos actos aprovados por um processo legislativo, aos actos delegados e aos actos de execução[78]; xii) a expressa previsão de que a cláusula de flexibilidade não pode servir de base para atingir objectivos no âmbito da PESC[79]; xiii) inclusão de uma disposição que exclui do âmbito do processo simplificado de revisão as bases jurídicas não abrangidas por este processo nos textos acordados da CIG de 2004[80-81].

---

[74] *Mandato*, III, 19, o) – v. art. 189.º, 2, *in fine*, TFUE.
[75] *Mandato*, III, 19, p) e Anexo 2, 4.) – v. art. 191.º, 1, 4.º trav., *in fine*, TFUE.
[76] *Mandato*, III, 19, r) – v. art. 205.º TFUE.
[77] *Mandato*, III, 19, s) – v. art. 218.º, 8, pars. 2 e 3, TFUE.
[78] *Mandato*, III, 19, v) – v. arts. 289.º, 290.º e 291.º TFUE.
[79] *Mandato*, III, 19, w) – v. art. 352.º, 4, TFUE.
[80] *Mandato*, III, 19, x) – v. art. 353.º TFUE (que remete para o art. 48.º, 7, TUE).
[81] As restantes *onze* «modificações» relativamente aos resultados da CIG de 2004 a introduzir no TCE, redenominado TFUE, prendem-se com os temas (e correspondentes disposições do TCE) seguintes: acções de apoio, de coordenação ou de complemento – de forma a salientar que a União desenvolve acções destinadas a apoiar, coordenar ou completar as acções dos Estados membros (*mandato*, III, 19, alínea c) e art. 6.º, par. 1, TFUE); base jurídica para a adopção de medidas relativas aos passaportes, bilhetes de identidade, autorizações de residência e documentos equiparados, a incluir no Título relativo ao ELSJ (*mandato*, III, 19, alínea d) e art. 77.º, 3 TFUE; base jurídica em matéria de protecção diplomática e consular – de forma a prever a aprovação de directivas que estabeleçam medidas de coordenação e de cooperação (*mandato*, III, 19, alínea e) e art. 23.º, par. 2, TFUE); protecção de dados pessoais – de forma a clarificar que as regras aprovadas na matéria não prejudicam as regras aprovadas ao abrigo de base jurídica específica a ser introduzida no Título relativo à PESC (*mandato*, III, 19, f), art. 16, 2, par. 2, TFUE, e Declaração (21) sobre a protecção de dados pessoais no domínio da cooperação judiciária em matéria penal e da cooperação policial); totalização dos períodos de seguro e exportação das prestações da segurança social – no sentido de se o Conselho Europeu não se pro-

Do exposto decorre, sublinhe-se, que a conformação da estrutura e do teor substancial do Tratado de Lisboa pelo mandato da CIG definido pelo Conselho Europeu de Bruxelas de Julho de 2007 não fez tábua rasa do Tratado que estabelece uma Constituição para a Europa assinado em Outubro de 2004 – antes pelo contrário. Com efeito, a expressa referência, pelo *mandato*, com vista à sua integração no novo Tratado (no TUE e no TFUE), das «inovações» resultantes da CIG de 2004 – ainda que com as «modificações» introduzidas nessas inovações à luz das consultas realizadas com os Estados membros[82] – implicou necessariamente o retomar do essencial do texto do TECE que constituiu, inequivocamente, o ponto de partida para a elaboração da versão final do Tratado de Lisboa[83]. Este corresponde, por isso, no essencial, ao texto do TECE com as modificações de estrutura e de conteúdo impostas pelo mandato da CIG supra enunciadas.

---

nunciar no prazo de 4 meses o processo fica bloqueado no sistema de travagem (*mandato*, III, 19, alínea g), Anexo 2, 1), e art. 48.º, b), par. 2, a) e b) TFUE); congelamento de activos na luta antiterrorismo – no sentido da transferência da base jurídica para as disposições gerais do Título relativo ao ELSJ (*mandato*, III, 19, alínea h) e art. 75.º TFUE); medidas em caso de dificuldades graves no aprovisionamento de certos produtos – no sentido de introduzir uma referência ao espírito de solidariedade entre os Estados membros e ao caso específico da energia (*mandato* III, 19, alínea, m), Anexo 2, 3) e art. 122.º, 1 TFUE); saúde pública – no sentido da transferência parcial da base jurídica (*mandato*, III, 19, alínea n) e art. 168.º, 5 TFUE); energia – no sentido da introdução de uma referência ao espírito de solidariedade entre os Estados membros e à promoção da interconexão das redes de energia (*mandato*, III, 19, alínea q), Anexo 2, 5), e art. 194.º, 1, parte final, e alínea d) TFUE); manutenção da disposição relativa ao alargamento da competência do TJCE a litígios sobre títulos europeus de propriedade intelectual (*mandato*, III, 19, alínea t) e art. 262.º TFUE); definição dos actos jurídicos da União – alinhamento da definição de "decisão" pela acordada na CIG de 2004 (*mandato*, III, 19, alínea u) e 288.º, par. 4, TFUE).

[82] V. *mandato da CIG*, I, 1 a 4.

[83] Os pontos III, 20, IV, 21 a 23 e V, 24, do *mandato da CIG* apontam também neste sentido.

§ 3 O Tratado de Lisboa: apreciação geral

O texto do Tratado de Lisboa, tratado modificativo do Tratado da União Europeia e do Tratado da Comunidade Europeia – doravante redenominado Tratado sobre o Funcionamento da União Europeia – assinado em Lisboa, em 13 de Dezembro de 2007, tem por base, como decorre do atrás exposto, o texto do Tratado que estabelece uma Constituição para a Europa. E, tal como este, pretende ser, a partir da sua entrada em vigor, o texto jurídico básico em que se fundamenta a integração europeia e o seu desenvolvimento futuro, dando corpo à necessidade, assinalada na Declaração n.º 23 anexa ao Tratado de Nice, de «melhorar e acompanhar permanentemente a legitimidade democrática e a transparência da União e das suas instituições, de forma a aproximá-las dos cidadãos dos Estados-membros» e, ainda, dotá-la de instrumentos jurídicos que lhe permitam preencher o seu papel na cena internacional[84].

---

[84] A doutrina sobre o Tratado de Lisboa é vasta. Na doutrina portuguesa vide os números monográficos das revistas Temas de Integração, N.º 26, 2008, *Cinquenta anos passados: os desafios do futuro. O Tratado de Lisboa: a resposta adequada aos desafios?* e O Direito, N.º 5, 2010 (no prelo), Ana Maria GUERRA MARTINS, *The Treaty of Lisbon after all another step towards a European Constitution?*, in Ingolf PERNICE (org.), Ceci n'est pas une constitution – Constitutionalism without a Constitution, Baden-Baden, Nomos, 2009, p. 56 e ss., e, ainda, Maria Luísa DUARTE, *Estudos sobre o Tratado de Lisboa,* Coimbra, Almedina, 2010 (publicado após o termo da redacção do presente texto). Na doutrina estrangeira, sem prejuízo dos artigos e obras citados ao longo do texto, vide em especial, pelo seu carácter abrangente os números monográficos da Revue des Affaires Européennes/Law & European Affairs (RAE), 2007-2008/2, Partie 1, *Le traité de Lisbonne,* e do Maastricht Journal of European and Comparative Law (MJ), 2008, Vol. 15, N.º 1, *Symposium: First Reflections on the Treaty of Lisbon;* pelo seu carácter abrangente e mais recente, Andrew DUFF, *Saving the European Union. The logic of the Treaty of Lisbon,* London, Shoehorn, 2009, Rolf SCHWARTMANN (org.), *Der Vertrag von Lissabon. EU-Vertrag, Vertrag über die Arbeitsweise der EU,* Heidelberg, Müller, 2009, Vanessa HELLMANN, *Der Vertrag von Lissabon vom Verfassungsvertrag zur Änderung der bestehenden Verträge,*

Em termos de apreciação genérica[85], são de salientar alguns aspectos que se afiguram quer de aplaudir, quer susceptíveis de críticas. De entre tais aspectos, salientam-se desde já[86] cinco: i) a estrutura de pilares; ii) a «desconstitucionalização» dos Tratados; iii) o estatuto jurídico da CDFUE, inflectindo a opção do TECE; iv) as atribuições da União Europeia; v) as alterações institucionais.

3.1. *A estrutura de pilares*

Quanto à estrutura tri-partida de *pilares* da União Europeia aplaude-se a sua eliminação pelo Tratado de Lisboa (em conformidade com o TECE) e consequente estruturação da integração europeia no quadro da União Europeia unificada (ainda que com excepção da EURATOM), com personalidade jurídica única e com a consequente uniformização do método dualista gerado pelo TUE: integração, quanto ao pilar comunitário (constituído pelas então Comunidades Europeias), e cooperação intergovernamental quanto aos demais pilares criados pelo TUE (PESC e CPJMP)[87].

Einführung mit Synopse, Berlin, Springer, 2009, Waldemar HUMMER e Walter OBWEXER (coord.), *Der Vertrag von Lissabon,* Baden-Baden, Nomos, 2009, Andreas MARCHETTI e Claire DEMESMAY (org.), *Der Vertrag von Lissabon. Analyse und Bewertung,* Baden-Baden, Nomos, 2010, Carl Otto LENZ, Klaus-Dieter BORCHARDT e Joachim BITTERLICH, *EU-Verträge. Kommentar nach dem Vertrag von Lissabon,* 5.ª ed., Köln, Bundesanzeiger, 2010, Francisco Aldecoa LUZÁRRAGA e Mercedes Guinea LLORENTE, *La Europa que viene: El Tratado de Lisboa,* Madrid, Marcial Pons, 2010, Klemens H. FISHER, *Der Vertrag von Lissabon. Text und Kommentar zum Europäischen Reformvertrag,* 2.ª ed., Baden-Baden, Nomos, 2010, Markus MÖSTL, *Vertrag von Lissabon. Einführung und Kommentierung,* München, Olzog, 2010, e Rudolf STREINZ, Christoph OHLER e Christoph HERRMANN, *Der Vertrag von Lissabon zur Reform der EU,* 3.ª ed., C. H. Beck, München, 2010.

[85] A apreciação genérica reporta-se, pois, ao texto *final* do Tratado aprovado e assinado em 13 de Dezembro de 2007 – comportando, reitere-se, não só as alterações aos Tratados institutivos (TUE e TCE) resultantes da CIG de 2004 e, assim, constantes do TECE, mas também as modificações acordadas no seio do Conselho Europeu de Bruxelas de 2007 e vertidas no mandato e, ainda, as resultantes da reunião informal do Conselho Europeu de 18 e 19 de Outubro de 2007.

[86] Sem prejuízo de análise desenvolvida de alguns na Parte II.

[87] V. art. 1.º, par. 3, TUE , e art. 1.º TFUE (v. também o Tratado de Lisboa, art. 1.º, 2), b) – nova redacção do 3.º par. do art. 1.º do TUE – e art. 2.º, A. Alterações horizontais, 2), a), e B. Alterações específicas, 11) – novo artigo 1.º-A do TFUE).

§ 3 O Tratado de Lisboa: apreciação geral

A eliminação da estrutura de pilares criada pelo TUE implicaria, em princípio, a aplicação do método comunitário ou de integração aos diferentes domínios materiais da União Europeia, em particular quanto a quatro aspectos essenciais que permitiam distinguir o método comunitário do método intergovernamental: a jurisdição do Tribunal de Justiça, a competência dos órgãos no processo de aprovação de actos de direito derivado, a maioria de deliberação no Conselho e as fontes de Direito derivado. Todavia, tal não foi levado até às últimas consequências: sobretudo porque no domínio da PESC se continuam a aplicar «procedimentos específicos» de decisão que continuam a dar corpo a um método mais intergovernamental – com expressão, designadamente, na deliberação do Conselho Europeu e do Conselho por unanimidade, na exclusão da aprovação de actos legislativos, na exclusão quase total da competência do TJUE[88] entre outros aspectos – e, ainda, pela manutenção do TCEEA, cuja adaptação será efectuada por protocolo anexo ao novo Tratado[89] e pela manutenção de traços de intergovernamentalidade no domínio do ELSJ[90]. Acresce referir que a aparente supressão da dualidade entre integração e cooperação intergovernamental é confirmada pela manutenção de uma dualidade de bases jurídicas em matéria de acção externa da União: no TUE, por um lado, do qual constam as disposições gerais relativas à acção externa e disposições específicas relativas à PESC, e no TFUE, por outro, do qual constam as restantes matérias integradas no domínio da acção externa da União – que incluem também disposições relativas à acção externa da União[91].

---

[88] Infra, § 9, 9.4.1.
[89] V. mandato, I, 2, e IV, 23. Supra, § 2.
[90] Em matéria de ELSJ mantêm-se, efectivamente, alguns traços de método intergovernamental – como sejam o direito de iniciativa legislativa reconhecido a um quarto dos Estados membros (art. 76.°, b), TFUE), a possibilidade de invocação, pelos Estados membros, de aspectos fundamentais do respectivo sistema de justiça penal e consequente suspensão do processo legislativo ordinário (arts. 82.°, n.° 3, e 83.°, n.° 3, TFUE), a salvaguarda do exercício das responsabilidades que incumbem aos Estados membros em matéria de manutenção da ordem pública e de garantia da segurança interna (art. 72.° TFUE) ou, ainda, a manutenção de cláusulas de *opt-out* em relação à Dinamarca, ao Reino Unido e à Irlanda (Protocolo (N.° 21) relativo à posição do Reino Unido e da Irlanda em relação ao espaço de liberdade, segurança e justiça e Protocolo (N.° 22) relativo à posição da Dinamarca).
[91] V. respectivamente art. 21.° e ss. TUE e art. 205.° e ss. TFUE. O Título do TFUE relativo às «Disposições gerais relativas à acção externa da União» integra apenas o art. 205.°, o qual remete para as disposições gerais sobre a acção externa da União enunciadas no TUE, Título V, Capítulo 1 (arts. 21.° e 22.° TUE).

A dualidade em matéria de acção externa é também confirmada, em especial, pela dualidade ou diferenciação de regimes em matéria de celebração de acordos internacionais consoante versem «exclusiva ou principalmente» sobre a PESC ou sobre outras matérias abrangidas nas atribuições da União – já que naquele caso, intervêm o ARUNEPS, não tem lugar qualquer intervenção do PE e o Conselho delibera por unanimidade[92-93].

O fim da estrutura de pilares da União Europeia é assim, em parte[94], aparente, um *trompe l'oeil*[95-96].

---

[92] V. art. 218.º, n.º 3, n.º 6, par. 2, e n.º 8, TFUE. Não obstante a disposição que regula o *ius tractuum* da União ser unitária, alberga regimes diferenciados, em especial em matéria de acordos que incidam sobre a PESC, cujo procedimento de celebração reveste, pelas razões indicadas, carácter intergovernamental.

[93] A dualidade referida representa um retrocesso relativamente ao TECE, que agrupava todas as disposições relativas à acção externa da União Europeia, mas não significa a existência de uma supremacia da PESC relativamente aos demais domínios inseridos na acção externa da União, desde logo porque o art. 1.º, par. 3, do TUE dispões que este e o TFUE têm o mesmo valor jurídico e toda a acção externa da União está sujeita aos mesmos princípios e prossegue os mesmos objectivos previstos no art. 21.º do TUE. Sublinhe-se aliás a supressão do ex-art. 47.º do TUE.

[94] No sentido do desaparecimento da estrutura de pilares excepto «algumas questões pontuais», nas quais enquadra a competência do TJUE, o processo de decisão no domínio da PESC e a conclusão de acordos internacionais (respectivamente arts., 24.º, 1, TUE e 275.º TFUE, 30.º e 31.º TUE e 218.º, 6, TFUE) vide Koen LENAERTS, *De Rome à Lisbonne, la constitution européenne en marche?*, CDE, 2008 p. 241-242.

[95] Expressão do foro da história de arte, no âmbito do período barroco, também usada pela doutrina francesa em relação ao Tratado de Lisboa (Jean-Paul JACQUÉ, *La complexité d'un traité simplifié. Le traité de Lisbonne et la coexistence des trois traités*, RAE, 2007-2008/2, p. 180).

[96] Paul CRAIG afirma mesmo que «ainda existe um "Pilar" separado» para as matérias da PESC (*The Treaty of Lisbon: Process, architecture and substance*, ELR, 2008, p. 142). No mesmo sentido, Jean-Paul JACQUÉ, *La complexité...*, p. 183, considerando que o TL deixa subsistir um pilar relativo à PESC, ou ou Jacques ZILLER, *Les nouveaux traités européens: Lisbonne et après*, Paris, Montchrestien, 2008, p. 197, considerando que a estrutura de pilares não desaparece totalmente. No sentido metafórico da transformação dos três pilares de templo grego em «ruínas romanas com dois pilares preservados mas em parte em deterioração», Andrea OTT, *'Depillarisation': The Entrance of Intergovernmentalism through the Backdoor*, MJ, 2008, Vol. 15, N.º 1, pp 35-36.

3.2. A «desconstitucionalização» dos Tratados

Quanto à *«desconstitucionalização» dos Tratados* – doravante TUE e TFUE – consagrada no mandato[97], com todas as consequências em termos terminológicos, é de salientar sobretudo que tal orientação tem a virtude de tornar transparente a verdadeira natureza jurídica do Tratado de Lisboa modificativo do TUE e do TCE – fonte de Direito internacional e acordo de vontades entre sujeitos da Ordem Jurídica internacional. A opção tomada pelo Conselho Europeu e fixada no mandato não prejudica no entanto a configuração dos Tratados – doravante TUE, TFUE e TCEEA – como «constituição» *material* da União no sentido de texto fundamental (Direito originário) regulador da construção europeia[98] e, ainda, a continuação da utilização dos «símbolos» da União sem dependência da sua inclusão no Direito originário (bandeira, hino ou lema).

3.3. *O estatuto jurídico da Carta dos Direitos Fundamentais da União Europeia*

Quanto ao *estatuto jurídico* da CDFUE, é de louvar a alteração do estatuto jurídico da Carta dos Direitos Fundamentais: o acordo interinstitucional proclamado em 2000 pelo Conselho, pelo Parlamento Europeu e pela Comissão, com as adaptações introduzidas em 2007, passa a ter o mesmo valor jurídico do que os Tratados, apesar de não ser um Tratado[99] – nem ser reproduzida nos Tratados como previa o TECE ou num protocolo[100] –, passando a União expressamente a reconhecer os direitos, liber-

---

[97] Cf. *mandato* da CIG, I, 3.

[98] Koen LENAERTS refere-se a uma «constituição "em substância"» (*De Rome...*, p. 230).

[99] Sobre a questão, que tal opção suscita, de saber se a própria CDFUE deveria ter sido sujeita ao processo de ratificação pelos Estados membros de acordo com as respectivas regras constitucionais, vide Luigi DANIELE, *La Carta dei diritti fondamentali dell'Unione Europea e il Trattato di Lisbona,* Dir. Un. Eur., 4/2008, p. 667-668.

[100] Joël RIDEAU vê na técnica utilizada – «direito primário por ricochete» – um sinal da vontade de «desconstitucionalização» motivada pelo fracasso do TECE (*La protection des droits fondamentaux dans l'Union européenne. Perspectives ouvertes par le traité de Lisbonne,* RAE, 2007-2008/2, p. 195).

dades e princípios nela enunciados[101]. Todavia, são de criticar o método utilizado para tal fim[102-103-104] e, ainda, as situações de derrogação consentidas em benefício de alguns Estados membros – o que constitui um duplo retrocesso, pelo menos formal, relativamente à solução consagrada no TECE. Com efeito, nem o texto da Carta integra inequivocamente o Direito originário – qualquer dos Tratados ou um protocolo específico anexo ao mesmo –, nem todos os Estados membros a ela se vinculam. É caso do Reino Unido e também da Polónia, cuja observância da Carta é aceite nos estritos termos previstos num protocolo anexo aos Tratados[105-106] – decorrente da versão assinada do Tratado de Lisboa.

---

[101] V. Tratado de Lisboa, art. 1.º, 8) – nova redacção do art. 6.º do TUE. A Declaração (1) sobre a Carta dos Direitos Fundamentais da União Europeia esclarece que, por um lado, a CDFUE «confirma» os direitos fundamentais garantidos pela CEDH e resultantes das tradições constitucionais comuns aos Estados membros e, por outro, a CDFUE não alarga o âmbito de aplicação do direito da União a domínios que não sejam da competência da União, não cria novas competências ou atribuições nem modifica as definidas nos Tratados.

[102] O método de atribuição de valor de direito originário à CDFUE, na sua origem um acordo interinstitucional, levanta também a questão de saber se eventuais alterações à CDFUE deverão seguir os trâmites do processo de revisão dos Tratados – Direito originário – previstos no artigo 48.º do TUE. Em qualquer caso, a remissão expressa prevista no art. 6.º, n.º 1, do TUE, para a CDFUE reaprovada em 12/12/2007, não permitirá considerar eventuais alterações da CDFUE aprovadas por via do método seguido para a sua elaboração sem que seja aprovada a correspondente alteração do art. 6.º TUE através do processo de revisão ordinário previsto no art. 48.º, n.os 2 a 5, TUE.

[103] Alguma doutrina sublinha no entanto que o resultado é idêntico ao do método consignado no TECE (inclusão do texto da Carta no mesmo) – Sean Van RAEPENBUSCH, *La reforme institutionnelle du Traité de Lisbonne: l'émergence juridique de l'Union européenne*, CDE, 2007, n.os 5-6, p. 577.

[104] Alguma doutrina vê na transformação da CDFUE, de documento exterior ao Direito da União em parte e fonte deste Direito, uma verdadeira «mudança de paradigma» que evita o «resvalamento» para a CEDH e permite um tutela multi-nível no âmbito da qual se pode apenas progredir (Paolo SANDRO, *Alcune aporie e un mutamento di paradigma del nuovo articolo 6 del Trattato sull'Unione Europea*, Riv. Ital. Dir. Pubbl. Comunitario, 2009-5, p. 904 e ss., em especial 907).

[105] *Protocolo (N.º 30) relativo à aplicação da CDFUE à Polónia e ao Reino Unido* que dispõe, designadamente, que a Carta não alarga a faculdade de o TJUE ou de qualquer tribunal daqueles Estados de considerar que as leis, os regulamentos ou as disposições, práticas ou acção administrativas são incompatíveis com os direitos, liberdades e os princípios reafirmados na Carta e, ainda, que as disposições da Carta que façam referência às legislações e práticas nacionais só lhes são aplicáveis na medida em que os direitos ou princípios

Acresce que o Conselho Europeu, já em 2009, dois anos após a assinatura do Tratado, consentiu em conceder à República Checa – enquanto condição da assinatura do instrumento de ratificação do Tratado de Lisboa pelo seu Presidente – o direito à derrogação configurada para o Reino Unido e a Polónia em termos de CDFUE e consagrada no *Protocolo (N. 30) relativo à aplicação da CDFUE à Polónia e ao Reino Unido*, que faz parte integrante dos Tratados.

Afigura-se pertinente questionar o real alcance do referido Protocolo (N.º 30) em termos de derrogação ou *opt-out* relativamente aos Estados membros aos quais respeita[107-108], sem prejuízo da competência interpretativa do TJUE[109]. As preocupações subjacentes às derrogações admitidas em relação ao Reino Unido e à Polónia prendem-se, no primeiro caso com os direitos sociais e, no segundo, sobretudo com o estatuto da família[110].

Relativamente aos direitos sociais, constantes do Título IV da CDFUE sobre «Solidariedade», deve sublinhar-se que a generalidade dos direitos contidos naquele Título remetem para o Direito da União e para as legis-

---

nela consignados sejam reconhecidos na legislação ou nas práticas dos mesmos Estados (v. art. 1.º e art. 2.º do Protocolo).

[106] Vide o art. 51.º do TUE – e por isso tem o mesmo valor do que os Tratados.

[107] François-Xavier PRIOLLAUD e David SIRITZKY vão no sentido de a CDFUE visar a exclusão da sua aplicação a dois Estados membros (*Le Traité de Lisbonne. Texte et commentaire article par article des nouveaux traités européens (TUE-TFUE)*, Paris, La Documentation Française, 2008, p. 456).

[108] Como sublinha Jean Paul JACQUÉ, o governo britânico terá afirmado perante a Câmara dos Comuns que se trata de interpretar a CDFUE e não tanto de instituir um sistema derrogatório (*Droit Institutionnel de l'Union européenne*, 5.ª ed., Paris, Dalloz, 2009, p. 63). No sentido de o Protocolo não ser tanto um opt-out mas uma «reserva interpretativa» que o TJUE terá de interpretar restritivamente para não pôr em causa os fundamentos da União, vide Julio Baquero CRUZ, *What's Left of the Charter? Reflections on Law and Political Mythology*, MJ, 2008, Vol. 15, N.º 1, p. 71. Para Jacques ZILLER o Protocolo britânico-polaco é inútil do ponto de vista jurídico, designadamente porque a CDFUE não pode funcionar como um *opt-out* quando este não existe em relação aos textos aprovados pelas instituições e que se aplicam ao Reino Unido e à Polónia (*Les nouveaux...*, p. 124).

[109] Francisco Aldecoa LUZÁRRAGA e Mercedes Guinea LLORENTE sublinham justamente que a natureza jurídica do Protocolo em causa, no sentido de conter um verdadeiro 'opt out' ou apenas carácter interpretativo, só pode ser clarificada pela TJUE (*La Europa que viene: El Tratado de Lisboa*, Madrid, Marcial Pons, 2010, p. 160).

[110] E também com o direito de propriedade.

lações e práticas nacionais[111] – pelo que se existir Direito derivado da União, este aplicar-se-á de acordo com o princípio do primado e o princípio da uniformidade na aplicação do Direito da União[112-113] e, não existindo, aplicar-se-á a protecção conferida pela Ordem Jurídica nacional, já que os Estados membros mantêm a sua margem de liberdade.

Por seu turno, no que respeita ao estatuto da família, o artigo 9.º da CDFUE, que versa sobre o «Direito de contrair casamento e de constituir família», prevê que estes direitos são garantidos pelas legislações nacionais que regem o respectivo exercício – pelo que qualquer extensão do direito ao casamento que a Carta possa comportar não poderia ser invocável se a legislação interna da Polónia não a consentir[114-115-116].

O facto de o Protocolo N.º 30 consagrar: em primeiro lugar, que a Carta não alarga a faculdade do TJUE ou de qualquer tribunal da Polónia ou do Reino Unido de considerar que as fontes internas destes países são incompatíveis com os direitos, liberdades e os princípios fundamentais que nela são reafirmados» (artigo 1.º, n.º 1); em segundo lugar, que nada no Título da Carta em matéria de «Solidariedade» cria direitos susceptíveis de serem invocados perante os tribunais e que se apliquem à Polónia

---

[111] É o caso dos direitos previstos nos arts. 27.º (Direito à informação e à consulta dos trabalhadores na empresa), 28.º (Direito de negociação e de acção colectiva), 30.º (Protecção em caso de despedimento sem justa causa), 34.º (Segurança social e assistência social) e 35.º Acesso a serviços de interesse económico geral).

[112] Quanto às disposições da CDFUE que não contenham essa remissão, havendo legislação da União na matéria, todos os Estados membros a deverão respeitar à luz do princípio do primado.

[113] Os considerandos 1, 2 e 7 do Protocolo (N.º 30) apontam aliás nesse sentido.

[114] A Declaração (61) da República da Polónia sobre a Carta dos Direitos Fundamentais da União Europeia estipula que a CDFUE não prejudica o direito de os Estados membros legislarem em matéria de moralidade pública e direito da família, bem como de protecção da dignidade humana e respeito pela integridade física e moral do ser humano – declaração unilateral que visa salvaguardar a legislação interna em matéria de restrição do direito ao aborto.

[115] Vide também a Declaração (62) da Polónia sobre o Protocolo relativo à aplicação da Carta dos Direitos Fundamentais da União Europeia à Polónia e ao Reino Unido – na qual afirma o respeito pelos direitos sociais e laborais consagrados no Direito da União, em especial os reafirmados no Título IV da CDFUE sobre «Solidariedade».

[116] A Declaração (53) da República Checa sobre a Carta dos Direitos Fundamentais da União Europeia reafirma um conjunto de limitações constantes do texto da própria CDFUE.

ou ao Reino Unido, excepto na medida em que estes países tenham previsto tais direitos na respectiva legislação nacional (artigo 1.º, n.º 2); e, em terceiro lugar, que as disposições que façam referência às legislações e práticas nacionais só são aplicáveis aos países em causa na medida em que os direitos ou princípios nelas consignados sejam reconhecidos na legislação ou na prática desses países (artigo 2.º), suscita as considerações seguintes. Ou o disposto nos artigos 1.º, n.º 2, e 2.º do Protocolo tem o intuito de afastar a aplicação de eventual Direito da União Europeia de fonte derivada que venha a ser aprovado nos casos em que tal estiver previsto na CDFUE – e verificar-se-á nesse caso uma verdadeira derrogação – ou o disposto no Protocolo não preclude a aplicação de Direito derivado que venha a ser aprovado e que se aplica na ordem jurídica nacional à luz do primado, e o disposto nos referidos artigos, em especial no artigo 1.º, n.º 2, apenas tem sentido útil relativamente aos casos de direitos consagrados por disposições da Carta (remetendo estas, ou não, para o Direito da União ou para as legislações e práticas nacionais) em que *não existe* Direito da União a observar. Parece ser este último o entendimento mais correcto, tendo em conta o princípio do primado do Direito da União Europeia[117].

Quanto ao disposto no artigo 1.º, n.º 1, do Protocolo em apreço, que se refere ao «não alargamento» da faculdade do TJUE e de qualquer tribunal nacional de considerar que as diferentes fontes internas – leis, regulamentos, disposições, práticas ou acção administrativa – são incompatíveis com os direitos, as liberdades e os princípios fundamentais reafirmados na Carta, levanta sobretudo a questão de saber se os Estados em causa podem ser demandados no âmbito de um processo por incumprimento com fundamento em comportamentos incompatíveis com o disposto na CDFUE. A questão deve ser mitigada desde logo pelo facto de a CDFUE ter por destinatários os Estados membros apenas quando apliquem o Direito da União e, ainda, pelo facto de a própria CDFUE, na versão reaprovada em 2007, implicar a distinção entre «direitos» subjectivos e «princípios» –

---

[117] A posição do Governo do Reino Unido vai exactamente no sentido de o Protocolo (N.º 30) não dever ser interpretado como um *opt-out*, dado que a declaração do Ministro dos Negócios Estrangeiros perante o Comité da União Europeia da Câmara dos Lordes o afirmou expressamente: «O protocolo RU não constitui um "opt out"» (*O Tratado de Lisboa: uma apreciação de impacto*, Câmara dos Lordes, Comissão da União Europeia, 10.º Relatório de Sessão 2007-2008, vol. I, p. 102).

devendo os primeiros ser respeitados e os segundos devem ser observados e podem ser aplicados através de actos legislativos e de execução, só se tornam relevantes para os tribunais quando haja que os interpretar ou apreciar a sua legalidade e não podem servir de fundamento a pedidos directos que exijam a acção positiva quer da União quer das autoridades dos Estados membros[118]. Se o Protocolo se traduzir numa verdadeira derrogação, ficaria excluída em princípio a competência contenciosa do TJUE em geral e em sede de acção por incumprimento em especial – excepto em relação aos comportamentos estaduais já sindicáveis previamente à entrada em vigor do Tratado de Lisboa e à elevação da CDFUE a Direito originário, ou seja, aos comportamentos contrários aos direitos fundamentais já protegidos pela Ordem Jurídica da União Europeia por virtude do ex-artigo 6.º do TUE, por via dos princípios gerais de direito[119], incluindo os direitos constantes da CEDH, e, também, aos direitos já consagrados no TCE, como sucede com a generalidade dos direitos inerentes ao estatuto da cidadania europeia[120]. O disposto no artigo 1.º, n.º 1, apenas teria sentido útil em relação aos direitos fundamentais previstos na Carta que não integrem, à data da entrada em vigor do Tratado de Lisboa, o *acquis* em matéria de direitos fundamentais consolidado por via jurisprudencial e depois vertido em parte no TUE – ou seja, aos *novos* direitos fundamentais previstos pela CDFUE. O Protocolo faz apenas referência ao não alargamento da competência jurisdicional, mas nada diz sobre a sua compressão – pelo que se deve entender que a aquela se manterá nos moldes

---

[118] Cf. art. 51.º, n.º 5, da CDFUE e anotação *ad* artigo 52.º, n.º 2, terceiro par. Sem prejuízo de os princípios deverem nortear a actuação da União no âmbito da prossecução dos objectivos traçados pelos Tratados e de sindicabilidade dessa actuação quando se revele contrária a tais princípios – numa perspectiva estrita de legalidade.

[119] Princípios gerais de direito que o TUE continua a mencionar no n.º 3 do seu art. 6.º – cláusula que, sem prejuízo da proeminência da CDFUE enquanto catálogo de direitos fundamentais da União, permitirá alargar o âmbito dos direitos protegidos para além do previsto na própria CDFUE, ou seja, quer em termos de incremento do catálogo de direitos protegidos, quer em termos de incremento do âmbito de protecção dos já existentes. Michael DOUGAN vê naquela disposição uma base legal para a evolução flexível da jurisprudência do TJUE em matéria de direitos fundamentais (*The Treaty of Lisbon 2007: Winning minds, not Hearts,* CMLR, 45, 2008, p. 665).

[120] Vide também o disposto no art. 52.º, n.º 2, da CDFUE que se refere exactamente a direitos nela previstos que se regem por disposições constantes dos Tratados – que definem as condições e limites do seu exercício.

vigentes antes da entrada em vigor do Tratado de Lisboa[121]. Assim, deve entender-se que o meio contencioso acção por incumprimento pode ser utilizado nos moldes em que era possível até à entrada em vigor do Tratado de Lisboa – e na medida em que se trate de violação de direitos já tutelados pela Ordem Jurídica da União por via dos princípios geras de direito (e respectivas fontes, entre as quais a CEDH) ou consagrados na CDFUE e concretizados pelo direito derivado da União, tendo em conta o princípio do primado[122].

3.4. *As atribuições da União Europeia*

Quanto às *atribuições* da União Europeia[123], e na sequência da Declaração sobre o futuro da União anexa ao Tratado de Nice, é de sublinhar sobretudo a importância da clarificação das categorias de atribuições[124] da União e respectivo elenco – até agora inexistente nos Tratados – que passará a constar do TFUE. Doravante, os Tratados incluem disposições expressas sobre as atribuições da União – não só *exclusivas* e *partilhadas* (ou concorrentes), mas ainda criando uma nova categoria: domí-

---

[121] No sentido de o par. 1 do art. 1.º do Protocolo (N.º 30) denotar uma preocupação em evitar a evolução jurisprudencial no sentido a Carta ser utilizada pelo juiz nacional para apreciar medidas nacionais que não entrem no campo de aplicação do Direito da União vide Jean Paul JACQUÉ, *Le Traité de Lisbonne. Une vue cavalière*, RTDE, 44, 2008, p. 450.

[122] Como frisa Sean Van RAEPENBUSCH, será difícil, pelo menos para efeitos de interpretação de um texto de direito nacional ou europeu, não dar à Carta um significado particular, mesmo no seio da ordem jurídica polaca ou britânica, quando a Carta se apresenta, conforme previsto no Preâmbulo do Protocolo (N.º 30), considerando sexto, como a expressão dos direitos, liberdades «reconhecidos pela União (*La réforme...*, p. 579).

[123] V. *infra*, § 5.

[124] O Tratado de Lisboa utiliza o termo «competências», mas entendemos ser mais correcta a expressão «atribuições» no sentido de fins ou domínios de actuação da União, contidos no âmbito do princípio da especialidade, reservando a expressão competência, de acordo com a terminologia jurídica portuguesa, para o conjunto de poderes funcionais cometidos aos órgãos da União (*instituições* e *órgãos*, na terminologia dos Tratados – vide o art. 13.º do TUE e as epígrafes do Capítulo 1 («As instituições») e do Capítulo 3 («Os órgãos consultivos da União» do Título I («Disposições institucionais») da Parte VI do TFUE («Disposiões institucionais e financeiras»).

nios no âmbito dos quais a União – e os seus órgãos – têm competência para desenvolver *acções destinadas a apoiar, coordenar ou completar a acção dos Estados membros*. É de salientar ainda que o domínio da coordenação das políticas económicas e de emprego e o domínio da PESC, incluindo a definição gradual de uma política comum de defesa, são objecto de tratamento autónomo, não integrando o elenco das atribuições quer exclusivas quer partilhadas, nem das acções de apoio, coordenação ou complemento[125]. Sem prejuízo desta importante alteração dos Tratados, não pode deixar de referir-se um ponto essencial: a preocupação constante do Tratado de respeito pelas atribuições dos Estados membros[126] e pelo princípio da subsidiariedade[127], traduzida, inclusive, na expressa previsão da possibilidade de reversão ou «renacionalização»[128-129] das atribuições conferidas à União[130].

3.5. *As alterações institucionais*

Quanto às *alterações institucionais*[131], o Tratado de Lisboa retoma o TECE, pelo que as principais a salientar são as seguintes: i) introdução no TUE de artigos relativos às instituições da União[132]; ii) elevação do Conselho Europeu, bem como do Banco Central Europeu (BCE), a instituições da União[133]; iii) criação do cargo de Presidente do Conselho Europeu, com

---

[125] V. art. 2.º, 3 e 4, TFUE e art. 5.º, 1 e 2, TFUE. O n.º 3 do art. 5.º TFUE prevê ainda de modo autónomo que a União pode tomar iniciativas para garantir a coordenação das políticas sociais dos Estados membros – que terá de ser articulado com o disposto no art. 4.º, n.º 2, b) do TFUE.

[126] V. em especial, a redacção do art. 4.º, 1 TUE, e do art. 5.º, 2, *in fine,* TUE.

[127] V. art. 5.º, n.º 3, TUE.

[128] A expressão é empregue por Araceli Mangas MARTÍN que a elenca como uma novidade *negativa* acrescentada pelo Tratado de Lisboa – *Un Tratado no tan simple: el realismo mágico del funcionalismo*, Rev. Der. Com. Eur., n.º 30, 2008, p. 339.

[129] Ou, na perspectiva inversa, como refere Jean-Claude GAUTRON, «recusa da noção de irreversibilidade das competências» (*Le traité...*, p. 173).

[130] V. a nova redacção do n.º 2 do art. 48.º do TUE, na medida em que permite, em sede de revisão ordinária dos Tratados, «reduzir as competências atribuídas à União pelos Tratados».

[131] V. *infra*, § 8, 8.1.

[132] Arts. 13.º a 19.º TUE.

[133] Art. 13.º, 1, 2.º trav. e 6.º trav., TUE.

um mandato de dois anos e meio[134]; iv) nova composição do Parlamento Europeu (setecentos e cinquenta membros – de acordo com uma representação degressivamente proporcional, com um mínimo de 6 membros e um máximo de 96 por Estado membros – e o Presidente)[135]; v) alteração do sistema de votação no Conselho por maioria qualificada – de um sistema de *tripla* maioria (número de votos, número de Estados e percentagem da população) para um sistema de *dupla* maioria (percentagem e número de Estados e percentagem da população), ainda que apenas após um período transitório até 31 de Outubro de 2014 mas que pode ir, no limite, até 31 de Março de 2017[136]; vi) alterações no sistema de presidências semestrais do Conselho – passando a Presidência das formações do Conselho, com excepção da formação de Negócios Estrangeiros[137], a ser assegurada pelos representantes dos Estados membros, com base em grupos pré-determinados de 3 Estados membros para um período de 18 meses e num sistema de rotação igualitária[138]; vii) nova composição da Comissão Europeia a partir de 1 de Novembro de 2014 (número de membros correspondente a dois terços dos Estados membros, salvo alteração pelo Conselho Europeu) e reforço dos poderes do seu Presidente[139]; viii) criação do cargo de Alto Representante da União para os Negócios Estrangeiros e a Política de Segurança, nomeado pelo Conselho Europeu e que, designadamente, preside ao Conselho na formação de Negócios Estrangeiros, é um dos Vice-Presidentes da Comissão, participa nos trabalhos do Conselho Europeu[140],

---

[134] Art. 15.º, 5 e 6, TUE.

[135] Art. 14.º TUE.

[136] Art. 16.º, 4 e 5, TUE, art. 238.º, n.º 2, e n.º 3, TFUE e Protocolo (N.º 36) relativo às disposições transitórias. Vide também a Declaração *ad* n.º 4 do artigo 16.º do Tratado da União Europeia e n.º 2 do artigo 238.º do Tratado sobre o Funcionamento da União Europeia (Declaração N.º 7).

[137] A presidência da formação do Conselho dos Negócios Estrangeiros cabe sempre ao ARUNEPS nos termos do art. 18.º, 3, TUE.

[138] Art. 16.º, n.º 9, TUE e Declaração *ad* n.º 9 do artigo 16.º do Tratado da União Europeia, sobre a decisão do Conselho Europeu relativa ao exercício da Presidência do Conselho (Declaração n.º 9) a qual prevê o texto de um projecto de decisão do Conselho Europeu relativa ao exercício da presidência do Conselho, cujo art. 1.º concretiza o disposto no artigo 16.º, n.º 9, TUE. De acordo com tal disposição, cada membro do grupo pré-determinado de 3 Estados membros preside sucessivamente, durante 6 meses, a todas as formações do Conselho, com excepção da formação de negócios Estrangeiros.

[139] Art. 17.º, 5 e 6, TUE.

[140] V. art. 15.º, 2, *in fine*, TUE.

conduz a PESC e representa a União nas matérias do âmbito da PESC[141]; ix) redenominação dos tribunais da União – passando o Tribunal de Justiça da União Europeia a incluir o *Tribunal de Justiça* (TJ), o *Tribunal Geral* (TG) e *tribunais especializados* (por ora apenas o Tribunal da Função Pública da União Europeia (TFPUE)) – e alargamento do respectivo âmbito de competência *ratione materiae*, desde logo resultante da unificação da estrutura tripartida da União[142].

As referidas alterações decorrem no essencial do texto final do TECE, com as «modificações» resultantes do mandato aprovado pelo Conselho Europeu de Junho de 2007 – em especial no que toca à redenominação do antigo Alto Representante para a PESC, decorrente da «desconstitucionalização» dos Tratados e ao sistema de votação por maioria qualificada no seio do Conselho – e têm a preocupação essencial de incrementar a eficácia do funcionamento e actuação externa da União e do processo de tomada de decisão. O decurso do tempo confirmará – ou infirmará – o seu verdadeiro contributo para a integração europeia.

3.6. As alterações constantes do Tratado que Estabelece uma Constituição para a Europa e retomadas pelo Tratado de Lisboa

Além do exposto, é ainda de sublinhar que o Tratado de Lisboa, ao modificar os Tratados institutivos, retoma outras alterações resultantes da CIG de 2004 e versadas no Tratado que estabelece uma Constituição para Europa.

Tais alterações decorrentes, no essencial, do TECE, tendo em conta a manutenção da dualidade de Tratados, reportam-se quer ao Tratado da União Europeia, quer ao Tratado da Comunidade Europeia – redenominado Tratado sobre o Funcionamento da União.

3.6.1. Alterações ao Tratado da União Europeia

De entre tais alterações, salientam-se (além do já referido), *quanto ao TUE*, ainda as seguintes: i) a expressa referência no TUE aos valores – até

---

[141] V. arts. 18.º e 27.º TUE.
[142] V. art. 19.º TUE. Vide *infra*, § 9.

agora princípios – em que se funda a União, alargando o respectivo elenco também ao respeito pela dignidade humana e pela igualdade[143]; ii) nova formulação da disposição relativa aos objectivos da União[144]; iii) consagração de uma disposição no TUE sobre as relações entre a União e os Estados membros[145]; iv) introdução no TUE de disposições sobre os princípios democráticos e versando, designadamente, sobre a democracia representativa e os parlamentos nacionais[146]; v) alterações ao regime geral das cooperações reforçadas, designadamente fixando o número mínimo de Estados em 9[147]; vi) introdução no TUE de disposições gerais relativas à acção externa da União – consagrando, designadamente, os princípios e os objectivos dessa acção e o papel do Conselho Europeu na identificação dos interesses e objectivos estratégicos dessa acção – e modificação das disposições específicas relativas à PESC, com a expressa referência ao facto de acção da União neste domínio se pautar pelos princípios e objectivos da acção externa da União e, ainda, como já se referiu, à sujeição da PESC a regras e procedimentos específicos[148]; vii) a atribuição de personalidade jurídica à União[149]; viii) a consagração, numa única disposição, dos processos – um processo ordinário e dois processos simplificados – de revisão dos Tratados[150]; ix) a informação ao PE e aos Parlamentos nacionais dos pedidos de adesão de novos Estados, a consagração, como critério de adesão, do respeito pelos valores (em vez dos antigos 'princípios') da União e, ainda, a existência de critérios de elegibilidade aprovados pelo Conselho Europeu[151]; x) a inclusão no TUE de uma disposição que regula a saída voluntária de um Estado membro da União, ou seja, o recesso de um Estado membro[152].

---

[143] V. art. 2.º TUE.
[144] V. art. 3.º TUE.
[145] V. arts. 4.º e 5.º TUE.
[146] V. arts. 10.º a 12.º TUE.
[147] V. art. 20.º, n.º 2, TUE.
[148] V. arts. 21.º e 22.º TUE e arts. 23.º a 41.º e 42.º a 46.º TUE – respectivamente disposições específicas relativas à PESC e disposições relativas à política comum de segurança e defesa.
[149] V. art. 47.º TUE.
[150] V. art. 48.º TUE.
[151] V. art. 49.º TUE.
[152] V. art. 50 TUE.

3.6.2. Alterações ao Tratado da Comunidade Europeia

Quanto ao TCE – doravante denominado TFUE – as alterações decorrentes do Tratado de Lisboa que retomam as modificações acordadas na CIG de 2004 (e já constantes do TECE) são também várias, de entre as quais se destacam, além das já mencionadas, ainda as seguintes: i) âmbito de aplicação da votação por maioria qualificada e da co-decisão; ii) distinção entre actos legislativos e não legislativos[153], iii) a cláusula de solidariedade[154]; iv) os melhoramentos à administração do euro[155]; v) disposições horizontais, como a cláusula social[156]; vi) disposições específicas em matérias como os serviços públicos[157], o desporto[158], a saúde pública[159], as regiões ultraperiféricas[160], o espaço[161], a energia[162], o turismo[163], a protecção civil[164], a cooperação administrativa[165], a ajuda humanitária[166]; vi) disposições financeiras (recursos próprios, quadro plurianual, novo processo orçamental)[167-168-169].

---

[153] V. art. 289.º, n.º 3, TFUE.
[154] V. art. 222.º TFUE.
[155] V. art. 127.º e ss. TFUE.
[156] V. art. 152.º TFUE.
[157] Cf. art. 14.º TFUE.
[158] V. art. 165.º, 1, par. 2, e 2, 7.º trav., TFUE e art. 6.º, e), *in fine*, TFUE.
[159] V. art. 168.º TFUE e art. 4.º, 1, k), TFUE.
[160] V. art. 174.º. par. 3, TFUE.
[161] V. art. 189.º TFUE e art. 4.º, 3 TFUE.
[162] V. art. 194.º TFUE e art. 4.º, 1, i) TFUE.
[163] V. art. 195.º TFUE e art. 6.º, d), TFUE.
[164] V. art. 196.º TFUE e art. 6.º, f), TFUE.
[165] V. art. 197.º TFUE e art. 6.º, g) TFUE.
[166] V. art. 214.º TFUE e art. 4.º, 4 TFUE.
[167] V. art. 311.º, 312.º e 314.º TFUE.
[168] V. mandato da CIG, III, 18.
[169] A introdução, pelo Tratado de Lisboa, de modificações aos Tratados institutivos da UE e da Comunidade Europeia implicou a habitual adaptação de certas disposições, como é o caso das disposições finais (âmbito de aplicação territorial, vigência, ratificação e versões autênticas e traduções – v. mandato da CIG, II, 16, *in fine*) ou de adaptações terminológicas decorrentes das alterações introduzidas, designadamente, quanto à substituição do termo «Comunidade Europeia» por União Europeia, à redenominação do TCE como TFUE, ou quanto à redenominação dos Tribunais da União – tais alterações não merecerão, no presente trabalho, um tratamento autónomo.

3.7. Balanço geral: um novo mas velho Tratado

O resultado final do processo de revisão dos Tratados anunciado pelo Tratado de Nice e concluído com a assinatura, em Lisboa, em 13 de Dezembro de 2007, de um Tratado modificativo dos Tratados institutivos em vigor – em especial o Tratado da União Europeia e o Tratado da Comunidade Europeia – configura, conforme decorre do anteriormente exposto, um *novo* mas *velho* Tratado[170], com apontamentos «novos» decorrentes no essencial do mandato da CIG definido pelo Conselho Europeu de Bruxelas de Junho de 2007[171].

O Tratado de Lisboa, apesar dos retrocessos substantivos registados, como é o caso do estatuto jurídico da CDFUE, do princípio do primado, ou da complexidade do sistema de votação por maioria qualificada, configura um novo e importante passo do processo de integração europeia, ainda que porventura não em direcção ao objectivo último anunciado na Declaração Schuman: a «Federação Europeia»[172]. E, nessa medida, contribuirá para o aprofundamento do processo de integração, com maior transparência e participação, espera-se, dos cidadãos dos Estados membros e com maior salvaguarda das preocupações dos Estados membros no tocante à irreversibilidade do processo de integração e, assim, ao carácter definitivo da limitação da sua soberania.

Apesar de a concretização do objectivo traçado pelo Conselho Europeu de Bruxelas de Julho de 2007, de conclusão do processo de ratificação do novo Tratado antes das eleições para o Parlamento Europeu realizadas em Junho de 2009, não ter sido possível – por motivos imputáveis quer aos

---

[170] São várias as metáforas utilizadas pela doutrina para expressar a continuidade material do Tratado de Lisboa em relação ao TECE de modo a acomodar a posição dos Estados que ratificaram o TECE e pretendiam manter o essencial deste e os Estados nos quais o resultado do referendo foi negativo e, ainda, aqueles que protelaram o processo de ratificação do TECE: Jean-Paul JACQUÉ emprega a expressão «nova carroçaria para uma viatura antiga» (*La complexité...*, p. 179 e ss.).

[171] Jean-Victor LOUIS considera que os elementos novos positivos constantes do Tratado de Lisboa são «raros e limitados» (*Éditorial*, cit., p. 567). Vide o elenco apresentado por Jacques ZILLER, *Les nouveaux...*, pp. 64-67.

[172] In *50 Anos de Europa. Os grandes textos da construção europeia*, 2.ª ed., Lisboa, 2001, p. 23 e p. 24 – a organização conjunta da produção e de aço e a instituição da Alta Autoridade são configuradas, na Declaração, como uma primeira etapa ou alicerces de uma «Federação Europeia».

próprios Estados membros quer, no caso irlandês, à expressão da soberania popular por via de referendo obrigatório – a história passada repetiu-se e, após as vicissitudes várias relativas ao processo de aprovação e ratificação do Tratado de Lisboa encontraram-se reunidas, ainda que com atraso, as condições jurídicas de que depende a sua entrada em vigor[173].

Em suma, as inovações mais relevantes introduzidas nos Tratados institutivos da Comunidade Europeia e da União Europeia pelo Tratado de Lisboa – decorrentes do texto originário do TECE tal como fixado a final pela CIG de 2004 e com as «modificações» decorrentes do mandato da CIG aprovado pelo Conselho Europeu de Junho de 2007, prendem-se com: o fim (ainda que aparente) da estrutura de pilares da União; a substituição da CE pela UE – ainda que mantendo-se a EURATOM; a atribuição de força jurídica vinculativa à CDFUE – não obstante a permissão de regimes de excepção, estendidos mais tarde à República Checa; a clarificação das categorias de atribuições da União e delimitação das competências entre a União e os Estados membros, com um sentido (ao menos teoricamente) descentralizador; o incremento do papel dos Parlamentos nacionais na construção europeia; o incremento dos poderes do PE, em especial por via da extensão da co-decisão e dos poderes em matéria orçamental e de *ius tractuum* da União; a reconfiguração da estrutura orgânica (ou institucional) da União, em especial pela criação do cargo de Presidente do Conselho Europeu e pela redenominação do cargo de Alto Representante para a PESC, que passa ser Vice-Presidente da Comissão; a alteração do sistema de votação por tripla maioria qualificada no Conselho

---

[173] Não pode no entanto deixar de sublinhar-se a existência de dois pesos e de duas medidas, em dois momentos de revisão dos Tratados europeus: num caso, o resultado negativo do referendo (França e Países Baixos) implicou a elaboração de um (pelo menos formalmente) «novo» Tratado; noutro caso, o resultado negativo do referendo implicou apenas a sua repetição, sem alteração substancial ao Tratado objecto do mesmo – sem prejuízo das preocupações manifestadas pela Irlanda e acolhidas pelo Conselho Europeu. Além disso, não pode deixar de se sublinhar também a opção política generalizada de não sujeitar o Tratado de Lisboa a referendo – mesmo nos casos em que as regras constitucionais internas o permitem e, como sucedeu no caso português, se procedeu a uma alteração da Constituição vigente para esse efeito (cf. art. 295.º da Constituição da República Portuguesa, aditado pela sétima Revisão Constitucional – Lei Constitucional n.º 1/2005, de 12 de Agosto). Tal opção política não deixa de contradizer o intuito do novo Tratado de aproximação da União Europeia dos cidadãos.

para um sistema de dupla maioria (Estados (percentagem e número) e percentagem da população) – apesar da manutenção do sistema de tripla maioria (votos ponderados, número de Estados e percentagem da população) durante um período transitório relativamente alargado; alargamento dos domínios materiais de actuação da União, em matérias de competência partilhada ou concorrente com os Estados membros – designadamente em matéria de energia ou espaço; a introdução de algumas alterações em matéria de poder jurisdicional da União Europeia – em especial o alargamento da jurisdição do doravante TJUE às matérias do ex-terceiro pilar e através da utilização de todos os meios contenciosos, ainda que sem prejuízo de um período transitório; o alargamento dos valores em que se funda a União; a introdução de uma cláusula de solidariedade; a introdução de uma cláusula de saída voluntária da União[174].

Tendo o processo de ratificação do Tratado de Lisboa que modifica o TUE e o TCE chegado a bom termo e tendo o mesmo entrado em vigor em 1 de Dezembro de 2009, espera-se que possa cumprir a sua função de dotar a União Europeia de uma base jurídica actualizada capaz de nortear a sua actuação por várias décadas, tal como sucedeu com os Tratados originários institutivos das Comunidades Europeias.

---

[174] Algumas das principais inovações elencadas são objecto de análise temática desenvolvida na Parte II, *infra*, a par de outras.

II – A UNIÃO EUROPEIA APÓS O TRATADO DE LISBOA

§ 4 Princípios, valores e objectivos da União Europeia

O Tratado de Lisboa redenomina os «princípios» em que se funda a União Europeia, doravante «valores» e alarga o seu âmbito, já que nestes se passa a incluir – além da liberdade, da democracia, do Estado de direito e do respeito pelos direitos do Homem União consagrados pelo Tratado de Amesterdão que modificou o TUE – também a *igualdade* e o *respeito pela dignidade humana*[175] e, dentro do respeito pelos direitos Homem, os direitos das pessoas pertencentes a *minorias*[176]. O novo elenco de valores é assumido como comum aos Estados membros, «numa sociedade caracterizada pelo pluralismo, a não discriminação[177], a tolerância, a justiça, a solidariedade e a igualdade entre homens e mulheres[178]» – não se especificando claramente se estes traços caracterizadores da «sociedade» (europeia, da União e dos Estados membros, no sentido de modelo europeu) ou alguns deles (os que não são concretizadores dos valores antes enunciados) se afiguram também como verdadeiros valores e fundamento axiológico da União com todas as consequências, em especial em termos de possibilidade de instauração de um processo por incumprimento qualificado, previsto no artigo 7.º do TUE, contra o Estado membro que esteja em risco de os violar ou os viole efectivamente, ou meros valores norteadores da actuação da União não sindicáveis. O elemento literal apontará para a segunda hipótese – já que o elenco de valores consta do primeiro parágrafo do artigo em causa – funcionando a caracterização da «sociedade» euro-

---

[175] V. art. 2.º TUE.

[176] Referência decorrente da reivindicação da Hungria tendo em conta o elevado número de húngaros residentes em países vizinhos (cf. François-Xavier PRIOLLAUD e David SIRITZKY, *Le Traité...*, p. 33, nota (1)).

[177] V. arts. 3.º, n.º 3, par. 2, TUE e 10.º e 19.º TFUE e art. 21.º CDFUE.

[178] V. art. 3.º, n.º 3, par. 2, arts. 8.º TFUE, 153.º e 158.º e 79.º e 83.º TFUE – e ainda a Declaração (19) *ad* artigo 8.º do Tratado sobre o Funcionamento da União Europeia.

peia ou «modelo de sociedade» europeu[179] como uma referência de interpretação e de aplicação dos valores cimeiros da União.

Ainda que apenas um conjunto de «valores» (ex-«princípios») seja elevado pelo TUE a base axiológica fundamental da União Europeia, o Tratado de Lisboa retoma a prática do TUE e do TCE de consagração de princípios, que se afiguram fundamentais, da ordem jurídica da União – e que os autores qualificam em regra como princípios "constitucionais" da União Europeia[180], como é o caso, entre outros, do princípio da lealdade ou cooperação leal[181], do princípio da subsidiariedade[182] ou do princípio do respeito pela identidade nacional dos Estados membros[183]. O novo Tratado vem consagrar alguns novos princípios, mas descura – porventura intencionalmente – um princípio cimeiro da integração europeia: o princípio do respeito pelo adquirido comunitário.

No tocante aos novos princípios expressamente consagrados, são de mencionar as novas disposições do TUE relativas aos «princípios *democráticos*»[184] consagrando, em especial, o princípio da igualdade dos cidadãos da União no confronto com as suas instituições, órgãos e organismos, e o princípio da democracia representativa[185-186].

No que diz respeito ao princípio do respeito pelo adquirido comunitário – consagrado, até ao Tratado de Lisboa, no ex-artigo 2.º, 5.º travessão do TUE – é de sublinhar que a referência ao mesmo desaparece no

---

[179] Na expressão de Marianne DONY, *Après la réforme de Lisbonne. Les nouveaux traités européens,* Bruxelas, Universidade de Bruxelas, 2008, p. XVI.

[180] Neste sentido, na doutrina portuguesa, FAUSTO DE QUADROS, *Direito da União Europeia,* 3.ª reimpr., Coimbra, Almedina, 2009, p. 78 e ss., *Droit de l'Union européenne. Droit constitutionnel et administratif de l'Union européenne,* Bruxelas, Bruylant, 2008, p. 58 e ss., ou Ana Maria GUERRA MARTINS, *Curso de Direito Constitucional da União Europeia,* Coimbra, Almedina, 2004, p. 210 e ss.

[181] Consagrado no art. 10.º TCE e, após a entrada em vigor do Tratado de Lisboa, no art. 4.º, n.º 3, TUE.

[182] Consagrado nos ex-artigos 2.º, último par., TUE, 5.º TCE e na Declaração respeitante ao artigo 10.º do Tratado que institui a Comunidade Europeia anexa ao Tratado de Nice – e, após a entrada em vigor do Tratado de Lisboa, no art. 5.º TUE.

[183] Consagrado no ex-art. 6.º, n.º 3, TUE e, após a entrada em vigor do Tratado de Lisboa, no art. 4.º, n.º 2, TUE.

[184] V. novos arts. 9.º a 12.º TUE.

[185] V., respectivamente, art. 9.º e art. 10.º, 1, TUE.

[186] V. *infra,* § 6.

artigo 3.º do TUE, com a redacção decorrente do Tratado de Lisboa, e relativo aos objectivos da União Europeia. A omissão intencional da referência ao princípio estará certamente relacionada com o modo como o Tratado de Lisboa, enquanto tratado de revisão dos tratados pré-existentes, veio configurar a delimitação das atribuições da União em relação às dos Estados membros – em especial nos artigos 4.º n.º 1, 5.º n.º 2 e 48.º, n.º 2, do TUE, e no artigo 2.º, n.ºs 1 e 2, do TFUE. Com efeito, a redacção do TUE e do TFUE decorrente do Tratado de Lisboa[187] prevê, em especial, que: i) os projectos de revisão ordinária dos Tratados podem ir no sentido de *reduzir* as competências atribuídas à União pelos Tratados; ii) as competências que não sejam atribuídas à União pertencem aos Estados; iii) em matéria de competência *exclusiva* em determinado domínio só a União pode legislar e adoptar actos juridicamente vinculativos – e os Estados só podem fazê-lo se habilitados pela União ou a fim de dar execução aos actos da União; e iv) em matéria de competência *partilhada* os Estados exercem a sua competência na medida em que a União não tenha exercido a sua e voltam a exercer a sua competência na medida em que a União tenha decidido deixar de exercer a sua[188]. Se a omissão da referência ao princípio do adquirido comunitário é passível de ser explicada pela possibilidade de "descomunitarização", ou reversão, em matéria de atribuições da União, em especial por via de revisão ordinária dos Tratados, deve entender-se, no silêncio dos Tratados na redacção do Tratado de Lisboa, que a possibilidade de redução das atribuições da União apenas respeita às atribuições *partilhadas* e não às *exclusivas* – em consonância com a reversibilidade do princípio da subsidiariedade doravante prevista expressamente no artigo 2.º, n.º 2, *in fine* do TFUE, mas que resultava já do n.º 3, parte final, do Protocolo relativo à aplicação do princípio da subsidiariedade e da proporcionalidade anexo ao TCE e resultante do Tratado de Amesterdão. O reforço da actuação estadual em relação aos domínios que se integram nas atribuições partilhadas vem reforçar a subsidiariedade e, também, o princípio da tomada das decisões ao nível mais próximo dos

---

[187] V. *infra*, § 5.
[188] Vide, respectivamente, arts. 48.º, 2, TUE, 4.º, n.º 1 e 5.º, n.º 2, *in fine*, TUE , 2.º, n.º 1, TFUE e 2.º, n.º 2, TFUE. Vide também o n.º 6 do art. 3.º, TUE, na medida em que prevê que a União prossegue os seus objectivos em função das competências que lhe são atribuídas pelos Tratados.

cidadãos, sem ferir um núcleo essencial de integração europeia – versado, designadamente, em atribuições exclusivas – conseguido ao longo de mais cinco décadas. Tal como o princípio do primado ou da responsabilidade civil extracontratual dos Estados por incumprimento do Direito Comunitário, ainda sem consagração expressa no texto do Direito originário, o princípio do adquirido comunitário deve subsistir na Ordem Jurídica da União, pelo menos quanto ao núcleo essencial do processo de integração[189] – ainda que comprimido pela preocupação estadual plasmada nos Tratados institutivos modificados pelo Tratado de Lisboa de 'reversão' – ou, pelo menos, possibilidade de reversão – da tendência expansiva das atribuições (partilhadas ou concorrentes) da União Europeia, porventura em detrimento dos Estados membros e da competência dos órgãos de soberania nacionais com competência legislativa.

Quanto aos objectivos da União, doravante enunciados no artigo 3.º do TUE, a par de alguns já enunciados nos artigos 2.º das anteriores versões do TUE e do TCE – como o espaço de liberdade, segurança e justiça o desenvolvimento sustentável, o elevado nível de protecção e de melhoria da qualidade do ambiente, a igualdade entre os homens e as mulheres, ou a união económica e monetária – o Tratado de Lisboa enumera mais alguns objectivos relevantes – uns novos e outros já constantes de outras disposições do TCE, como é o caso do mercado interno. De entre os objectivos fixados *ex novo* expressamente pelo Tratado de Lisboa, na nova redacção do artigo 3.º do TUE, são de salientar sobretudo: a promoção da paz, dos seus valores e o bem-estar dos seus povos; a economia social de mercado altamente competitiva que tenha como meta o pleno emprego e o progresso social; o combate à exclusão social e as discriminações e a promoção da justiça e protecção sociais, a solidariedade entre as gerações e a protecção dos direitos das crianças; a promoção da solidariedade entre os Estados; o respeito pela riqueza da diversidade cultural e linguística e a salvaguarda e desenvolvimento do património cultural europeu; a expressa referência à moeda (euro) da União económica e monetária estabelecida pela União; a afirmação e promoção dos valores e interesses da União nas relações externas da União contribuindo para a protecção dos seus cida-

---

[189] Onde se integram o objectivo originário da integração europeia – a realização do mercado interno – e um conjunto de políticas comuns, em especial as indispensáveis à realização daquele objectivo, correspondam, ou não, a atribuições exclusivas da União.

§ 4 Princípios, valores e objectivos da União Europeia

dãos – e contribuindo para a paz, a segurança, o desenvolvimento sustentável do planeta, a solidariedade e o respeito mútuo entre os povos, o comércio livre e equitativo, a erradicação da pobreza e a protecção dos direitos do Homem e da criança e para a observância e desenvolvimento do direito internacional, incluindo o respeito pelos princípios da Carta da ONU.

A disposição reservada aos objectivos da União, que fundamentam a sua existência e norteiam a sua actuação, não só os reúne numa disposição única, mas também contempla objectivos 'internos', de índole económica[190] e não económica[191], e objectivos 'externos', na ordem jurídica internacional[192].

---

[190] Cf. art. 3.º, n.º 3, par. 1, primeira parte, TUE.
[191] Cf. art. 3.º, n.º 3, par. 1, segunda parte, pars. 2 a 4, TUE.
[192] Cf. art. 3.º, n.º 5, TUE.

§ 5 Atribuições e políticas da União Europeia

Uma das questões focadas pela Declaração respeitante ao futuro da União anexa ao Tratado de Nice foi a do «Estabelecimento e manutenção de uma delimitação mais precisa de competências entre a União Europeia e os Estados membros que respeite o princípio da subsidiariedade» (n.º 5, primeiro travessão da referida Declaração).

A questão então enunciada não foi esquecida nem pelo Tratado que Estabelece uma Constituição para a Europa nem pelo Tratado de Lisboa, ainda que o mandato da CIG tenha introduzido algumas inovações relativamente ao texto resultante da CIG de 2004.

Em matéria de atribuições da União Europeia – entendidas como fins e correspondentes domínios materiais de actuação desta – os aspectos mais relevantes a salientar são os quatro seguintes: i) a inclusão no Direito originário de disposições relativas às diferentes categorias de atribuições da União – não apenas as categorias já existentes, mas também uma nova categoria – e depois desenvolvidas em disposições autónomas; ii) a expressa menção no Direito originário de que as competências não atribuídas à União pelos Tratados pertencem aos Estados membros; iii) a menção expressa no Direito originário de que os Estados membros voltam a exercer a sua competência na medida em que a União tenha deixado de exercer a sua – e correspondente aprovação de uma Declaração relativa à delimitação de competências[193]; iv) a consagração, no âmbito do processo de revisão ordinário, da regra segundo a qual os Tratados podem ser revistos no sentido de aumentar ou reduzir as competências atribuídas à União[194].

---

[193] *Mandato da CIG*, III, 19, b). Vide, respectivamente: arts. 2.º a 6.º TFUE; arts. 4.º, n.º 1, 5.º, n.º 2, último par., TUE e Declaração (18) sobre a delimitação de competências, par. 1; art. 2.º, n.º 2, último par. TFUE e Declaração 18, par. 2.

[194] *Mandato da CIG*, II. Vide art. 48.º, n.º 2, TFUE e Declaração (18), último par. Tal possibilidade clarifica, se dúvidas houvesse, que a «competência da competência» reside, em última análise, nos Estados membros

As novas disposições relativas às categorias de competências da União, no respeito pelo princípio da especialidade de atribuições e do princípio da competência de atribuição, ambos consagrados no TUE[195], são inseridas do Tratado relativo ao Funcionamento da União, num novo Título com a epígrafe «As categorias e os domínios de competências da União»[196].

Na cláusula geral inserida no novo Título, o Tratado elenca cinco categorias de competências e domínios materiais respectivos: as competências exclusivas[197]; as competências partilhadas[198]; a competência para desenvolver acções destinadas a apoiar, a coordenar ou a completar a acção dos Estados membros sem substituir a competência dos Estados[199]; a competência para a definição e execução de uma política externa e de segurança comum, incluindo a definição gradual de uma política comum de defesa[200]; a competência para a definição de medidas determinadas em matéria de política económica e de emprego – designadamente orientações gerais e directrizes – cuja coordenação deve ser levada a cabo pelos Estados membros[201]. Cada uma destas "categorias" é desenvolvida numa disposição autónoma do TFUE e tem a sua extensão e regras de exercício definidas pelas disposições dos Tratados relativas a cada domínio.

Uma das virtudes das novas disposições do TFUE em causa é, inequivocamente, o elenco – não taxativo quanto à competência partilhada – dos domínios de competência da União que em concreto se inserem nas três primeiras categorias: exclusiva, partilhada e de apoio, coordenação ou completamento[202]. Com efeito, os novos artigos 3.º, 4.º e 6.º do TFUE

---

[195] Cf. arts. 4.º, n.º 1, e 5.º, n.º 2, do TUE. Note-se que a formulação do princípio da (competência de) atribuição, previsto no n.º 2 do art. 5.º do TUE, é uma formulação pela negativa (mais evidente na versão consolidada dos Tratados em língua francesa – «(...) l'Union *n'agit que* dans les limites des compétences que les états lui ont attribuées dans les traités (...)».

[196] V. Título I da Parte I, arts. 2.º a 6.º TFUE.

[197] Art. 2.º, n.º 2 e art. 3.º TFUE.

[198] Art. 2.º, n.º 2 e art. 4.º TFUE.

[199] Art. 2.º, n.º 5 e art. 6.º TFUE.

[200] Art. 2.º, n.º 4 TFUE.

[201] Art. 2.º, n.º 3, e art. 5.º TFUE.

[202] Vide o Relatório de Alain Lamassoure adoptado pelo PE em Maio de 2002 – *A delimitação das competências entre a União Europeia e os Estados membros* (A5-0133/2002) que consagrava uma distinção entre competências próprias, partilhadas e complementares.

elencam os domínios que se inserem em cada uma daquelas categorias. De fora deste elenco ficam, pois, quer a definição e execução da PESC[203], quer a adopção de medidas, nomeadamente as orientações gerais das políticas económicas e para garantir a coordenação das políticas de emprego dos Estados membros, designadamente definindo directrizes para essas políticas e, ainda, a adopção de iniciativas para garantir a coordenação das políticas sociais dos Estados membros[204-205]. O Tratado de Lisboa não configurou, pois, estas últimas como uma das três categorias atrás referidas – exclusivas, concorrentes ou de apoio, coordenação e completamento da acção dos Estados – levando assim em consideração a natureza específica das atribuições da União Europeia nesses domínios: a PESC, conforme decorre do mandato da CIG está sujeita a regras e procedimentos específicos[206]; as políticas económicas e de emprego permanecem atribuições dos Estados membros, apenas se conferindo à União competência de coordenação, de carácter obrigatório para os Estados, enquanto condição da prossecução dos objectivos da União em especial os previstos no artigo 3.º, n.º 3, parágrafo primeiro, do TUE e através de dois instrumentos previstos no Direito originário – as orientações gerais das políticas económicas[207-208] e as

---

[203] Cf. art. 2.º, 4, TFUE.

[204] Cf. art. 5.º TFUE.

[205] Explicando a criação destas categorias em separado por razões políticas, de modo a afastar a preempção inerente ao exercício de competências partilhadas, Paul CRAIG, *The Treaty...*, p. 148.

[206] Cf. art. 24.º, n.º 1, par. 2 TUE.

[207] Cf. art. 121.º TFUE – as orientações gerais das políticas económicas integram o mecanismo de supervisão multilateral instituído no âmbito da política económica e, assim, da União económica e monetária.

[208] O TFUE consagra, no art. 5.º, n.º 1, par. 2, a aplicação de disposições específicas aos Estados membros cuja moeda seja o Euro, as quais estão previstas nos arts. 136.º a 138.º do TFUE. Note-se que a principal alteração introduzida pelo TL a registar é a consagração de um novo artigo (137.º) sobre o *Eurogrupo* e de um Protocolo (N.º 14) relativo ao Eurogrupo. Este consiste, nos termos do referido art. 137.º TFUE, na reunião *informal* dos ministros (das finanças) dos Estados membros cuja moeda seja o Euro e visam, de acordo com o art. 1.º do Protocolo respectivo, «debater questões relacionadas com as responsabilidade que partilham em matéria de moeda única» e nas quais participa a Comissão e, através de convite, o BCE. Note-se também que não obstante se tratar de reuniões informais, o art. 2.º do Protocolo prevê a eleição, por maioria, de um «presidente» do Eurogrupo por dois anos e meio – duração idêntica à do mandato do Presidente do Conselho Europeu. O Eurogrupo parece perfilar-se como um contraponto informal – e intergovernamental –

orientações em matéria de emprego[209]. Quanto à previsão de «iniciativas» da União para garantir a coordenação das políticas sociais dos Estados membros, estas distinguir-se-ão da coordenação das políticas económicas e de emprego pelo seu carácter não obrigatório para os Estados[210], não estando prevista a aprovação de orientações gerais, mas apenas o incentivo da cooperação entre os Estados e a facilitação da coordenação das acções dos Estados no domínio da política social[211].

Relativamente às referidas três categorias em causa, o critério distintivo reside na competência para a aprovação de actos legislativos e actos juridicamente vinculativos e, assim, na intensidade da intervenção da União: nos domínios de competência exclusiva, apenas a União pode legislar e os Estados apenas o podem fazer se habilitados pela União ou para dar execução a actos da União[212]; nos domínios de competência partilhada – a regra – quer a União quer os Estados membros podem aprovar actos legislativos e juridicamente vinculativos, os Estados exercem a sua competência na medida em que a União não tenha exercido a sua e voltam a exercer a sua competência na medida em que a União tenha decidido deixar de exercer a sua[213] – e de acordo com o princípio da subsidiariedade que regula o exercício de tais atribuições[214]; nos domínios das acções destinadas a apoiar, coordenar ou completar acção dos Estados, a União pode adoptar actos juridicamente vinculativos – nada dizendo o Tratado, sublinhe-se, quanto à competência legislativa – mas tais actos não podem implicar a harmonização das disposições legislativas e regulamentares dos Estados membros, ou seja, o mesmo é dizer que não poderão ser aprovadas directivas, acto de direito derivado que consiste num instrumento por excelência da harmonização de disposições de direito interno[215]. Trata-se, neste último de caso, de competências estaduais, relativamente às quais a

---

ao Eurosistema (que, nos termos do art. 1.º, par. 1, última parte, do Protocolo (N.º 4) Relativo aos Estatutos do Sistema Europeu de Bancos Centrais e do Banco Central Europeu, é constituído pelo BCE e pelos bancos centrais nacionais dos Estados cuja moeda seja o euro).

[209] Cf. art. 148.º TFUE.
[210] Neste sentido François-Xavier PRIOLLAUD e David SIRITZKY, *Le Traité...*, p. 162.
[211] Cf. art. 156.º TFUE.
[212] Cf. art. 2.º, n.º 1, TFUE.
[213] Cf. art. 2.º, n.º 2, TFUE.
[214] Cf. art. 5.º, n.º 3, TUE.
[215] Cf. art. 2.º, n.º 5, par. 2, TFUE.

União pode intervir, respeitando o princípio da subsidiariedade por se tratar de competência não exclusiva, para apoiar ou completar as respectivas políticas dos Estados membros.

Tendo em conta que todos os domínios elencados no novo Tratado nesta última categoria – com excepção do desporto e da cooperação administrativa – já constavam do Tratado da Comunidade Europeia[216], afiguram-se pertinentes duas ordens de considerações. Em primeiro lugar, a delimitação negativa da intervenção da União, ao excluir a aprovação de actos de carácter vinculativo com incidência directa na harmonização de disposições de direito nacional, implica que o novo Tratado retoma a limitação constante do TCE mas apenas para alguns domínios materiais de actuação da Comunidade Europeia: saúde pública na vertente protecção e melhoria da saúde humana, cultura, educação, formação profissional e juventude[217]. Em segundo lugar, no tocante pelo menos à indústria, em relação à qual tal limitação não consta do TCE[218], o novo Tratado ao introduzir a limitação em causa[219] parece impor um retrocesso no tocante às categorias de fontes de direito derivado susceptíveis de serem aprovados nestas matérias. Relativamente aos domínios antigos (turismo e protecção civil) ou novos – o desporto e a cooperação administrativa – abrangidos na categoria em causa, as novas disposições do TFUE passam a consagrar expressamente a limitação em causa[220].

Quanto aos domínios materiais incluídos nas atribuições *partilhadas*, as inovações a assinalar – uma das quais decorrentes do mandato da CIG – são a consagração da coesão *territorial* a par da coesão económica e social[221]; a inclusão de um novo domínio material, a energia[222]; a «comu-

---

[216] V., respectivamente, art. 3.º, n.º 1, p), m), q), u), q) e u) e, ainda, o art. 149.º do TCE quanto à juventude. Sublinhe-se no entanto o facto de o TFUE conter uma base jurídica específica em matéria de turismo (art. 195.º TFUE) e de protecção civil (art. 196.º TFUE).

[217] Cf., respectivamente, art. 152.º, n.º 4, c), *in fine,* TCE; art. 151.º, n.º 5, 1.º trav.; arts. 149.º, n.º 4, 1.º trav, *in fine,* e 150.º, n.º 4, *in fine,* do TCE.

[218] Cf. art. 157.º, n.º 3, TCE – as limitações constantes desta disposição não incluem a exclusão de medidas de harmonização do direito interno dos Estados membros.

[219] Cf. Tratado de Lisboa, art. 2.º, B), 129), b).

[220] Respectivamente, arts. 165.º. n.º 4, 1.º trav., 195.º, n.º 2, 196.º, n.º 2 e 197.º, n.º 2, do TFUE.

[221] Cf. art. 4.º, n.º 2, c), TFUE.

[222] Cf. art. 4.º, n.º 2, i), TFUE.

nitarização» do actual terceiro pilar da União Europeia, passando o «Espaço de liberdade, segurança e justiça» a abranger aquele pilar e as matérias anteriormente comunitarizadas pelo Tratado de Amesterdão (Vistos, asilo, imigração e outras políticas relativas à livre circulação de pessoas)[223]; a inclusão do espaço, a par da investigação e do desenvolvimento tecnológico[224]. É de sublinhar também que no que diz respeito aos domínios da investigação, do desenvolvimento tecnológico e do espaço e da cooperação para o desenvolvimento e da ajuda humanitária, ambas enquadradas na disposição relativa aos domínios de competência partilhada, o novo Tratado expressamente estipula que o exercício da competência pela União não pode impedir os Estados de exercerem a sua[225]. Se tal se afigura uma decorrência do princípio da subsidiariedade, pode apresentar-se como uma limitação ao mesmo na medida em que não ficará nunca precludida, nem sequer temporariamente, o exercício de tal competência por parte dos Estados membros[226].

Ainda quanto aos domínios em que a União dispõe de competência partilhada – que, delimitados por exclusão, ou *a contrario,* não são elencados de modo taxativo[227] – é de notar que, por um lado, se consagra o seu carácter reversível e, por outro lado, se impõe uma interpretação restritiva dos efeitos da actuação por parte da União. A reversibilidade decorre da parte final do n.º 2 do artigo 2.º do TFUE e do parágrafo segundo da *Declaração (18) sobre a delimitação de competências*: na medida em que se prevê que «Os Estados membros voltam a exercer a sua competência na

---

[223] Cf. art. 4.º, n.º 2, j), TFUE.

[224] Cf. art. 4.º, n.º 3, TFUE – áreas em que a União tem competência para desenvolver acções, designadamente programas.

[225] Art. 4.º, n.ºs 3 e 4, *in fine,* TFUE, respectivamente. Marianne DONY qualifica-as como «competências paralelas», que contrapõe a competências partilhadas gerais (*Après la reforme…,* p. XV), na medida em que constituem uma derrogação à característica principal das competências partilhadas: «a ocupação progressiva e potencialmente total do terreno legislativo pela União».

[226] Sendo possível equacionar se tais domínios não se deveriam enquadrar na categoria de acções de apoio e complemento da acção dos Estados – neste sentido Jean Paul JACQUÉ, *Droit…*, p. 159.

[227] Tal earácter não taxativo decorre da previsão de um elenco de domínios «principais» (o que pressupõe a existência de outros, 'secundários' desde que não se integrem nos domínios elencados nos artigos 3.º e 6.º TFUE) e é reforçado pela cláusula de flexibilidade consagrada no art. 352.º do TFUE.

medida em que a União tenha decidido deixar de exercer a sua», situação que ocorre, designadamente, em caso de revogação, pela União, de um acto legislativo. A interpretação restritiva decorre do disposto no *Protocolo (N.º 25) Relativo ao exercício das competências partilhadas* o qual impõe, em relação às competências partilhadas que, quando a União toma medidas num dado domínio nelas abrangido, «o âmbito desse exercício e competências apenas abrange os elementos regidos pelo acto da União em causa e, por conseguinte, não abrange o domínio na sua totalidade» – pelo que a preempção é parcial e, também, não definitiva, na medida em que há reversibilidade. Em qualquer caso, a prossecução por parte dos Estado das atribuições concorrentes ou partilhadas há-de depender, em concreto, da intensidade da intervenção da União Europeia, em relação a cada domínio que nelas se enquadre, num duplo sentido: intensidade do acto adoptado para prosseguir o domínio em causa, o qual pode ser mais ou menos limitativo da margem de actuação dos Estados (designadamente acto de subordinação ou de harmonização) e intensidade em termos de extensão material da intervenção legislativa da União de modo a abranger mais ou menos aspectos dos domínio em causa e nos termos permitidos pelos Tratados[228].

Por último merece uma referência particular a questão da compaginação entre o disposto no artigo 5.º, n.º 3, do TUE, em especial primeiro parágrafo, e no artigo 2.º, n.º 2, parágrafo segundo, do TFUE: por um lado, a disposição que versa sobre o princípio da subsidiariedade e que se aplica aos domínios que não sejam da competência exclusiva da União prevê, na senda do TCE, que «a União intervém apenas se e na medida em que os objectivos da acção considerada não possam ser suficientemente alcançados pelos Estados membros, tanto ao nível central como ao nível regional e local, podendo contudo, devido às dimensões ou aos efeitos da acção considerada, ser mais bem alcançados ao nível da União»[229]; por

---

[228] Como decorre aliás da previsão geral do art. 2.º, n.º 2 do TFUE, ao prever que «A extensão e as regras de exercício das competências da União são determinadas pelas disposições dos Tratados relativas a cada domínio» e, em particular dos n.os 3 e 4 do art. 4.º sobre competências partilhadas, os quais elenca expressamente o tipo de actuação da União permitido quanto aos domínios ali mencionados – desenvolvimento de acções, designadamente definição e execução de programas, e desenvolvimento de uma política comum.

[229] Relativamente à anterior formulação do princípio da subsidiariedade constante do art. 5.º do TCE, note-se sobretudo que o Tratado de Lisboa introduz uma referência ao

outro lado, o TFUE dispõe no n.º 2 do artigo 2.º que, relativamente à competência partilhada com os Estados membros num dado domínio «Os Estados-membros exercem a sua competência na medida em que a União não tenha exercido a sua» e «voltam a exercer a sua competência na medida em que a União tenha deixado de exercer a sua». A primeira disposição parece dar precedência à actuação dos Estados e a segunda o inverso[230]. A segunda disposição, do TFUE, não pode deixar de ser lida à luz da disposição geral constante do TUE: o exercício de competência pela União não pode deixar de observar os requisitos de aplicação do princípio da subsidiariedade previstos no artigo 5.º, n.º 3, primeiro parágrafo, confirmando o artigo 2.º do TFUE a reversibilidade do princípio[231]. O exercício de competências no domínio das atribuições não exclusivas, e sempre com vista à prossecução dos objectivos da União, poderá ser exercida, consoante o caso, ao nível de decisão nacional ou europeu, mas a intervenção europeia dependerá sempre do preenchimento – traduzido na fundamentação da proposta de acto legislativo e do acto que vier a ser aprovado – dos requisitos do princípio da subsidiariedade que se prendem, por um lado, com a insuficiência de actuação estadual (qualquer que seja o nível: central, regional ou local) e, por outro lado, com os efeitos da acção ao nível da União.

Quanto aos domínios materiais incluídos nas atribuições *exclusivas,* cujo elenco se afigura taxativo – enquanto a sua modificação não tiver

---

nível da suficiência estadual – central, regional e local. Note-se que o novo Protocolo (n.º 2) Relativo à aplicação dos princípios da subsidiariedade e da proporcionalidade não retoma integralmente o disposto no anterior Protocolo relativo à aplicação dos princípios da subsidiariedade e da proporcionalidade, em especial a parte que versava sobre os requisitos de aplicação do princípio da subsidiariedade e as condições da sua aplicação, a reversibilidade e as indicações quanto à escolha do acto a adoptar (n.ºs 3, 5 e 6 do anterior Protocolo n.º 7). O novo Protocolo (N.º 2) versa sobretudo sobre os trâmites do processo legislativo, a fundamentação dos actos legislativos relativamente aos princípios da subsidiariedade e da proporcionalidade e, ainda, sobre a participação dos Parlamentos nacionais no que respeita ao controlo do princípio da subsidiariedade. No sentido de as «linhas directrizes» sobre a aplicação do princípio da subsidiariedade constantes do anterior Protocolo n.º 7 continuarem a ser pertinentes enquanto tais, Marianne DONY, *Droit de l'Union européenne*, 2.ª ed., Bruxelles, Éditions de l'Université de Bruxelles, p. 77.

[230] Jean-Claude GAUTRON entende que o significado desta disposição é que «a preempção opera nos dois sentidos» (*Le traité...*, p. 173).

[231] Reversibilidade que o anterior Protocolo N.º 7 já consagrava na parte final do seu n.º 3.

lugar por via de revisão ordinária dos Tratados – apenas a União Europeia pode intervir por via legislativa e adoptar actos juridicamente vinculativos, sem prejuízo de os Estados membros poderem actuar se habilitados pela União[232] ou a fim de dar execução aos actos aprovados pela União[233]. O elenco de domínios previstos no artigo 3.º do TFUE retoma, nas alíneas d) e e) o disposto na jurisprudência do TJUE, em matéria de conservação dos recursos biológicos do mar no âmbito da política comum das pescas e de política comercial comum[234], incluindo a totalidade desta nas atribuições exclusivas da União. Na senda do TECE o Tratado de Lisboa consagra mais três domínios de atribuições exclusivas: a união aduaneira[235], o estabelecimento de regras de concorrência necessárias ao funcionamento do mercado interno e a política monetária para os Estados cuja moeda seja o euro[236]. Por último refira-se que ficaram fora do actual elenco de atribuições exclusivas algumas outras elencadas pela doutrina[237] ou objecto

---

[232] Esta fórmula constante do artigo 2.º, n.º 1, parte final, do TFUE, retoma a jurisprudência *Donckerwolcke* do TJCE (ac. de 15/12/1976, proc.º 41/76, Rec., p. 1921 e ss.) em matéria de política comercial comum e que versa sobre a questão da existência de uma lacuna normativa no caso de a União não agir quanto a uma atribuição exclusiva – prevendo a necessidade de uma intervenção expressa por parte da então Comunidade Europeia para conferir uma habilitação ao Estado para actuar. Não obstante, tal exigência é mitigada pela jurisprudência *Bulk Oil* (ac. do TJCE de 18/2/1986, proc.º 174/84, Rec., p. 559 e ss.) e, no caso *Comissão c. Reino Unido* (ac. do TJCE de 14/7/1976, proc.ºs 3 e 6/78, Rec., p. 1045 e ss.), o TJCE considerou que em caso de lacuna normativa os Estados apenas podem agir enquanto gestores do interesse comum em colaboração com a Comissão.

[233] Em conformidade com o disposto no art. 291.º TFUE.

[234] Cf., respectivamente, ac. do TJCE de 5/5/1981, *Comissão c. Reino Unido*, proc.º 804/79, Rec., p. 1045 e ss. e ac. TJCE de 14/7/1976, *Kramer*, proc.ºs 3/76, 4/76 e 6/76, Rec., p. 1279 e ss.; ac. TJCE de 18/2/1986, *Bulk Oil*, proc.º 174/84, cit., e Parecer 1/75 de 11/11/1975, Rec., p. 1355 e ss., e alíneas d) e e) do n.º 1 do art. 3.º do TFUE.

[235] Paul CRAIG aponta as dificuldades em distinguir as atribuições exclusivas nesta matéria e as atribuições partilhadas em matéria de mercado interno (*The Treaty*..., p. 145).

[236] Respectivamente alíneas a) a c) do n.º 1 do art. 3.º do TFUE. O artigo em causa não esclarece, quanto à política monetária, se apenas fica abrangida nas atribuições exclusivas a política monetária regulada nos artigos 127.º a 133.º do TFUE, em especial todas as atribuições cometidas ao SEBC pelo n.º 2 do artigo 127.º do TFUE, ou apenas algumas delas.

[237] FAUSTO DE QUADROS, anteriormente à entrada em vigor do Tratado de Lisboa, elenca a abolição dos obstáculos à livre circulação de mercadorias, pessoas, serviços e capitais, e os elementos essenciais da política de transportes – na senda da Comunicação da Comissão sobre o princípio da subsidiariedade de 27 de Outubro de 1992 (SEC (92)1990

de apreciação pelo TJCE[238] e, ainda, que o n.º 2 do artigo 3.º do TFUE consagra a doutrina do caso *AETR* em matéria de atribuições externas da União de celebração de acordos internacionais[239] reconhecendo-lhe competência exclusiva para a celebração de acordos internacionais quando esta esteja prevista num acto legislativo, seja necessária para lhe dar a possibilidade de exercer a sua competência interna ou seja susceptível de afectar regras comuns ou de alterar o alcance das mesmas[240].

Para além das referidas modificações introduzidas em matéria das atribuições, na linha das alterações consagradas pelo TECE, é de notar que o novo Tratado não clarifica o conceito de «política» da União, nem de «política comum» da União: de acordo com o novo elenco de domínios materiais de actuação da União e que se enquadram numa das categorias de «competências» doravante previstas, apenas merecem a denominação de «política»: quanto às atribuições exclusivas, a política monetária para os Estados que aderiram ao euro, a política comum das pescas na parte relativa à conservação dos recursos biológicos do mar e a política comercial comum; quanto às atribuições concorrentes, a política social e uma política comum nos domínios da cooperação para o desenvolvimento e da ajuda humanitária[241]; e, ainda, a política externa e de segurança comum,

---

final de 27 de Outubro de 1992 – *Droit...*, p. 167 e 168). Ana Maria GUERRA MARTINS elenca alguns aspectos (não especificando) da política agrícola comum (*Curso...*, p. 291) como competência exclusiva não considerada pelo TECE.

[238] É o caso da da *política agrícola comum*, com base no ac. do TJCE de 14/7/1994, *Rustica semences,* proc.º C-438/92, Col., p. I-3519 e ss., e da competência exercida no quadro do ex-art. 95.º TCE, sobre o *mercado interno*, nos termos do ac. TJCE de 10/12/2002, *British American Tobacco e Imperial Tobacco,* proc.º C-491/01, Col., p. II-11453 e ss.

[239] Ac. do TJCE de 31/3/1971, proc.º 22/70, Rec., p. 741 e ss.

[240] Vide, posteriormente ao caso *AETR*, o Parecer do TJCE 1/76 de 26/4/1977, Rec., p. 741 e ss. (Projecto de acordo relativo à criação de um Fundo europeu de imobilização da navegação interna), complementado pelos Pareceres do TJCE 1/94, de 15/11/1994 (Col., p. I-5267 e ss.) e 1/03 de 7/2/2006 (Col. p. I-1145 e ss), respectivamente sobre *Competência da Comunidade para concluir acordos internacionais em matéria de serviços e de protecção da propriedade intelectual* e *Competência da Comunidade para concluir a nova Convenção de Lugano relativa à competência judiciária, o reconhecimento e a execução de decisões em matéria civil e comercial* e pela jurisprudência *Open skies* (acs. TJCE de 5/11/2002, proc.os C-466/98, C-467/98, C-468/98, C-469/98, C-471/98, C-472/98, C-475/98 e C-476/98, Col., p. I-9427 e ss.).

[241] Cf. art. 3.º, n.º 1, alíneas c), d) e e), TFUE e art. 4.º, n.º 2, b), e n.º 4.

incluindo uma política comum de defesa e, na perspectiva dos Estados membros, as políticas económicas, de emprego e sociais dos Estados membros[242-243].

O Tratado de Lisboa, ao introduzir nos Tratados diversas categorias de atribuições e respectivos domínios materiais, não estabelece qualquer correspondência entre as mesmas e o conceito de política da União – ou de política *comum* da União[244-245]: nem todas as políticas referidas como políticas *comuns* correspondem a atribuições exclusivas – é o caso da PESC, incluindo a política comum de defesa, da política comum das pescas na parte que não diz respeito à conservação dos recursos ou da política comum em matéria de asilo, de imigração e de controlo das fronteiras; e nem todas as atribuições exclusivas se traduzem na existência de políticas denominadas *comuns* – é o caso da política monetária, desde logo pela existência de *opt-outs*. Não ficam claros na versão modificada dos Tratados (TUE e TFUE) quais os requisitos indispensáveis para a qualificação de uma política – relativa a uma atribuição exclusiva ou concorrente – como política *comum* da União.

As novas disposições em matéria de atribuições da União Europeia, em suma, não apresentam um carácter tão inovador quanto seria de esperar, mas sobretudo um carácter de sistematização e codificação de jurisprudência relevante na matéria – e num sentido *prima facie* mais amigável em relação aos Estados membros do que à própria União Europeia[246], que

---

[242] Cf., respectivamente, art. 2.º, n.º 4, e 5.º, do TFUE.

[243] O TFUE identifica ainda como comuns as políticas relativas aos controlos nas fronteiras, ao asilo e à imigração.

[244] Philippe de BRUYCKER, a propósito da política comum em matéria de asilo, de imigração e de controlo das fronteiras externas, refere que o adjectivo *comum* «testemunha a vontade de evitar que a acção da União na matéria não seja um aglomerado de tantas políticas diferentes quantos os Estados membros» (*Le Traité de Lisbonne et les politiques relatives aux controles aux frontières, à l'asile et à l'immigration*, RAE, 2007-2008/2, p. 230).

[245] Para uma análise pormenorizada das *políticas* da União à luz do Tratado de Lisboa, vide Marc FALLON e Anne-Claire SIMON, *Le renouvellement des politiques de l'Union européenne dans le traité de Lisbonne*, RAE, 2007-2008/2, pp. 254-263.

[246] A preocupação estadual em conter as atribuições da União Europeia, que traduz uma certa 'desconfiança' dos Estados membros em relação à União, manifesta-se ainda em matéria de atribuições no domínio dos direitos fundamentais – veja-se o disposto no art. 6.º, n.º 1, segundo par., do TUE, a Declaração (1) sobre a Carta dos Direitos Fundamentais da União Europeia, segundo par., o art. 6.º, n.º 2, segundo par., TUE, e o art. 2.º, primeiro par., do Protocolo (n.º 8) Relativo ao n.º 2 do artigo 6.º do Tratado da União Europeia res-

a actuação dos Estados e da União confirmará ou infirmará. Apresentam também a vantagem de identificar diferentes «intensidades» de competências da União e da «profundidade»[247] da intervenção da União relativamente aos domínios materiais abrangidos nas suas atribuições.

Em matéria de cláusula de flexibilidade doravante prevista no artigo 352.º do TFUE[248], a qual permite à União actuar para a prossecução dos seus objectivos quando os Tratados não tenham previsto os «poderes de acção» necessários para o efeito, as duas principais inovações a registar são as seguintes: o alargamento do respectivo âmbito de aplicação, já que a cláusula pode ser utilizada «no quadro das políticas definidas pelos Tratados, para atingir um dos objectivos estabelecidos pelos Tratados» – e já não apenas no curso do funcionamento do mercado interno[249]; a exigência de aprovação do PE no quadro do processo legislativo aplicável, excepto se se aplicar um processo legislativo especial, caso em que existirá uma mera consulta ao PE – e não obstante as limitações impostas pelos números 3 e 4 daquela disposição, ou seja, o facto de as medidas aprovadas com base na referida cláusula não poderem implicar a harmonização do direito nacional no caso em que os Tratados a excluem[250] (o que constitui uma garantia relativa à delimitação de competências entre os Estados e a UE) e, ainda, o facto de a disposição em causa não poder constituir fundamento para prosseguir objectivos no âmbito da PESC e o respeito pelos actos aprovados com base no artigo em causa deverem respeitar os limites previstos no artigo 40.º, parágrafo segundo, do TUE. A nova redacção da disposição prevê ainda que a Comissão alerte os Parlamentos nacionais para as propostas nela baseadas para efeitos de processo de controlo do princípio da subsidiariedade. Em termos de princípio, o âmbito de aplicação efectivo da cláusula de flexibilidade, tal como configurada pelo Tratado

---

peitante à adesão da União à Convenção Europeia para a protecção dos Direitos do Homem e das Liberdades Fundamentais. Vide ainda a Declaração (24) sobre a personalidade jurídica da União Europeia, a qual dispõe que a atribuição de personalidade jurídica não autorizará a União «de forma alguma a legislar ou a agir para além das competências que lhe são atribuídas pelos Estados nos Tratados».

[247] Nas expressões de Jean Paul JACQUÉ, *Le Traité*..., p. 468.

[248] No sentido de esta cláusula se configurar como uma contrapartida da rigidez do processo de revisão dos tratados, vide Jean Paul JACQUÉ, *Le Traité*..., p. 469.

[249] Conforme dispunha o art. 308.º do TCE.

[250] Vide o art. 2.º, n.º 5, par. 2, TFUE.

de Lisboa, é reduzido na proporção da previsão de bases jurídicas específicas relativas a novos domínios de actuação da União, como é o caso da energia.

A Declaração (41) *ad* artigo 352.º do Tratado sobre o Funcionamento da União Europeia clarifica que os objectivos da União a prosseguir através da cláusula de flexibilidade são os mencionados nos números 2, 3 e 5 do artigo 3.º do TUE, que a acção com base na referida cláusula não pode visar exclusivamente os objectivos definidos no número 1 do artigo 3.º do TUE – promoção da paz, dos valores da União e do bem-estar dos seus povos – e a exclusão da adopção de actos legislativos no domínio da PESC, reiterando a limitação constante do número 4 do artigo 352.º do TFUE. Note-se que o Protocolo (N.º 27) relativo ao mercado interno e à concorrência, considerando que o mercado interno, tal como estabelecido no artigo 3.º do TUE – enquanto objectivo da União –, inclui um sistema que assegura que a concorrência não seja falseada, expressamente admite que a União possa tomar medidas para esse efeito ao abrigo do disposto nos Tratados, incluindo no artigo 352.º do TFUE. O protocolo em causa permite, pois, o uso da cláusula de flexibilidade apesar de a referência à concorrência livre e não falseada no mercado interno não constar expressamente do elenco de objectivos da União constante do artigo 3.º do TUE[251].

Por seu turno a Declaração (42) *ad* artigo 352.º do Tratado sobre o Funcionamento da União Europeia vem clarificar, na senda da jurisprudência do TJUE, que a cláusula de flexibilidade é «parte integrante de uma ordem institucional baseada no princípio da atribuição de competências» não podendo «constituir fundamento para alargar o âmbito de competências da União para além do quadro geral resultante do conjunto das disposições dos Tratados, nomeadamente das que definem as missões e acções da União» nem «servir de fundamento à adopção de disposições que implique, em substância, nas suas consequências, uma alteração dos Tratados que escape ao processo por estes previstos para o efeito»[252].

---

[251] Tal referência constava do correspondente artigo do TECE, tendo sido no entanto suprimida pelo TL.

[252] É de notar que o processo de revisão simplificado previsto no art. 48.º, n.º 6, par. 3, do TUE, não pode aumentar as competências atribuídas à União pelos Tratados – apenas o processo de revisão ordinário previsto nos n.os 2 a 5 do mesmo artigo permite aumentar (ou reduzir) as competências atribuídas à União pelos Tratados.

Por último merece uma referência o facto de o TUE prever, no seu artigo 48.º, n.º 6, um processo de revisão simplificado de todas ou de parte das disposições da terceira parte do TFUE relativas às políticas e acções internas da União – na qual se elencam os diversos domínios de actuação da União e correspondentes políticas ou políticas comuns[253-254].

---

[253] A iniciativa de apresentação de um projecto de revisão é conferida ao governo de qualquer Estado membro, ao PE ou à Comissão e o Conselho Europeu adopta a decisão de alteração por unanimidade após consulta ao PE e à Comissão, bem como ao Banco Central Europeu (BCE) em caso de alterações institucionais no domínio monetário. A decisão de alteração só entra em vigor após a sua aprovação pelos Estados membros de acordo com as respectivas normas constitucionais. O processo de revisão simplificado em causa não pode todavia aumentar as competências atribuídas à União pelos Tratados.

[254] Criticando este processo de revisão na medida em o método qualifica como regras de funcionamento regras materiais, e não apenas institucionais, primitivamente consideradas *fundamentos* no Tratado de Roma, Marc FALLON e Anne-Claire SIMON, *Le renouvellement...*, p. 264.

§ 6 Cidadania e legitimação democrática

Os povos dos Estados membros, na sua qualidade de cidadãos e titulares de direitos de participação política foram adquirindo, ao longo da construção europeia um lugar cimeiro não só como sujeitos de direito da Ordem Jurídica comunitária e, depois, da União Europeia, beneficiários de direitos, mas também – e sobretudo – como elemento legitimador da construção europeia, quer directamente através do sufrágio directo e universal para eleição dos seus representantes no Parlamento Europeu, quer indirectamente através do sufrágio para eleição dos titulares dos órgãos de soberania dos Estados membros. O lugar cimeiro dos povos dos Estados membros na construção europeia decorre de igual modo da titularidade do estatuto jurídico de cidadania europeia – que, ainda que dependendo da cidadania nacional, confere um conjunto de direitos expressos (e deveres implícitos) – e de um conjunto de direitos fundamentais protegidos pela Ordem Jurídica da União e, ainda, da sua veste, por vezes esquecida, de contribuintes que suportam em parte, indirectamente, o orçamento da União.

6.1. *As vias de reforço do lugar do cidadão da União na construção europeia*

São quatro as principais vias através das quais o Tratado de Lisboa, modificativo do TUE e do TCE, pretende reforçar o lugar do cidadão da União na construção europeia.

Em primeiro lugar, pela introdução nos Tratados de *disposições relativas aos princípios democráticos*[255] consagrando, designadamente, o princípio da igualdade dos cidadãos da União no confronto com as suas

---

[255] Arts. 9.º a 12.º TUE.

instituições, órgãos e organismos, e o princípio da democracia representativa, concretizada na representação directa daqueles ao nível da União, no Parlamento Europeu[256] e da democracia participativa[257]. A inovação mais relevante concretizadora do princípio da participação dos cidadãos na vida democrática da União – expressamente previsto no número 3 do artigo 11.º do TUE – será porventura o direito de iniciativa legislativa por parte dos cidadãos da União: um milhão, pelo menos, de cidadãos da União pode tomar a iniciativa de convidar a Comissão a apresentar uma proposta adequada em matérias sobre as quais os cidadãos considerem necessário um acto jurídico da União[258-259].

---

[256] São de sublinhar ainda o princípio da abertura e o princípio da proximidade dos cidadãos – consagrados no n.º 3, segundo par., do art. 10.º do TUE e também no art. 1.º, segundo par., *in fine* do TUE –, e o papel dos partidos políticos ao nível europeu enquanto contribuam para a formação da consciência política europeia e a expressão da vontade dos cidadãos da União (vide o art. 10.º, n.º 4, TUE e art. o 224.º TFUE).

[257] Cf. art. 11.º TFUE. Saliente-se em especial o princípio do diálogo com os cidadãos e a consulta da sociedade civil – consagrados no art. 11.º, n.ºs 1 e 2, TUE.

[258] Art. 11.º, n.º 4, TUE e art. 24.º, par. 1, TFUE.

[259] Nos termos do par. 2 do n.º 4 do art. 11.º do TUE os procedimentos e condições para a apresentação de tal iniciativa são estabelecidos nos termos do par. 1 do art. 24.º do TFUE, ou seja, através de um regulamento do PE e do Conselho adoptado de acordo com o processo legislativo ordinário. Esta última disposição impõe a fixação de um número mínimo de Estados de que devem provir os cidadãos que apresentam a iniciativa. A concretização desta disposição foi já corporizada pela *Proposta de Regulamento do Parlamento Europeu e do Conselho relativa à iniciativa da cidadania* (COM (2010) 119 final de 31/3/2010) encontrando-se em curso o respectivo procedimento de co-decisão (2010/0074/COD). Esta proposta orienta-se pelos seguintes princípios: as condições fixadas devem garantir a que a iniciativa seja representativa de um interesse da União e o instrumento deve ser fácil de utilizar; os procedimentos devem ser simples e fáceis de usar, de modo a prevenir o uso fraudulento ou abusivo e não devem impor custos administrativos inúteis aos Estados membros. Dos traços do regime constante da proposta são de salientar, entre outros, a fixação do número mínimo de Estados membros de que devem provir os cidadãos que apresentam a proposta em *um terço* dos Estados membros e, ainda, a fixação de um segundo limiar de um número mínimo de cidadãos da União de cada um dos Estados membros que integram aquele terço (cf. art. 7.º, n.ºs 1 e 2, da proposta e Anexo I). O regime proposto prevê ainda uma decisão prévia de admissibilidade pela Comissão (art. 8.º da proposta) e, depois, um procedimento de exame pela Comissão da iniciativa dos cidadãos da União que culmina com uma Comunicação com as suas conclusões sobre a iniciativa, a acção que a Comissão prevê adoptar ou, se tal não acontecer, as respectivas razões (art. 11.º, n.º 1, b) da proposta) – o que implica que, no limite, a apresentação de uma iniciativa popular não vincula a Comissão à apresentação de uma proposta legislativa.

Em segundo lugar, pelas modificações, ainda que modestas, introduzidas em matéria de não discriminação e de cidadania europeia no TFUE. Não só a referência à cidadania europeia que, doravante «acresce» à cidadania nacional, passa a constar do TUE no Título II que contém as disposições relativas aos princípios democráticos[260], como são introduzidas algumas modificações no TFUE, cujo Título II passa a incidir sobre «Não discriminação e cidadania»[261]. Além disso, o artigo 17.°, n.° 2, do TFUE, passa a elencar, a título não taxativo, nas novas alíneas a) a d), os direitos elencados nos artigos 18.° a 21.° do ex-TCE.

Em terceiro lugar, pela consagração de disposições expressas sobre o papel dos Parlamentos nacionais na construção europeia e, em particular, no controlo do princípio da subsidiariedade. Quanto a este ponto, é de sublinhar que a Declaração respeitante ao futuro da União anexa ao Tratado de Nice elencava, no seu n.° 4, 4.° travessão, como questão a abordar, «o papel dos parlamentos nacionais na arquitectura europeia». E, anteriormente, o Tratado de Amesterdão incluía um Protocolo relativo ao papel dos Parlamentos Nacionais na União Europeia contemplando não só a questão das informações destinadas aos Parlamentos nacionais dos Estados membros, como uma parte relativa à conferência das comissões de assuntos europeus dos Parlamentos nacionais («COSAC»)[262].

Quanto a esta matéria, as alterações essenciais a registar foram consagradas pelo TECE[263], com três alterações decorrentes do mandato da CIG, no sentido do reforço do papel dos parlamentos nacionais: i) a inclusão, no TUE, de um novo artigo de carácter geral sobre o papel dos Parlamentos nacionais[264]; ii) o alargamento (de 6 para 8 semanas) do prazo de que dispõem os Parlamentos nacionais para analisar projectos de actos legislativos e emitir um parecer fundamentado sobre a observância do princípio da subsidiariedade; e iii) a criação de um mecanismo de controlo reforçado da subsidiariedade[265].

---

[260] Art. 9.°, *in fine*, TUE, e art. 20.°, n.° 1, *in fine*, TFUE.

[261] Arts. 18.° a 25.° TFUE.

[262] V. Protocolo relativo ao papel dos parlamentos nacionais na União Europeia (Protocolo n.° 13), anexo ao TA, I e II, respectivamente.

[263] Cf. arts. I-45.° a I-47.° do TECE.

[264] Cf. art. 12.° TUE.

[265] Cf. *mandato da CIG*, II, 11. A segunda alteração indicada consta do Protocolo (N.° 1) relativo aos Parlamentos nacionais (art. 4.°) e do Protocolo (N.° 2) relativo à sub-

O novo artigo do TUE sobre o papel dos Parlamentos nacionais na União Europeia contempla que aqueles contribuem activamente para o bom funcionamento da União através dos seguintes direitos e competências[266]: direito à informação sobre os projectos de actos legislativos da União; competência de garantia do respeito pelo princípio da subsidiariedade; no âmbito do espaço de liberdade, segurança e justiça[267], competência de participação na avaliação da execução das políticas da União e no controlo político da Europol e avaliação das actividades da Eurojust; direito de participação no processo de revisão dos Tratados; direito à informação sobre os pedidos de adesão à União; direito de participação na cooperação interparlamentar entre os Parlamentos nacionais e com o Parlamento Europeu[268]. Aos parlamentos nacionais é conferido um verdadeiro direito de oposição, que se traduz num direito de veto, em dois casos: no âmbito dos processos de revisão simplificada e no âmbito de processo legislativo especial em matéria de cooperação judiciária em matéria civil – concretamente adopção de medidas sobre direito da família com incidência transfronteiriça que possam ser objecto de adopção através de um processo legislativo ordinário. No primeiro caso, no quadro da cláusula geral de ponte ou *'passerelle'* prevista no número 7 do artigo 48.° do TUE, a qual permite a passagem da unanimidade à maioria qualificada e de processo legislativo especial para processo legislativo ordinário, as iniciativas respectivas do Conselho Europeu são comunicadas aos Parlamentos nacionais e em caso de oposição de um – e *apenas um* – Parlamento nacional a decisão (do Conselho Europeu) não pode ser adoptada. No segundo caso,

---

sidiariedade e proporcionalidade (art. 6.°). A terceira alteração referida consta do artigo 7.°, 3, deste último Protocolo (N.° 2).

[266] Alguma doutrina refere-se a um fenómeno de «efectiva Europeização dos Parlamentos Nacionais» enquanto representantes dos «*povos* Europeus» (Paola BILANCIA, *The Role and Power of European and National Parliaments in the Dynamics of Integration*, Riv. Ital. Dir. Pubbl. Comunitario, 2009-2, p. 284).

[267] Vide a cláusula restritiva prevista no Anexo 2, 2) b), do *mandato da CIG,* a qual permite que um parlamento nacional inviabilize a aprovação pelo Conselho de um acto da União em matéria de direito da família que tenha implicações transfronteiriças – art. 81.°, n.° 3, par. 3, TFUE.

[268] Cf. novo artigo 12.° TUE, alíneas a) a f). Os direitos e competência nelas previstos são desenvolvidos nos Tratados e no Protocolo (N.° 1) relativo ao papel dos Parlamentos nacionais na União Europeia e no Protocolo (N.° 2) relativo à aplicação dos princípios da subsidiariedade e da proporcionalidade.

previsto no artigo 81.°, número 2, do TFUE, a proposta de decisão que determine os aspectos do direito da família com incidência transfronteiriça passíveis de serem objecto de actos adoptados de acordo com o processo legislativo ordinário é comunicada aos Parlamentos nacionais e, em caso de oposição de um – e apenas *um* – Parlamento nacional, a decisão não pode ser adoptada.

Em quarto lugar pela relevância jurídica dada pelo novo Tratado à Carta dos Direitos Fundamentais da União Europeia – a qual passa a poder ser invocada pelos cidadãos da União contra esta ou contra os Estados quando apliquem o Direito da União. A consagração da CDFUE ao nível do Direito originário foi contemplada no Tratado de Lisboa, ainda que de modo *sui generis*. Não obstante a nova redacção do artigo 6.°, n.° 1, do TUE, afirma que «A União reconhece os direitos, as liberdades e os princípios contidos na CDFUE de 7 de Dezembro de 2000, com as *adaptações* que lhe foram introduzidas em 12 de Dezembro de 2007[269], em Estrasburgo, e que tem o *mesmo valor jurídico que os Tratados*»[270].

Não pode deixar de sublinhar-se que o novo texto aprovado, com as referidas «adaptações» ao texto de 2000, retoma quase na íntegra o texto da CDFUE inserido no Tratado que Estabelece uma Constituição para a Europa[271]. O texto da CDFUE reaprovado em Dezembro de 2007 – e retomando o texto inserido no TECE – apresenta, em relação ao texto anterior de 2000, as seguintes «adaptações» substanciais[272]:

---

[269] O texto reaprovado da CDFUE, nos termos do *mandato da CIG* (cf. II, 9 e Anexo 1, 5), foi publicado no JO C 303 de 14/12/2007 (2007/C 303/01) – *supra*, § 2, 2.1.

[270] Art. 6.°, 1, TUE.

[271] TECE, Parte II, arts. II-61.° a II-114.° e *Declaração sobre as anotações relativas à Carta dos Direitos Fundamentais* (Declaração n.° 12 anexa ao Tratado) que reproduzem as anotações elaboradas sob a responsabilidade do *Praesidium* da Convenção que redigiu a Carta e actualizadas sob a responsabilidade do Praesidium da Convenção Europeia (que elaborou o TECE). Referimos «quase na íntegra» pois do ponto de vista formal a referência à «Constituição» foi substituída pela referência aos «Tratados» (TUE e TCE) – cf. os artigos 51.° e 52.° da Carta e os artigos II-111.° e II-112.° do TECE.

[272] Quanto a outras alterações formais menores, nomeadamente decorrentes da redenominação dos Tratados e dos órgãos, refiram-se: a introdução de alíneas (a) a d)) no n.° 2 do art. 3.° relativo ao Direito à integridade do ser humano; a substituição da referência ao TCE pela referência ao TUE e TFUE no artigo 18.°, sobre Direito de asilo; a introdução de alíneas (a) a c)) no n.° 2 do art. 41.° relativo ao Direito a uma boa administração; a substituição da referência ao TJ e ao Tribunal de Primeira Instância (TPI) por uma referência ao «Tribunal de Justiça da União Europeia» (que passa a incluir o TJ, o Tribunal Geral e tri-

– no considerando quinto do Preâmbulo acrescenta-se a menção de que a interpretação da Carta será efectuada pelos órgãos jurisdicionais da União e dos Estados membros tendo em conta as anotações elaboradas sob a autoridade do *Praesidium* da Convenção que redigiu a Carta e actualizadas sob a responsabilidade do *Praesidium* da Convenção Europeia (que redigiu o TECE);
– no artigo 42.º, relativo ao «Direito de acesso aos documentos», a substituição da referência aos documentos «do PE, do Conselho e da Comissão», pela referência mais ampla a documentos «das instituições, órgãos e organismos da União, seja qual for o suporte desses documentos»;
– no artigo 51.º, relativo ao «Âmbito de aplicação da Carta»: i) a expressa menção aos «organismos» da União enquanto destinatários da Carta, a par das instituições e órgãos; ii) a expressa menção à observância, pelos destinatários da Carta, dos «limites das competências conferidas à União pelos Tratados»; iii) a expressa menção de que a Carta «não torna o âmbito de aplicação do direito da União extensivo a competências que não sejam as da União»[273];
– no artigo 52.º, relativo ao «Âmbito e interpretação dos direitos e princípios», a introdução de quatro novos números: i) o número 4, no sentido de os direitos reconhecidos pela Carta decorrentes das tradições constitucionais comuns aos Estados membros deverem ser interpretados de harmonia com as mesmas[274]; ii) o número 5, no sentido de as disposições da Carta que contenham princípios poderem ser aplicadas através de actos legislativos e executivos das instituições, órgãos ou organismos da União e por actos dos Estados

---

bunais especializados); no artigo 43.º relativo ao Provedor de Justiça Europeu é feita também uma referência aos organismos da União; no art. 52.º, relativo ao âmbito de interpretação dos direitos e princípios, a substituição, no n.º 2, da referência aos Tratados comunitários e ao TUE pela referência aos «Tratados» (TUE e TFUE) e, no n.º 3, a eliminação da frase «a não ser que a Carta garanta uma protecção mais extensa ou mais ampla», redundante em relação ao último parágrafo do mesmo n.º 3; por último, no artigo 54.º, relativo à Proibição do abuso de direito, a alteração da inserção na frase do termo «maiores».

[273] Respectivamente art. 51.º, n.º 1, 1.º par., n.º 1, 2.º par. e n.º 2, da CDFUE reaprovada em 2007, cit.

[274] «Na medida em que a Carta reconheça direitos fundamentais decorrentes das tradições constitucionais comuns aos Estados membros, tais direitos devem ser interpretados de harmonia com essas tradições».

membros quando apliquem o direito da União e no exercício das respectivas competências e, ainda, que tais disposições só serão invocadas perante o juiz com vista à interpretação desses actos e à fiscalização da sua legalidade; iii) o número 6, dispondo expressamente que as legislações e práticas nacionais devem ser plenamente tidas em conta, tal como precisado na Carta; iv) o número 7, dispondo expressamente que os órgãos jurisdicionais da União e dos Estados membros têm em devida conta as anotações – anexas à Carta – destinadas a orientar a interpretação da Carta;
– por último, em anexo à CDFUE passam a constar as «Anotações relativas à Carta dos Direitos Fundamentais» referidas no Preâmbulo, ou seja, as anotações elaborada sob a responsabilidade do *Praesidium* da Convenção que redigiu a Carta e actualizadas sob a responsabilidade do *Praesidium* da Convenção Europeia (que redigiu a versão originária do TECE) – apesar de não terem força de lei, constituem um instrumento de interpretação destinado a clarificar as disposições da Carta[275].

Além dos pontos de inovação indicados, outros, de carácter mais abrangente, se poderiam elencar no sentido da relevância dos cidadãos dos Estados membros na construção europeia. Sublinhem-se apenas os seguintes: o alargamento dos «valores» (anteriormente ao TL, «princípios») em que se funda a União também à igualdade e ao respeito pela dignidade humana, conforme dispõe o artigo 2.º do TUE, a possibilidade de aplicação aos Estados de sanções no primeiro processo por incumprimento da obrigação de comunicação das medidas de transposição de directivas[276], o controlo jurisdicional quase pleno das matérias correspondentes ao actual terceiro pilar[277], a consagração na CDFUE, a par dos direitos de cidadania hoje já consagrados no TCE, do *direito à boa administração*[278] que transcende agora o direito à fundamentação das decisões da administração

---

[275] *Anotações relativas à Carta dos Direitos Fundamentais* (2007/C 303/02, cit.) – sublinhe-se que neste texto foram actualizadas as referências para números de artigos dos Tratados e foram corrigidos alguns erros materiais.
[276] *Infra*, § 9, 9.2.1 e § 10, 10.1.3.
[277] *Infra*, § 9.
[278] Cf. art. 41.º do CDFUE.

comunitária, ou o alargamento da legitimidade activa dos particulares no âmbito do recurso de anulação[279].

6.2. O controlo da observância do princípio da subsidiariedade pelos parlamentos nacionais, em especial

Os mecanismos instituídos para garantir o controlo da observância do princípio da subsidiariedade pelos Parlamentos nacionais, nas suas duas referidas vertentes – emissão de parecer fundamentado sobre a observância do princípio e mecanismo de controlo reforçado da subsidiariedade – bem como na vertente da garantia contenciosa da observância do princípio – merecem uma referência particular. Tais mecanismos inserem-se na lógica de reforço do papel dos Parlamentos nacionais no processo de integração europeia, retomando o disposto no TECE, com as alterações decorrentes do mandato da CIG – relativas ao processo legislativo ordinário[280].

As bases jurídicas relevantes que regem o controlo da subsidiariedade pelos Parlamento nacionais causa encontram-se quer no TUE (artigos 5.°, n.° 3, par. 2, *in fine*, e 12.°. a) e b)) quer no *Protocolo (N.° 1) relativo ao papel dos parlamentos nacionais na União Europeia* e, em especial, no *Protocolo (N.° 2) relativo à aplicação dos princípios da subsidiariedade e da proporcionalidade*.

Tendo o Protocolo (N.° 1) fixado a obrigatoriedade de envio dos projectos de actos legislativos dirigidos ao PE e ao Conselho aos Parlamentos nacionais[281], estes podem dirigir aos Presidentes do PE e do Conselho e da Comissão um *parecer fundamentado* sobre a conformidade de determinado projecto de acto legislativo europeu com o princípio da subsidiariedade nos termos do Protocolo (N.° 2) relativo à aplicação dos princípios

---

[279] *Infra*, § 9, 9.2.2.

[280] *Mandato*, II, 11, par. 2 e art. 7.°, 3 do Protocolo (N.° 2) relativo à aplicação dos princípios da subsidiariedade e da proporcionalidade.

[281] Entende-se por «projecto de acto legislativo» as propostas da Comissão, as iniciativas de um grupo de Estados membros, as iniciativas do PE, os pedidos do Tribunal de Justiça, as recomendações do BCE e os pedidos do Banco Europeu de Investimento (BEI), que tenham em vista a adopção de um acto legislativo (art. 2.°, par. 2 do Protocolo (N.°1) relativo ao papel dos parlamentos nacionais na UE e art. 3.° do Protocolo (N.° 2) relativo à aplicação dos princípios da subsidiariedade e da proporcionalidade).

da subsidiariedade e da proporcionalidade[282]. Nos termos do artigo 6.º deste Protocolo, qualquer parlamento nacional ou qualquer das câmaras de um desses Parlamentos pode, no prazo de 8 semanas, a contar da data de envio de um projecto de acto legislativo, dirigir aos Presidentes do PE, do Conselho e da Comissão, um parecer fundamentado que exponha as razões pelas quais considera que o projecto em questão não obedece ao princípio da subsidiariedade[283].

Em termos de consequências jurídicas da formulação de um parecer por parte dos Parlamentos nacionais em termos de desenvolvimento do processo legislativo, são de sublinhar três.

Em primeiro lugar, os órgãos intervenientes no processo legislativo, em especial o PE, o Conselho e a Comissão, terão em conta os pareceres fundamentados emitidos pelos Parlamentos nacionais ou por uma câmara de um desses parlamentos[284].

Em segundo lugar, e para efeitos de determinação das consequências jurídicas da emissão de pareceres fundamentados em termos de processo legislativo da União, a cada Parlamento nacional são atribuídos dois votos, repartidos em função do sistema parlamentar nacional[285] – e nos sistemas parlamentares nacionais bicamerais cada uma das câmaras dispõe de um voto. No caso de os pareceres fundamentados sobre a inobservância do princípio da subsidiariedade representarem, pelo menos, um terço – ou um quarto no caso de projecto legislativo apresentado com base no art. 76.º do TFUE em matéria de ELSJ – do total dos votos atribuídos aos Parlamentos nacionais[286], o projecto de acto legislativo deve ser objecto de reaná-

---

[282] V. art. 2.º, par. 1, e art. 3.º, par. 1, do Protocolo (N.º 1) relativo ao papel dos Parlamentos nacionais na UE.

[283] Cada um dos parlamentos ou cada uma das suas câmaras consultará, nos casos pertinentes, os Parlamentos regionais com competências legislativas.

[284] Art. 7.º, 1, par. 1, do Protocolo (N.º 1) relativo ao papel dos Parlamentos nacionais na União Europeia.

[285] Art. 7.º, 1, par. 2, do Protocolo (N.º 2) relativo à aplicação dos princípios da subsidiariedade e da proporcionalidade.

[286] Assume particular importância no âmbito do mecanismo de alerta rápido em causa a base de dados interparlamentar denominada IPEX (*www.ipex.eu*) que permite a cada Parlamento nacional e suas comissões competentes, dar a conhecer a sua posição sobre um dado projecto de acto da União Europeia e, ainda a COSAC para efeitos de cooperação interparlamentar (cf. em especial o art. 10.º do Protocolo (n.º 1) relativo ao papel dos Parlamentos nacionais na União Europeia).

lise, após a qual a Comissão ou o(s) autores do projecto de acto legislativo pode decidir, fundamentadamente, manter, alterar ou retirar o projecto[287]. Trata-se de um mecanismo de alerta rápido, *a priori*, que não se traduz em qualquer direito de veto nem limita definitivamente a competência da Comissão em matéria de iniciativa legislativa – não obstante a devida atenção que esta dispensará aos pareceres fundamentados dos Parlamentos nacionais.

Por último – inovação decorrente expressamente do mandato da CIG – é instituído um mecanismo de controlo reforçado da subsidiariedade segundo o qual, no quadro – apenas – do *processo legislativo ordinário*[288], no caso de os pareceres fundamentados sobre a inobservância do princípio da subsidiariedade representarem, pelo menos, a maioria simples dos votos atribuídos aos Parlamentos nacionais, a proposta de acto legislativo deve ser objecto de reanálise, após a qual a Comissão pode decidir, fundamentadamente, manter, alterar ou retirar a proposta[289]. Caso a Comissão opte por manter a proposta, deve especificar, em *parecer fundamentado*, a razão pela qual entende que a proposta observa o princípio da subsidiariedade. Neste caso, os vários pareceres fundamentados – o da Comissão e os dos Parlamentos nacionais deverão ser enviados ao legislador da União para efeitos de «ponderação no processo legislativo», desencadeando-se então um procedimento específico, nos termos do qual: antes de concluir a primeira leitura ao abrigo do processo legislativo ordinário, o legislador da União (Conselho e PE) ponderará a compatibilidade da proposta legislativa com o princípio da subsidiariedade tendo especialmente em conta as razões expressas e partilhadas pala maioria dos Parlamentos nacionais, bem como o parecer fundamentado da Comissão; se, por maioria de 55% dos membros do Conselho ou por maioria dos votos expressos no PE, o parecer do legislador considerar que a proposta não é compatível com o princípio em causa, a proposta legislativa não continuará a ser anali-

---

[287] Art. 7.º, 2, pars. 1 e 2, do Protocolo (N.º 2) relativo à aplicação dos princípios da subsidiariedade e da proporcionalidade.

[288] O «processo legislativo ordinário», nos termos do art. 289.º, 1, TFUE, consiste na adopção de um regulamento, de uma directiva ou de uma decisão pelo PE e pelo Conselho, sob proposta da Comissão, e definido no art. 294.º TFUE – que corresponde ao processo de co-decisão.

[289] *Mandato*, II, 11, e art. 7.º, 3, do Protocolo (N.º 2) relativo à aplicação dos princípios da subsidiariedade e da proporcionalidade.

sada[290]. Sublinhe-se que ficam excluídos deste mecanismo de controlo reforçado os processos legislativos especiais e, ainda, que o requisito em termos de número de Estados é relativamente fácil de alcançar – 15 Estados membros – já que não foi fixado qualquer requisito relativo ao segundo limiar da maioria qualificada no Conselho (percentagem da população). O novo mecanismo de controlo reforçado do princípio da subsidiariedade aplicável no caso do processo legislativo ordinário não se traduz também num direito de veto dos Parlamentos nacionais, mas pode contribuir para o abandono de uma proposta de acto legislativo desde que preenchidos os requisitos relativos ao número de Estados ou aos votos do PE, pelo que se traduz numa possibilidade acrescida de influência dos Parlamentos nacionais sobre o conteúdo dos actos legislativos aprovados no âmbito de um processo legislativo ordinário.

Por último, quanto à garantia contenciosa da observância do princípio da subsidiariedade, que se traduz num controlo jurisdicional *a posteriori*, o artigo 8.º, par. 1, do Protocolo (N.º 2) relativo à aplicação dos princípios da subsidiariedade e da proporcionalidade anexo ao Tratado de Lisboa prevê – tal como já decorria do TECE – que o TJUE é competente para conhecer dos recursos, com fundamento em violação do princípio da subsidiariedade por um acto legislativo, interpostos nos termos do artigo 263.º do TFUE – que regula o recurso de anulação – «por um Estado membro, ou por ele transmitidos, em conformidade com o seu respectivo ordenamento jurídico interno, em nome do seu Parlamento nacional ou de uma câmara desse Parlamento». Note-se no entanto que, pese embora a ambiguidade da redacção da disposição, a legitimidade *activa* parece continuar, em última análise, a pertencer aos Estados membros[291-292], sem

---

[290] Art. 7.º, 3, par. 2, a) e b) do Protocolo (N.º 2) relativo à aplicação dos princípios da subsidiariedade e da proporcionalidade.

[291] Neste sentido Sean Van RAEPENBUSCH quando afirma que os Estados são as «partes» perante o TJUE de acordo com o princípio da unidade do Estado – *La réforme...*, p. 588. Este Autor considera no entanto que o carácter limitado do controlo exercido por via do recurso de anulação pode desencorajar os Parlamentos nacionais a dispoletar o mecanismo de controlo contencioso *ex post* do princípio da subsidiariedade (*idem*).

[292] No sentido de que os requerentes são efectivamente os Estados membros, requerentes privilegiados no quadro do recurso de anulação, Alexandre MET-DOMESTICI, *Les parlements nationaux et le contrôle du principe de subsidiarieté*, RMCUE, n.º 525, 2009, p. 94.

prejuízo do reconhecimento de um direito de iniciativa *indirecta* do respectivo Parlamento nacional ou de uma sua câmara e, ainda, das regras de direito interno. Neste sentido, não se afigurará verdadeiramente um regime especial de recurso de anulação – já que, uma vez exercido o direito de iniciativa indirecta pelo Parlamento nacional ou de uma sua câmara em causa, será o Estado membro respectivo que exercerá a legitimidade activa em sede de recurso de anulação, de acordo com o regime deste meio contencioso, incluindo em termos de fundamento do recurso, uma vez que a violação do princípio da subsidiariedade se reconduz, em última análise, ao vício de violação dos Tratados (concretamente do artigo 5.º, n.º 3, do TUE)[293]. Sublinhe-se ainda que o exercício da legitimidade activa em sede de recurso de anulação de um acto legislativo com fundamento na violação do princípio da subsidiariedade não depende do requisito prévio do funcionamento do mecanismo de alerta rápido ou do mecanismo de controlo reforçado do princípio da subsidiariedade[294].

---

[293] V. *infra*, § 9, 9.2.2. Se a iniciativa do Estado membro em causa for configurada – o que não é claro de acordo com a letra do Protocolo – como uma obrigação de exercício da legitimidade activa quando o Parlamento nacional assim o solicita, então poderá configurar-se um regime especial de recurso de anulação.

[294] O art. 8.º, segundo par., do Protocolo (N.º 2) relativo à aplicação dos princípios da subsidiariedade e da proporcionalidade confere ainda legitimidade activa ao Comité das Regiões para interpor recurso de anulação, com igual fundamento – violação do princípio da subsidiariedade – de actos legislativos em cujo processo de aprovação esteja prevista a respectiva consulta. Não vingou a ideia apresentada por alguns membros da Convenção Europeia de reconhecer às regiões com poderes legislativos o direito de usar um mecanismo de alerta precoce ou de recorrer, directa ou indirectamente, ao TJUE, no caso de violação do princípio da subsidiariedade. Veja-se a Declaração (51) do Reino da Bélgica sobre os Parlamentos nacionais.

§ 7 Direitos Fundamentais e adesão da União Europeia à Convenção Europeia dos Direitos do Homem

7.1. *O objectivo de adesão da União Europeia à Convenção Europeia dos Direitos do Homem*

O estatuto jurídico conferido à CDFUE pelo Tratado de Lisboa poderia indiciar que a questão da protecção dos direitos fundamentais dos cidadãos europeus – doravante assente num catálogo com força de direito originário[295] – ficaria *contida*, no que toca à aplicação do Direito da União, no seio da Ordem Jurídica da União Europeia. O Tratado de Lisboa que constitui um Tratado modificativo do TUE e do TCE, veio, na senda do TECE, retomar uma questão jurídica antiga discutida no âmbito da integração europeia a partir do final da década de setenta e, sobretudo, no início da década de noventa. Com efeito, decorreu já mais do que uma década sobre o Parecer – negativo – do Tribunal de Justiça das Comunidades Europeias[296] sobre a (então eventual) adesão das Comunidades Europeias à Convenção Europeia de Salvaguarda dos Direitos do Homem e das Liberdades Fundamentais.

Tendo a integração europeia registado uma evolução significativa desde a década de noventa, sobretudo a partir da entrada em vigor do Tratado de Maastricht, a questão da protecção dos direitos fundamentais na União Europeia e a sua previsão no Direito da União sofreu também, desde então, significativas mutações. Os termos equacionados na década

---

[295] Não obstante os '*opt-outs*' permitidos originariamente em relação ao Reino Unido e à Polónia (v. Protocolo (N.º 30) relativo à aplicação da CDFUE à Polónia e ao Reino Unido e *mandato da CIG*, Anexo 1, 5) – e, já depois da assinatura do Tratado de Lisboa, em relação à República Checa, no âmbito da conclusão do processo de ratificação do Tratado por este último Estado membro. V. *supra*, § 3, 3.3.

[296] Parecer do TJCE 2/94, de 28 de Março de 1996, Rec., 1996, p. I-1759 e ss.

de noventa pelo TJCE, bem como os argumentos então invocados no sentido da impossibilidade de uma adesão sem uma revisão prévia dos Tratados, teriam de ser equacionados de modo diverso à data da entrada em vigor do Tratado de Lisboa. Não só porque existiam, nos Tratados vigentes até 30 de Novembro de 2009, bases jurídicas diversas em matéria de direitos fundamentais e mecanismos políticos e jurisdicionais destinados a apreciar e sancionar violações em matéria de direitos fundamentais[297] – que indiciavam a existência de atribuições da União, ainda que implícitas, e algumas competências dos órgãos em relação a tal matéria –, mas também porque a União Europeia assumiu, de certa forma, um rumo próprio, ainda que não autónomo, em matéria de direitos fundamentais com a elaboração e proclamação da Carta dos Direitos Fundamentais da União Europeia – cuja consagração ao nível do Direito originário ficou definitivamente resolvida com a entrada em vigor do Tratado de Lisboa.

A nova redacção do artigo 6.º, n.º 3, do TUE, introduzida pelo Tratado de Lisboa, ao prever que «A União adere à Convenção Europeia para a Protecção dos Direitos do Homem e das Liberdades Fundamentais» e, ainda, que «Essa adesão não altera as competência da União, tal como definidas nos Tratados»[298], aponta no sentido do um objectivo *obrigatório* para a União e do estreitamento de uma relação jurídica já antiga que o TJCE despoletou ao erigir a CEDH a fonte material de direitos fundamentais pela via dos princípios gerais de direito, porventura em detrimento da autonomia e da consolidação de uma ordem jurídica específica, autónoma e jurisdicionalmente auto-suficiente[299].

Todavia, a intenção política de adesão à CEDH – e o dever jurídico de a promover – constante do Tratado de Lisboa, através da modificação do artigo 6.º do TUE, não é acompanhada de uma clarificação das questões jurídicas essenciais que a mesma suscita – e afigura-se porventura

---

[297] Cf., em especial, os ex-artigos 6.º, n.ºs 1 e 2, 7.º, 46.º, alíneas d) e e) do TUE e o ex-art. 309 TCE.

[298] Cf. Tratado de Lisboa, art. 1.º 8) – nova redacção do art. 6.º do TUE – e *mandato da CIG*, II, 9, e Anexo 1, 5).

[299] Sublinhe-se que não constitui objecto de análise, no presente contexto, a evolução do sistema de protecção dos direitos fundamentais na Ordem Jurídica comunitária e, mais tarde da própria União Europeia; assim como não constitui objecto da mesma o estudo aturado da Carta dos Direitos Fundamentais da União Europeia, nas suas múltiplas facetas e questões que suscita – sem prejuízo das referências que se afigurarem pertinentes.

contraditória com o estatuto jurídico conferido à CDFUE no seio da Ordem Jurídica da União Europeia.

É de sublinhar que o objectivo de adesão da União Europeia à CEDH depende, em primeiro lugar, de um factor externo à União Europeia: a entrada em vigor do Protocolo N.º 14 à CEDH, cujo artigo 17.º, n.º 1 altera o artigo 59.º da CEDH[300] no sentido de permitir a adesão da União Europeia à CEDH, restringida, até à referida entrada em vigor, aos Estados[301]. Além disso, a adesão à CEDH implicará uma acção por parte da União e das suas instituições – Conselho Europeu, Conselho, Comissão e Parlamento Europeu – no quadro das suas competências respectivas, e no âmbito de um domínio de atribuições não exclusivas – já que o catálogo das atribuições exclusivas introduzido no artigo 3.º do TFUE pelo Tratado de Lisboa não elenca entre as mesmas os direitos fundamentais. Consequentemente, o desígnio da adesão implicará uma acção coordenada entre os órgãos da União e os Estados membros, especialmente dado que o acordo relativo à adesão será celebrado pelo Conselho por *unanimidade* e sujeito a ratificação pelos Estados membros[302].

Deve sublinhar-se que nem o Protocolo N.º 14, nem os Tratados na versão resultante da entrada em vigor do Tratado de Lisboa[303], resolvem de modo claro as principais questões jurídicas que a adesão da União Europeia à CEDH suscita[304]. O TUE, por um lado, ao prever no artigo 6.º,

---

[300] Nova redacção do art. 59.º, n.º 2, da CEDH.

[301] A entrada em vigor do Protocolo N.º 14, de 3/5/2004 – que suscitou dificuldades, como demonstrou a elaboração do Protocolo N.º 14 *bis* à CEDH de 27/5/2009 com entrada em vigor em 1/10/2009 – verificou-se apenas em 1/06/2010.

[302] Cf. *mandato da CIG*, III, 19, s), e o art. 218.º, n.º 8, pars. 2 e 3, TFUE, segundo os quais «O Conselho delibera também por unanimidade relativamente ao acordo de adesão da União à CEDH. A decisão de celebração desse acordo entra em vigor após a sua aprovação pelos Estados membros, em conformidade com as respectivas normas constitucionais».

[303] Apesar de preverem a adesão em moldes diversos: o Protocolo N.º 14 prevê que a UE pode aceder à CEDH («*may* accede») e o art. 6.º, n.º 2, do TUE, prevê que «A União adere» à CEDH («*shall* accede»).

[304] Sublinhe-se que o protocolo N.º 14 é uma condição necessária, mas não suficiente da adesão da União Europeia à CEDH (vide, em especial, os números 101 e 102 do respectivo Relatório explicativo): a adesão implicará outras alterações subsequentes à CEDH, por via de protocolo modificativo da CEDH ou de acordo de adesão à CEDH, que carecerão de um novo processo de ratificação pelos Estados partes na CEDH.

n.º 2, do TUE que a UE adere à CEDH, acrescenta que «Essa adesão não altera as competências da União, tal como definidas nos Tratados»; por outro lado, o Tratado de Lisboa inclui um *Protocolo (N.º 8) relativo ao n.º 2 do artigo 6.º do Tratado da União Europeia respeitante à adesão da União à Convenção Europeia dos Direitos do Homem e das Liberdades Fundamentais,* o qual poderia ter trazido alguma luz sobre aquelas questões – o que não se verifica efectivamente.

Quer o mandato da CIG quer o Tratado de Lisboa (e antes dele o TECE), não ignoram as dificuldades inerentes àquela adesão, sobretudo no que diz respeito ao princípio da competência de atribuição dos órgãos jurisdicionais da União e à respectiva articulação com a competência do Tribunal Europeu dos Direitos do Homem (TEDH). Neste sentido apontam não só o Protocolo (N.º 8) relativo ao n.º 2 do artigo 6.º do TUE respeitante à adesão da União à CEDH, mas também a Declaração *ad* n.º 2 do artigo 6.º do Tratado da União Europeia.

O Protocolo em causa repete o artigo 6.º, n.º 2, do TUE (afirmando que o acordo de adesão deve assegurar que a mesma não afecte as competências da União), acrescentando – e impondo, tendo em conta o seu valor jurídico, idêntico ao dos Tratados[305] – que o acordo deve assegurar que a adesão não afecte «as atribuições das suas instituições»[306]. Além disso, o Protocolo impõe também que o acordo de adesão «Deve assegurar que nenhuma das suas disposições afecte a situação dos Estados membros em relação à Convenção Europeia, nomeadamente no que se refere aos seus Protocolos, às medidas tomadas pelos Estados membros em derrogação da Convenção Europeia, nos termos do seu artigo 15.º, e às reservas à Convenção Europeia emitidas pelos Estados membros, nos termos do seu artigo 57.º»[307]. O Protocolo prevê ainda que nenhuma disposição do acordo de adesão afecta o disposto no artigo 344.º do TFUE – disposição segundo a qual os Estados membros não podem submeter qualquer dife-

---

[305] Cf. art. 51.º TUE.

[306] Artigo 2.º, par. 1, do Protocolo N.º 8. A referência visará em particular o TJUE de modo a garantir o respeito pela sua competência no que diz respeito à interpretação e aplicação do Direito da União.

[307] Artigo 2.º, par. 2, do Protocolo N.º 8. Esta disposição visa, no entender de Joël RIDEAU salvaguardar a autonomia dos Estados membros em relação ao sistema de controlo da CEDH (*La protection…*, p. 207).

rendo relativo à interpretação e aplicação do Tratado a um modo de resolução diverso dos que nele estão previstos – ou seja, no limite, o princípio da exclusividade da competência do Tribunal de Justiça da União Europeia para a resolução dos diferendos relativos à interpretação ou aplicação dos Tratados e através dos meios neles previstos[308]. Por último, o Protocolo impõe ainda que o acordo de adesão deve contemplar cláusulas que preservem as características próprias da União e do Direito da União, nomeadamente no que se refere às regras específicas da eventual participação da União nas instâncias de controlo da Convenção Europeia[309] e aos mecanismos necessários para assegurar que os recursos interpostos por Estados terceiros e os recursos interpostos por indivíduos sejam dirigidos correctamente contra os Estados membros e/ou a União, conforme o caso»[310].

A Declaração (N.º 2) ad n.º 2 do artigo 6.º do Tratado da União Europeia, anexa ao Tratado de Lisboa, consagra ainda que a Conferência acorda em que a adesão da União à CEDH se deverá realizar segundo modalidades que «permitam preservar as especificidades do ordenamento jurídico da União»[311].

Quer o Protocolo (N.º 8) quer a Declaração (N.º 2) em causa deverão nortear o processo subsequente de adesão da União Europeia à CEDH com vista à celebração do necessário acordo internacional e, inclusive, a apreciação pelo TJUE da compatibilidade de um projecto desse acordo com os Tratados (TUE e TFUE) se tal parecer lhe for solicitado nos termos do artigo 218.º, n.º 11, do TFUE.

Na sequência da entrada em vigor do Tratado de Lisboa, o Programa de Estocolmo adoptado pelo Conselho Europeu de 11 de Dezembro de 2009 previu que a União Europeia adira «rapidamente» à CEDH, encontrando-se o processo conducente à adesão já em marcha[312].

---

[308] Artigo 3.º do Protocolo N.º 8.

[309] Ficará abrangida nesta fórmula, em especial, o modo de participação no TEDH e no Comité de Ministros.

[310] Artigo 1.º, alíneas a) e b), respectivamente, do Protocolo N.º 8.

[311] Nesta Declaração a Conferência constata ainda a existência de um «diálogo regular» entre o TJUE e o TEDH, o qual poderá ser reforçado quando a União aderir à CEDH.

[312] A Comissão apresentou um projecto de Decisão do Conselho que a autoriza a negociar o acordo de adesão da União à CEDH, objecto de exame por parte das instâncias competentes do Conselho. Vide a Nota da Presidência dirigida ao Coreper/Conselho (doc. 6582/10) de 17/02/2010) intitulada «Adesão da União Europeia à Convenção Europeia dos Direitos do Homem.

7.2. Algumas questões jurídicas subjacentes à adesão da União Europeia à Convenção Europeia dos Direitos do Homem

De entre as questões jurídicas subjacentes à adesão da União à CEDH, as questões jurídicas principais que importa equacionar e que terão influência, designadamente, sobre o modo de relacionamento futuro entre o TJUE e o TEDH, são as que se prendem com: i) catálogo de direitos fundamentais; ii) legitimidade passiva e activa; iii) princípio da exaustão dos meios internos; iv) reparação razoável; v) violação de direitos fundamentais no domínio da PESC; vi) natureza da CEDH enquanto fonte de Direito da União Europeia; vii) exclusividade de jurisdição do TJUE e do TEDH.

7.2.1. Catálogo de direitos fundamentais

A adesão à CEDH acentua a dualidade de catálogos de direitos fundamentais, entre a CEDH e a CDFUE. A CDFUE não pode ser imposta aos Estados partes na CEDH que não sejam membros da União Europeia e a CEDH e o seu sistema de protecção, que inclui o TEDH, não podem aferir da violação da CDFUE na parte em que transcende o catálogo de direitos da CEDH e seus protocolos, em especial em matéria de direitos fundamentais específicos dos cidadãos europeus, ou seja, quando esta confira uma protecção superior à da CEDH e seus Protocolos. Apesar de a CDFUE explicitamente considerar a CEDH como a sua fonte material principal e um standard mínimo (conforme decorre do Preâmbulo e dos artigos finais[313]), a adesão da União à CEDH não pode olvidar que os dois catálogos não coincidem inteiramente – a CEDH é fonte da CDFUE, mas esta é mais abrangente do que aquela. E isto porque não contempla apenas direitos civis e políticos mas também direitos de diferente natureza, porque contempla direitos específicos dos cidadãos europeus e, ainda, porque considera a CEDH um standard mínimo – e a Carta tem precedência quando confira uma protecção superior[314]. Assim, se os dois catálogos de direitos não coincidem, quando estiverem em causa direitos consagrados

---

[313] Respectivamente considerando quinto do Preâmbulo e arts. 52.º, n.º 3, e 53.º da CDFUE.
[314] Cf. art. 52.º, n.º 3, *in fine*, da CDFUE.

exclusivamente na Carta (e não na CEDH), a protecção jurisdicional só pode ter lugar por via do actual sistema de protecção de direitos fundamentais na União Europeia, através de acções ou recursos contra os Estados membros e contra os órgãos, nos tribunais nacionais e/ou da União, consoante o caso, e de acordo com as regras vigentes na Ordem Jurídica da União. A adesão parece assim desprovida de utilidade quanto à protecção de direitos específicos previstos na Carta (ou, antes dela, no ex-TCE) e não previstos na CEDH (como sucede por exemplo, reitere-se, com todos os direitos inerentes ao estatuto legal de cidadania europeia).

7.2.2. Legitimidade passiva e legitimidade activa

A adesão da União Europeia à CEDH implica uma alteração fundamental do sistema de protecção jurisdicional instituído pela CEDH em termos de legitimidade *passiva* e de legitimidade *activa*[315].

Quanto à legitimidade *passiva*, a adesão da União implica, em teoria, que o TEDH terá jurisdição sobre a União enquanto tal e que a União passará a poder ser demandada – quer por Estados (Estados membros da União Europeia ou Estados terceiros em relação à União) partes na CEDH e outros recorrentes nos termos previstos na CEDH – indivíduos, grupos de indivíduos ou Organizações Não Governamentais, vítimas de uma violação da CEDH.

A adesão implica, assim, que a UE, enquanto tal, possa ser demandada no sistema jurisdicional instituído pela CEDH por um Estado membro da União Europeia, por um Estado terceiro em relação à União que

---

[315] Após a adesão da UE à CEDH a legitimidade activa pode reconduzir-se ao quadro seguinte, no qual as 'novidades' em matéria de legitimidade – activa e passiva – são assinaladas com o símbolo (+):

Legitimidade Activa	Legitimidade Passiva		
	UE	Estado UE	Estado 3.º
UE	-	+	+
Estado UE	+	x	x
Estado 3.º	+	x	x
Recorrentes não estaduais	+	x	x

seja parte na CEDH ou um recorrente não estadual. Tal possibilidade implica forçosamente a definição do órgão da União que a representará, enquanto demandada, no âmbito de um processo judicial instaurado no TEDH, afigurando-se possíveis duas hipóteses – a representação da União sempre através de um mesmo órgão ou a demanda da União através do órgão ou órgãos aos quais, em concreto, seja imputável a violação de um direito fundamental protegido pela CEDH. E, eventualmente, também a definição (no acto de adesão) das condições ou requisitos específicos de que depende a instauração de um processo no TEDH contra a União Europeia, designadamente por a violação ter um nexo com o Direito da União – em especial de forma a não prejudicar a competência de atribuição conferida ao TJUE pelos Tratados e a exclusividade da sua jurisdição quanto à apreciação do comportamento dos órgãos da UE e, ainda, a sua função de garante da uniformidade na interpretação e aplicação do Direito da União Europeia, inclusive em matéria de direitos fundamentais.

Além disso, se a demanda dos Estados membros da UE no sistema da CEDH já é hoje possível (por um Estado membro ou por um Estado terceiro parte na CEDH), mas a adesão implica a possibilidade da sua demanda, bem como de Estados terceiros partes na CEDH, pela própria União, resta saber se não se afigura necessário, pela mesma razão supra apontada, estabelecer requisitos adicionais de admissibilidade quando a violação da CEDH e seus Protocolos resulte de aplicação do Direito da União Europeia – em especial se o sistema da CEDH for usado por um Estado membro da União Europeia ou por esta enquanto tal.

Quanto à legitimidade *activa*, a adesão da União Europeia à CEDH implica de igual modo uma alteração fundamental do sistema de protecção jurisdicional instituído em termos de legitimidade *activa*. Com efeito, a adesão da União à CEDH implicará, em teoria, que aquela passará, enquanto tal e parte contratante da CEDH, a poder demandar Estados – quer Estados membros da União, quer Estados terceiros em relação a ela, por violação de direitos previstos na CEDH e seus Protocolos em vigor.

A adesão implica, assim, que a União possa demandar quer um Estado membro da União Europeia, quer um Estado terceiro em relação à União e parte na CEDH. Tal implica desde logo a definição do órgão representativo da União para efeitos de exercício de tal legitimidade activa – e, ainda, a articulação dessa possibilidade com o sistema de acções e recursos instituído no quadro da União, em especial, o meio contencioso destinado a apreciar o comportamento dos Estados membros, quando esteja em causa o comportamento de um Estado membro da União Europeia, admitindo que a partir da entrada em vigor do TL o processo por incumprimento abrange no seu objecto a apreciação do comportamento dos Estados membros em matéria de violação de direitos fundamentais. E a adesão da UE à CEDH poderá também acarretar a necessidade de definição de uma conexão clara entre a violação e a Ordem Jurídica da União Europeia, designadamente por estar em causa a execução ou a aplicação de qualquer fonte de Direito da União Europeia.

Note-se, por último que a adesão da União Europeia à CEDH não deverá comportar a possibilidade de a União se demandar a si própria no âmbito do sistema jurisdicional da CEDH quando estejam em causa a violação de direitos previstos na CEDH imputável a um ou vários órgãos da União Europeia – primeiro, porque o controlo jurisdicional em matéria de direitos fundamentais em relação a comportamentos dos órgãos é possível, inequivocamente, no âmbito da Ordem Jurídica da União desde o Tratado de Amesterdão; segundo, porque os meios contenciosos previstos para o efeito não registam limitações significativas em termos de legitimidade activa, sobretudo após a passagem do PE de recorrente semi-privilegiado a recorrente privilegiado; terceiro, porque tal possibilidade implicaria o reconhecimento da insuficiência dos mecanismos de controlo jurisdicional na ordem jurídica da União e, por último, o desrespeito pela exclusividade da competência do TJUE – que a entrada em vigor do Tratado de Lisboa não pôs em causa. Em teoria, as duas questões que poderiam suscitar a necessidade de se admitir a legitimidade activa da União para demandar um ou vários dos seus órgãos prendem-se com duas questões essenciais: o prazo relativamente curto para a interposição de um recurso de anulação (2 meses), sem prejuízo da invocação da excepção de ilegalidade; e a exclusão quase total da jurisdição do TJUE em matéria de PESC[316].

7.2.3. Exaustão dos meios internos

A adesão da União Europeia à CEDH implica também o repensar do princípio da exaustão dos meios internos no quadro do sistema da CEDH[317] – e aplicável às petições estaduais e não estaduais.

---

[316] A esta questão se aludirá mais adiante no presente parágrafo – *infra* 7.2.5.
[317] Cf. art. 35.º, n.º 1, da CEDH.

Com a adesão da União, coloca-se desde logo a questão de saber se os autores que não sejam Estados (ou a União Europeia) devem exaurir não só os meios nacionais propriamente ditos, mas também os meios contenciosos existentes na Ordem Jurídica da União disponíveis e adequados no caso concreto de modo a pôr em causa a acção ou omissão da União que envolva violação de direitos fundamentais protegidos pela CEDH – e a que tenham acesso directo, como é o caso do contencioso da legalidade ou da acção de responsabilidade civil extracontratual da União, ou indirecto, como é o caso das questões prejudiciais. É todavia de sublinhar que o princípio da exaustão dos meios nacionais não é aplicável no quadro do sistema de protecção jurisdicional da União Europeia, incluindo no que respeita à protecção contra a violação de direitos fundamentais, ou seja, não é um pré-requisito do acesso aos meios contenciosos da União – porventura com excepção, na prática, do caso da acção de responsabilidade civil extracontratual das Comunidades Europeia e, doravante, da União Europeia, quando a origem do dano possa residir, pelo menos em parte, num comportamento de um Estado membro. E refira-se ainda que o princípio da exaustão poderia ter, na prática, um significado dual – consoante o recurso ao TEDH seja usado por recorrentes, em especial nacionais de um Estado membro, que tenham acesso aos meios contencioso da União Europeia e aqueles que o não tenham.

E a mesma questão se coloca em relação aos recorrentes estaduais, já previstos na CEDH, e à União: no sentido de se dever equacionar se a adesão da União à CEDH implica, além de um entendimento amplo da noção de «meios internos» (incluindo meios nacionais e meios contenciosos da União) no caso dos recorrentes não estaduais, o mesmo entendimento no caso dos recorrentes estaduais, enquanto condição prévia da admissibilidade de uma petição apresentada no TEDH por um Estado membro da UE (contra outro Estado membro ou contra a União) ou pela União (contra um Estado membro da UE). Tal entendimento do princípio de exaustão, incluindo a exaustão dos meios contenciosos da Ordem Jurídica da UE, ainda que compreensível no sentido de salvaguardar uma «especificidade» da União (exclusividade da jurisdição do TJUE) não se afigura adequado na perspectiva do sistema da CEDH, já que introduziria, na prática, um requisito adicional em relação aos recorrentes não individuais que pudessem lançar mão directamente de meios contenciosos existentes na União Europeia.

O TJUE, no *Documento de reflexão do Tribunal de Justiça da União Europeia sobre determinados aspectos da adesão da União Europeia à*

Convenção Europeia para a Protecção dos Direitos do Homem e das Liberdades Fundamentais de 5 de Maio de 2010 considera, em relação ao processo das questões prejudiciais, que «seria difícil considerar este processo como uma via de recurso cuja execução pudesse constituir uma condição prévia necessária para qualquer recurso ao TEDH em aplicação da regra relativa ao esgotamento das vias internas de recurso»[318].

7.2.4. *Reparação razoável*

A adesão da União Europeia à CEDH deverá implicar a consideração da questão da «reparação razoável», prevista no artigo 41.° da CEDH, relativamente à da reparação a título de responsabilidade civil extracontratual no âmbito da Ordem Jurídica da União Europeia, por violação de direitos fundamentais, quer por via da acção de responsabilidade civil extracontratual da União, prevista nos artigos 268.° e 240.° do TFUE, quer por via do princípio da responsabilidade dos Estados membros por incumprimento do Direito da União Europeia tal como fixado pela jurisprudência *Francovich*[319]. Importará equacionar no âmbito da adesão da União à CEDH sobretudo se o âmbito e limites da reparação são similares ou, se pelo contrário, divergem nos dois sistemas de protecção – da União Europeia e da CEDH – e se o uso da acção de responsabilidade da União – obrigatória ou facultativa, consoante o entendimento do princípio da exaustão dos meios internos que se adopte – precludirá, no todo ou em parte, a fixação de uma «reparação razoável» por parte do TEDH.

7.2.5. *Violação de direitos fundamentais no domínio da Política Externa e de Segurança Comum*

Outra das questões que deverá ser equacionada inerente à adesão da União Europeia à CEDH é a que se prende com a hipótese de, com a adesão, o TEDH poder vir apreciar a violação de direitos fundamentais –

---

[318] Documento disponível em *http://curia.eu.int*. Vide IV, 10, *in fine*.
[319] Ac. do TJCE de 19/11/1991, *Francovich e o.*, proc.os C-6/90 e C-9/90, Col., p. I--5357 e ss.

imputável à União e/ou aos seus Estados membros – protegidos pelo sistema da CEDH quando ao TJUE não tenha sido atribuída competência em razão da matéria – como sucede, basicamente, em relação à Política Externa e de Segurança Comum[320]. *Prima facie*, o sistema da CEDH não deveria ser utilizado quanto a situações relativamente às quais o TUE e o TFUE excluem a jurisdição *ratione materiae* do TJUE, isto é, seria contrária à *ratio* do Tratado de Lisboa, que consagra várias «especificidades» da PESC, entre as quais a exclusão quase total da competência do TJUE[321], a admissibilidade de um controlo jurisdicional externo quando esse controlo não é expressamente permitido – por vontade dos Estados membros vertida no Tratado de Lisboa enquanto tratado revisivo – no âmbito da Ordem Jurídica da União Europeia sem prejuizo do artigo 275.º, *in fine*, do TFUE[322].

---

[320] Cf. art. 275.º do TFUE.
[321] Cf. art. 24.º n.º 1, par. 2, do TUE.
[322] A questão levanta-se de modo indirecto no caso *Kadi e Al Barakaat* (ac. do TJCE de 3/9/2008, proc.ᵒˢ C-402/05 P e C-415/05 P, proferido na sequência de acórdãos do TPI de 21/9/2005, proc. T-306/01, *Yusuf e Al Barakaat* e proc.º T-315/01, *Kadi,* Col., p. II--3533 e ss. e II-3649 e ss.). Neste caso, o TJCE enuncia o princípio geral segundo o qual «As obrigações impostas por um acordo internacional [leia-se a Carta da ONU] não podem ter por efeito prejudicar os princípios constitucionais do Tratado CE, que incluem o princípio de que todos os actos da Comunidade devem respeitar os direitos fundamentais, constituindo esse respeito uma condição da sua legalidade que o Tribunal deve apreciar no contexto do sistema completo de meios contenciosos previsto no Tratado» (Sumário, n.º 5, segundo par.). Ora o Regulamento em causa (Regulamento 881/2002, JOUE L 2002, 139, p. 9), pretensamente violador do direito de o visado pelas medidas restritivas ser ouvido e do direito de defesa, fora aprovado com fundamento nos ex-arts. 60.º, 301.º e 308.º TCE, na sequência da aprovação da Posição Comum 2002/402/PESC (JOUE L 2002, 139, p. 4) – esta aprovada em conformidade com as Resoluções S/RES/1267(1999) de 15 de Outubro de 1999, S/RES/1333(2000) de 19 de Dezembro de 2000 e S/RES/1390(2002) de 16 de Janeiro de 2002 do Conselho de Segurança da ONU. Antonio LAZARI vê no acórdão *Kadi* de 2008 o culminar da «trajectória constitucional europeia» na medida em que o TJCE se ocupa dos limites do controlo da legalidade interna do Regulamento em causa do ponto de vista dos direitos fundamentais (*La nueva gramática del constitucionalismo judicial europeo,* Rev. Der. Com. Eur., n.º 33, 2009, pp. 520-521). Note-se que o problema da sindicabilidade directa do acto originário da União em matéria de PESC – então a posição comum no quadro da PESC – se mantém no essencial após a entrada em vigor do TL, atendendo ao disposto no 275.º do TFUE, ainda que os actos no domínio da PESC possam revestir, nos termos do art. 25.º do TUE, a natureza de orientações gerais e decisões que definam acções, posições e regras de execução destas últimas.

7.2.6. Natureza da Convenção Europeia dos Direitos do Homem enquanto fonte de Direito da União Europeia

No presente, a natureza jurídica da CEDH enquanto fonte de Direito da União Europeia é a de fonte de princípios gerais de direito que o TJCE, primeiro, e o TUE, depois, consagraram – a par de outras, como as tradições constitucionais dos Estados membros e as (outras) convenções internacionais em que os Estados membros são partes[323]. A CDFUE, sobretudo no seu preâmbulo e artigos 52.º, n.º 3, e 53.º, plasma tal natureza – sem prejuízo do seu carácter de *standard* mínimo de protecção. Ora a adesão da União Europeia à CEDH implica que, passando a própria União a ser Parte na CEDH, esta passe a integrar a categoria de fontes de direito da União Europeia *direito internacional convencional* – pelo que será nessa qualidade que passará a ser aplicada na Ordem Jurídica da União Europeia, em especial pelo TJUE e sob pena de a sua inobservância, para além do controlo jurisdicional assegurado pelo TEDH, poder gerar, inclusive, responsabilidade à luz do direito internacional. Tal alteração de natureza jurídica implicará porventura, por um lado, uma perda da sua importância enquanto fonte dos princípios gerais de direito reconhecidos pela Ordem Jurídica da União em matéria de direitos fundamentais e, por outro lado, uma perda de importância do disposto no artigo 52.º, n.º 3, primeiro parágrafo, e do artigo 53.º da CDFUE – sem prejuízo do dever de respeito da CEDH quando a protecção conferida pelo Direito da União, em especial pela CDFUE, for superior.

7.2.7. Exclusividade da jurisdição do Tribunal de Justiça da União Europeia e do Tribunal Europeu dos Direitos do Homem

Por último, a adesão da União Europeia à CEDH implicará a consideração da questão da articulação entre a regra da exclusividade da jurisdição do TJUE na resolução de diferendos no âmbito da Ordem Jurídica

---

[323] Com efeito, a CEDH é uma convenção internacional regional em matéria de protecção de direitos fundamentais e em que são partes todos os Estados membros. Note-se aliás que o TUE, quando incorporou no direito originário a jurisprudência do TJCE em matéria de protecção de direitos fundamentais, não consagrou a terceira fonte de princípios gerais de direito elencada pelo TJCE – as convenções internacionais subscritas pelos Estados membros (vide o ex-art. 6.º, n.º 2, TUE).

da União Europeia prevista no artigo 344.º do TFUE e a regra da exclusividade na resolução de diferendos, relacionada com a interpretação e aplicação da CEDH, consagrada pelo sistema da CEDH, prevista no art. 55.º desta Convenção por via da renúncia pelos Estados Partes a outros modos de resolução de litígios[324] – de forma a respeitar o disposto no referido Protocolo N.º 8, e, assim, as próprias atribuições da União e a competência dos seus órgãos jurisdicionais.

Quanto à exclusividade de jurisdição do TJUE sublinhe-se que este órgão da União, no *Documento de reflexão do Tribunal de Justiça da União Europeia sobre determinados aspectos da adesão da União Europeia à Convenção Europeia para a Protecção dos Direitos do Homem e das Liberdades Fundamentais* de 5 de Maio de 2010, considera que a exclusividade da competência do TJUE para declarar a invalidade de um acto da União faz parte integrante das competências do TJ e, assim, das «atribuições» das instituições da União, em conformidade com o Protocolo (N.º 8) relativo ao n.º 2 do artigo 6.º do TUE respeitante à adesão da União à CEDH – pelo que a fim de preservar tal característica do sistema de protecção jurisdicional da União, deve evitar-se que o TEDH possa decidir sobre a conformidade de um acto da União com a CEDH sem que o TJ tenha tido previamente a oportunidade de se pronunciar definitivamente a este respeito[325]. E o TJUE considera também que, a fim de respeitar o princípio da subsidiariedade inerente à CEDH e assegurar simultaneamente o bom funcionamento do sistema jurisdicional da União Europeia, importa dispor de um «mecanismo susceptível de garantir que de forma efectiva, se possa submeter um litígio ao TJ tendo por objecto a questão da validade de um acto da União antes de o TEDH decidir sobre a conformidade desse acto com a Convenção»[326].

---

[324] Referindo-se à não resolução do problema da relação processual entre o TJUE e o TEDH, em especial da determinação de qual dos dois tribunais dirá definitivamente o direito no caso concreto, Paolo SANDRO, *Alcune...*, p. 910 e p. 906.

[325] V. Documento de reflexão de 5 de Maio de 2010, cit., III, 8 e 9.

[326] *Idem*, IV, 12. Nos termos dos Tratados vigentes os meios contenciosos que permitem o controlo de validade em causa são o recurso de anulação e o processo das questões prejudiciais de validade.

7.3. *A (in)suficiência do sistema de protecção jurisdicional dos direitos fundamentais da Ordem Jurídica da União Europeia*

Além das questões que a adesão da União Europeia à CEDH não deixa de suscitar e atrás abordadas, uma última merece ser considerada. À face do estádio actual de evolução da ordem jurídica da União Europeia, e tendo em conta as alterações introduzidas no TUE e no TCE, doravante TFUE, pelo Tratado de Lisboa – em especial em matéria de estatuto jurídico da CDFUE e de controlo jurisdicional, incluindo em matéria de violação direitos fundamentais – o objectivo de adesão à CEDH, traçado pelo Tratado de Lisboa, torna imperioso reflectir, na óptica de um cidadão nacional de um Estado membro e, portanto, de um cidadão europeu, sobre as forças e as fraquezas do actual sistema de protecção jurisdicional da UE, sobre as vantagens efectivas, ou mais-valia, trazida pela adesão da União Europeia à CEDH[327] e, ainda, sobre que alterações ao sistema actual de protecção jurisdicional da UE poderiam colmatar as lacunas eventualmente identificadas de forma conferir ao cidadão europeu, no quadro da aplicação do Direito da União Europeia, as vantagens – se é que existem – de que este poderia beneficiar em virtude da adesão da União Europeia à CEDH.

Em termos de premissas a considerar, e tendo em conta a versão do TUE e do TFUE resultantes da entrada em vigor do Tratado de Lisboa, refiram-se: i) a existência de atribuições da União em matéria de Direitos Fundamentais, designadamente pela sua consagração ao nível dos princípios axiológicos fundamentais em que assenta a construção europeia e pela existência de mecanismos jurídicos – ainda que imperfeitos – para obviar à sua violação[328]; ii) a dualidade de sujeitos activos potenciais violadores, por acção ou omissão, dos direitos fundamentais dos cidadãos: a

---

[327] Não nos ocuparemos, nesta sede, da questão em causa na perspectiva de terceiros em relação à União Europeia – quer Estados terceiros, quer cidadãos desses Estados. Note-se no entanto que a letra dos Tratados não circunscreve a legitimidade activa dos particulares, pessoas singulares ou colectivas, a particulares «nacionais» de um (ou com sede principal num) Estado membro da União Europeia – sem prejuízo da necessidade de existência de um critério de conexão relativo à aplicação do Direito Comunitário e de que poderá depender a admissibilidade de uma acção ou recurso que possa ser intentado por particulares.

[328] Cf. arts. 2.°, 6.° e 7.° e art. 19.°, n.° 2, do TUE.

União e os seus órgãos e os Estados membros; iii) a dualidade de direitos fundamentais subjacente aos Tratados e confirmada pela CDFUE – direitos fundamentais em geral (parte integrante do ordenamento jurídico da União pela via dos princípios gerais de direitos) e direitos fundamentais específicos inerentes ao estatuto de cidadania europeia contemplados no TCE e depois no TFUE; iv) a existência de jurisdição do TJUE em matéria de Direitos fundamentais, quer quanto à actuação dos órgãos, quer quanto à actuação dos Estados (excepto no que à PESC diz respeito, sem prejuízo das excepções previstas nos Tratados)[329]; v) a existência de meios contenciosos gerais, que podem ser utilizados para tutelar a violação de direitos fundamentais, e de meios não contenciosos, mas sim políticos, específicos para a apreciação da violação de direitos fundamentais por parte dos Estados (cujo mérito parece ficar, após a entrada em vigor do TL, ainda subtraído à apreciação do TJ[330]); vi) as dificuldades de articulação entre os meios políticos e os meios jurisdicionais quanto à apreciação de comportamentos dos Estados membros lesivos de direitos fundamentais.

A adesão da União à CEDH parece pressupor a insuficiência do sistema da União Europeia para garantir uma adequada ou cabal salvaguarda dos direitos fundamentais dos cidadãos europeus ao nível da Ordem Jurídica da União Europeia – em termos quer de âmbito de competência material do TJUE quer de meios contenciosos.

A versão do TUE anterior à entrada em vigor do Tratado de Lisboa não deixava margem para dúvidas no tocante ao controlo da violação de direitos fundamentais cometida por órgãos da UE: tal violação era já sindicável, desde logo com base no ex-artigo 46.º, d), do TUE, e de acordo com os meios contenciosos previstos nos Tratados que se destinam a apreciar os comportamentos – acções ou omissões – de tais órgãos, ou seja, meios jurisdicionais integrados no contencioso da legalidade (recurso de anulação e processo por omissão), bem como de plena jurisdição (acção de responsabilidade civil extracontratual das Comunidades). Atribuindo então o TUE jurisdição ao TJCE em relação ao artigo 6.º, n.º 2, do TUE quanto à actuação das instituições, e enquadrando-se o mesmo artigo 6.º, n.º 2, nas disposições comuns à União Europeia, parece ser de entender que seriam sindicáveis violações cometidas por órgãos independentemente

---

[329] Cf. arts. 19.º, n.º 3 e 24.º, n.º 1, par. 2, TUE e art. 275.º TFUE.
[330] Cf. art. 7.º TUE e art. 269.º TFUE. V. *infra*, § 9, 9.4.

de tal actuação se enquadrar no 1.° ou no 3.° pilares, os únicos abrangidos na jurisdição do TJCE, à luz do ex-artigo 46.° do TUE, e com as limitações quanto ao 3.° pilar decorrentes do ex-artigo 35.° do TUE.

As versões do TUE e do TFUE resultantes do Tratado de Lisboa vieram dissipar a dúvida quanto à sindicabilidade, no âmbito da ordem jurídica da União, dos comportamentos estaduais violadores de Direitos fundamentais – que a letra do ex-artigo 46.° do TUE não abrangia, mas que a doutrina considerava um imperativo de uma União *de Direito*[331]. Tal resulta, no essencial, da plena «comunitarização» das matérias do terceiro pilar contidas, até à entrada em vigor do Tratado de Lisboa, no TUE, por um lado, e na ascensão da CDFUE a direito originário e, assim, a normas cuja violação é sindicável em moldes idênticos à das demais normas de direito originário – e através dos meios contenciosos comunitários previstos nos Tratados, em especial através do processo por incumprimento e das questões prejudiciais de interpretação na medida em que permitam revelar o incumprimento estadual em matéria de direitos fundamentais reconhecidos pela Ordem Jurídica da União.

A questão fulcral a equacionar é todavia a seguinte: sendo hoje, após a entrada em vigor do Tratado de Lisboa, inquestionável a jurisdição do TJUE em matéria de violação de direitos fundamentais, imputável aos órgãos da União e imputável aos Estados membros – dentro dos limites da competência *ratione materiae* do TJUE –, quais são os meios contenciosos à disposição dos particulares para a tutela desses direitos directamente ao nível da União e quais os respectivos limites, no caso de existirem – e sem prejuízo do recurso aos tribunais nacionais enquanto tribunais comuns de aplicação do Direito da União. Com efeito, tal tutela não pode ter lugar fora do quadro dos meios jurídicos contenciosos traçado pelos tratados – em decorrência dos princípios da especialidade de atribuições e da competência de atribuição dos órgãos e tendo em conta a diferenciação de meios contenciosos consagrados.

A questão fundamental relativamente à protecção dos cidadãos em relação à actuação dos *órgãos* da União é a da adequação dos meios contenciosos existentes para tal tutela, em especial no que toca à legitimidade activa dos particulares. Se tal legitimidade não parece levantar questões

---

[331] É o caso de FAUSTO DE QUADROS, *Direito...*, p. 169, ou de Maria Luísa DUARTE, *Contencioso Comunitário*, Cascais, Principia, 2003, pp. 79-80.

quando estejam em causa actos individuais e concretos – através de decisões – dirigidas aos particulares, o mesmo não se poderá dizer em relação a actos normativos, de índole geral e abstracta, susceptíveis de lesar os direitos fundamentais dos cidadãos. Nesse caso, de acordo com os moldes actuais da legitimidade dos recorrentes não privilegiados, tal tutela pode afigurar-se difícil, senão mesmo impossível, pela impossibilidade de demonstração do requisito da afectação *individual* decorrente da aplicação da jurisprudência restritiva do TJCE[332].

A questão fundamental relativamente à protecção dos cidadãos em relação à actuação dos *Estados membros* da União quando apliquem o Direito da União Europeia é também a da adequação dos meios contenciosos previstos nos Tratados – em concreto no TFUE. Admitindo – como é inequívoco após a entrada em vigor do Tratado de Lisboa – que o TJUE tem competência para aferir a violação de direitos fundamentais cometidas pelos Estados membros quando apliquem o Direito da UE, tal aferição há--se fazer-se no quadro dos meios contenciosos previstos pelos Tratados, e não de outros. E sintetizando, se os particulares não têm legitimidade activa nem no quadro de um processo por incumprimento, e muito menos em relação ao mecanismo das questões prejudiciais, aos particulares não é dado acesso directo a nenhum meio destinado a pôr em causa, directa ou indirectamente, o comportamento dos Estados – pelo que não têm outra alternativa senão recorrer aos tribunais comuns de direito da União, ou seja, os tribunais nacionais competentes, com a esperança de que, se for caso disso, o órgão jurisdicional nacional suscite uma questão prejudicial no quadro da qual tenha visibilidade, indirectamente, a desconformidade do comportamento do Estado em causa, em matéria de direitos fundamentais, e neles intentar uma acção de responsabilidade contra o Estado membro com fundamento no princípio comunitário da responsabilidade do Estado por incumprimento do Direito da União Europeia.

E o mesmo se diga em relação ao processo de índole política instituído pelo Tratado de Amesterdão, e mantido após o Tratado de Lisboa, para apreciar e sancionar o comportamento dos Estados membros em matéria de violação de valores fundamentais da União, entre os quais se

---

[332] E sem prejuízo da inovação constante do art. 263.º, par. 4, do TFUE, introduzida pelo TL, que consagra a impugnação de actos regulamentares que digam directamente respeito aos particulares e não necessitem de medidas de execução. V. *infra*, § 9, 9.2.2.

abrange a protecção dos direitos do homem, e consagrado pelo artigo 7.º do TUE – já que a sindicabilidade de actos adoptados no âmbito de tal processo continua, após a entrada em vigor do Tratado de Lisboa, a ser muito limitada – em termos de meios contenciosos, de legitimidade activa e de fundamento do recurso[333]. A legitimidade activa do cidadão vítima de uma violação é – directa ou indirectamente – inexistente.

Tal significa que a tutela dos cidadãos neste caso se situa ao nível nacional – com eventual recurso, a final, ao sistema europeu de protecção dos direitos do homem instituído com base na CEDH – tal como já existe previamente à futura adesão da União à CEDH. Mas, mesmo com recurso a este sistema, é de questionar se o mesmo é suficiente. É certo que o cidadão de um Estado membro da União Europeia e parte na CEDH obtém do TEDH uma declaração da violação de um direito garantido pela CEDH e respectivos protocolos adicionais. E poderá mesmo obter uma reparação razoável – mas tal não repõe necessariamente a situação desejável de exercício efectivo do direito violado. Trata-se de uma mera sanção de reparação, mas não necessariamente de 'reconstituição' da situação inerente ao exercício efectivo do direito. E mesmo com a adesão da União à CEDH os cidadãos europeus também não beneficiam de uma tutela adicional quando se trate de direitos que constam da CDFUE mas não da CEDH.

O sistema de protecção judicial dos direitos fundamentais na União Europeia apresenta, pois, do ponto de vista da sindicabilidade, algumas insuficiências. E, em suma, as fraquezas do sistema do ponto de vista do cidadão europeu prendem-se com a restrição de acesso aos tribunais da União para sindicar comportamentos dos órgãos e com a falta de acesso directo aos mesmos tribunais no âmbito dos meios contenciosos hoje existentes no tocante à actuação dos Estados. E das duas, uma: ou se alarga tal acesso, ou se instituem meios contenciosos adequados para o efeito – directamente junto dos tribunais da União ou por via dos órgãos jurisdicionais nacionais.

A interrogação subsequente consiste em saber se a adesão da União à CEDH pode, em teoria, incrementar o nível de protecção de direitos fundamentais dos cidadãos da União Europeia – quer quando estejam em causa comportamentos dos Estados, quer quando estejam em causa comportamentos da União e dos seus órgãos.

---

[333] Cf. art. 269.º TFUE.

Quanto aos comportamentos dos *Estados*, não nos parece que a adesão traga alguma vantagem – já que os particulares, cidadãos de Estados membros da União, já podem, antes da adesão, recorrer ao sistema da CEDH, com vista à declaração da violação de um direito previsto na CEDH e seus protocolos adicionais e à obtenção de uma «reparação razoável»[334]. E nem a adesão melhora o catálogo de direitos fundamentais do sistema da CEDH – já que o sistema não adopta o catálogo mais amplo da CDFUE – nem se verifica uma alteração no seu modo de funcionamento, em especial no tocante ao princípio da exaustão. Além disso, os instrumentos sancionatórios contra os Estados no âmbito do processo por incumprimento no TJUE – que doravante pode ser utilizado também por violação de direitos fundamentais – e que se traduzem na possibilidade de aplicação de sanções pecuniárias aos Estados membros, vão muito além do teor declarativo das decisões do TEDH e da reparação razoável eventualmente arbitrada pelo TEDH.

Quanto aos comportamentos da *União e dos seus órgãos*, ainda que se entenda que se verifica porventura uma melhoria que colmataria a restrição da legitimidade activa dos particulares em sede de contencioso da legalidade – na medida em que os particulares poderiam obter através do sistema da CEDH uma declaração de violação de um direito consagrado pela CEDH ou seus Protocolos e, eventualmente uma reparação razoável –, ainda assim deve sublinhar-se que os efeitos do funcionamento do sistema ficam aquém dos efeitos decorrentes do normal funcionamento dos meios contenciosos da União Europeia, em especial, que podem ir até à anulação de um acto ou à cabal indemnização por facto imputável à própria União. A adesão da União à CEDH não parece, pois, configurar uma melhoria significativa da situação jurídica do cidadão europeu em matéria de protecção dos direitos fundamentais consagrados na CEDH.

Tendo em conta, em especial, a existência, após a entrada em vigor do Tratado de Lisboa, de um catálogo próprio, mais abrangente do que o

---

[334] Tome-se como exemplo o caso *Matthews* (ac. do TEDH de 18 de Fevereiro de 1999, petição n.º 24833/94, disponível em *http://echr.coe.int*), no qual o TEDH analisou o comportamento do Reino Unido à luz do artigo 3.º do Protocolo N.º 1 por aquele não ter realizado eleições para o PE em Gibraltar. O TEDH condenou o Reino Unido por violação do art. 3.º do Protocolo N.º 1 e fixou uma reparação razoável limitada às despesas incorridas pela requerente. Não obstante, o direito substancial (direito de participar nas eleições para o PE – capacidade eleitoral activa) não foi efectivamente exercido pela requerente.

da CEDH, de direitos fundamentais, e os efeitos próprios dos vários meios contenciosos existentes na Ordem Jurídica da União, afigurar-se-ia mais adequado, em nosso entender, incrementar a tutela dos direitos fundamentais *dentro* da própria Ordem Jurídica da União – quer pela melhoria dos já consagrados, quer porventura pela introdução de novos meios específicos em matéria de violação de direitos fundamentais, tais como queixa por violação de direitos fundamentais por acto ou norma de Direito da União Europeia, questão prejudicial em caso de violação de direitos fundamentais ou alargamento da legitimidade activa no âmbito do contencioso da legalidade ou da acção por incumprimento[335], ainda que com o fundamento exclusivo de violação, por acção ou omissão, de um direito fundamental consagrado no catálogo próprio da União Europeia.

Por outro lado, uma das principais vantagens aduzidas em prol da adesão da UE à CEDH – aquela segundo a qual o sistema da CEDH é um sistema *especializado*, em matéria de direitos fundamentais – poderia ser obtida de outro modo, dentro da Ordem Jurídica da União, em especial pela criação de um «tribunal especializado»[336] em matéria de direitos fundamentais[337].

Em suma, no estádio actual da integração europeia, não se afigurará essencial a adesão da União Europeia à CEDH prevista no TUE e decorrente da nova redacção dada ao seu artigo 6.°, n.° 2, pelo Tratado de Lisboa.

E isto porque, em bom rigor, quanto às violações imputáveis aos Estados membros, nada mudaria, já que os cidadãos podem hoje, nos ter-

---

[335] Veja-se a evolução ou '*up-grade*' do modelo de contencioso da União Europeia importado pela Comunidade Andina, o qual, entre outros aspectos, permite que os particulares, em certas circunstâncias, intentem uma acção de incumprimento contra os Estados (cf. 23 e ss. do Tratado institutivo do Tribunal de Justiça da Comunidade Andina) – e que poderia ser também adoptado na própria União, ainda que apenas em matéria de Direitos Fundamentais.

[336] Designação que substitui, após a entrada em vigor do TL, a denominação de «câmaras jurisdicionais» introduzida no ex-TCE pelo Tratado de Nice (cf. art. 19.°, 1, par. 1, TUE).

[337] Veja-se o exemplo do Tribunal Africano de Justiça e Direitos do Homem, que resulta da fusão entre o Tribunal Africano dos Direitos do Homem e dos Povos e do Tribunal de Justiça da União Africana, que integra uma secção especializada em direitos humanos (cf. art. 16.° do Protocolo relativo ao Estatuto do Tribunal Africano de Justiça e Direitos do Homem – modelo porventura a seguir pela União Europeia, através da criação de um novo tribunal especializado, a par do TFPUE.

mos da Convenção, aceder ao TEDH, ainda que apenas quanto a violações de Direitos Fundamentais contidos na CEDH – mas não quanto a outros. Dificuldade que uma adesão pura e simples da União à CEDH, sem modificação do catálogo de Direitos Fundamentais protegidos, não ultrapassaria. E, quanto às violações imputáveis aos órgãos da União Europeia, sobretudo pelo facto de o sistema da CEDH não comportar efeitos idênticos aos dos meios contenciosos da Ordem Jurídica da União Europeia, em especial do recurso de anulação.

O que parece impor-se, pois, é o incremento do sistema de protecção jurisdicional da Ordem Jurídica da União Europeia, tendo em conta que: i) o catálogo de Direitos Fundamentais protegidos na UE é mais amplo; ii) a UE tem atribuições em matéria de Direitos Fundamentais; iii) os tratados conferem competência ao TJUE em matéria de Direitos Fundamentais e a correspondente sindicabilidade de actos e normas violadoras de Direitos Fundamentais; iv) existem meios contenciosos (e políticos) gerais ou específicos que permitem a aferição das violações dos direitos fundamentais; v) não obstante o TJUE não ser um tribunal *especializado* à imagem do TEDH, em matéria de Direitos Fundamentais, nada impede que desempenhe a sua função em relação à matéria dos Direitos Fundamentais de modo qualificado, imparcial e justo, e mantendo um 'diálogo' desejável com o TEDH.

E o referido incremento, em termos de protecção, do sistema da União Europeia poderia ser conseguido, designadamente: i) pela clarificação da jurisdição do TJUE em matéria de Direitos fundamentais; ii) pela devida articulação entre meios contenciosos e meios políticos que podem ser usados em caso de violação dos direitos fundamentais – entre o processo e a acção por incumprimento *comum*, por um lado, e entre o processo por incumprimento *qualificado*, por outro; iii) pelo alargamento da legitimidade activa dos cidadãos europeus, em especial em matéria de recurso de anulação, quando esteja em causa a violação dos seus direitos fundamentais, em particular por um acto normativo aprovado pelos órgãos da União Europeia competentes – e porventura da identificação de um fundamento de invalidade específico ou de um prazo de impugnação diferente, mais alargado, nessa sede; iv) porventura pela criação de novos mecanismos, quer ao nível da União Europeia, quer ao nível dos Estados membros, para tutela dos direitos fundamentais, tais como, por exemplo, uma queixa por incumprimento ao TJUE, um processo por incumprimento especial por violação dos direitos fundamentais dos cidadãos europeus, com legitimidade activa restrita a estes últimos; um processo de questões prejudiciais especial, obrigatório para o juiz nacional, com fundamento em violação de um direito fundamental e a pedido do cidadão lesado[338].

Note-se por último que a via do incremento do sistema de protecção jurisdicional específico da Ordem Jurídica da União Europeia não permitiria, em teoria, ultrapassar uma questão relevante e actual em termos de Justiça Internacional – no caso regional: a concorrência entre sistemas de justiça (internacional) regionais e o risco de conflitos (positivos) de jurisdição e de contradição de julgados. Com efeito, recebendo a Ordem Jurídica da União Europeia a CEDH por via dos princípios gerais de direito e, após o Tratado de Lisboa, através da CDFUE, nada impede à partida que o TJUE e o TEDH se ocupem de uma mesma questão de violação de um direito protegido pela Convenção. Em teoria, e não obstante o disposto no artigo da CEDH em matéria de renúncia a outros modos de resolução de litígios e consequente exclusividade de jurisdição do TEDH[339], a jurisdição do TEDH sobre o conteúdo material da CEDH não se afigura exclusiva, tendo em conta a competência em razão da matéria do TJUE, em especial após a entrada em vigor do Tratado de Lisboa e da elevação da CDFUE ao nível de Direito originário. Até ao presente, tais riscos podem ser mitigados por duas vias: por via do disposto no artigo 35.º, n.º 2, alínea b), última parte, da CEDH – que prevê que o TEDH não aprecia nenhuma petição individual apresentada nos termos do artigo 34.º quando a mesma já tiver sido submetida a uma outra instância internacional de inquérito ou de resolução jurisdicional[340]; e, ainda, por via da posição, em termos de regra, de auto-contenção ('self-restreint') por parte do TEDH no tocante ao nível de protecção, pela União Europeia, dos direitos protegidos pela CEDH. Esta postura do TEDH é versada de modo evidente no

---

[338] À semelhança, com as devidas adaptações, do que sucede após o Tratado de Lisboa, em matéria de violação do princípio da subsidiariedade e sua garantia por iniciativa dos Parlamentos nacionais (e do Comité das Regiões, ainda que a este se confira inequivocamente legitimidade activa em sede de recurso de anulação) – cf. art. 8.º do Protocolo (N.º 2) relativo à aplicação dos princípios da subsidiariedade e da proporcionalidade e art. 263.º, par. 3, TFUE. *Supra*, § 6, 6.2.

[339] V. art. 55.º CEDH.

[340] Na versão francesa «*instance internationale d'enquête ou de règlement*» – com clara alusão aos meios não jurisdicionais e jurisdicionais de resolução de litígios, neste caso em matéria de violação de direitos fundamentais.

caso *Bosphorus*[341], no qual o TEDH dispensa a apreciação do comportamento do Estado em causa, a Irlanda, decorrente do cumprimento de obrigações decorrentes da Ordem Jurídica da União Europeia «(...) enquanto a organização relevante proteger os direitos fundamentais, quer quanto à garantias substantivas oferecidas quer quanto aos mecanismos para controlar a sua observância, de modo que possa ser considerado pelo menos equivalente àquele que a Convenção oferece (...). Por "equivalente" o Tribunal entende "comparável" (...). Todavia, tal juízo de equivalência não pode ser final e será susceptível de apreciação à luz de qualquer alteração relevante em matéria de protecção de direitos fundamentais. (...) Todavia, qualquer presunção pode ser ilidida se, nas circunstâncias de um caso particular, se considerar que a protecção dos direitos da Convenção foi manifestamente deficiente. Nesses casos o interesse da cooperação internacional será suplantado pelo papel da Convenção como "instrumento constitucional da ordem pública Europeia" (...)»[342]. Posteriormente, no caso *Cooperatieve Producentenorganisatie van de Nederlandse Kokkelvisserij UA*, o TEDH aplica pela primeira vez a doutrina da presunção de equivalência em matéria de observância dos direitos fundamentais consagrados pela CEDH fixada no caso *Bosphorus* – no qual o TEDH apreciou se o procedimento perante o TJCE assegurou uma protecção equivalente dos direitos do requerente e concluiu que este não demonstrou o carácter «manifestamente deficiente» da protecção e, por isso, não foi elidida a presunção de equivalência da protecção[343]. Sem ou, no futuro, com adesão da União

---

[341] Ac. do TEDH de 30 de Junho de 2005, petição n.º 45036/98 (disponível em *http://echr.int*), em especial n.ºs 155 e 156.

[342] No caso em apreço o TEDH não considerou a presunção ilidida (v. n.º 166, último par.).

[343] Ac. do TEDH de 20 de Janeiro de 2009, petição N.º 13645/05, em especial B, 3, p. 17 e ss. (disponível em *http://echr.int*). No caso em apreço, não obstante a decisão de inadmissibilidade (*irrecevabilité*) o TEDH pronunciou-se sobre a conformidade da inexistência de direito de resposta às conclusões do Advogado-Geral no quadro do processo das questões prejudiciais com o direito a um processo equitativo previsto no artigo 6.º, § 1, da CEDH – apesar de a UE não ser ainda parte na CEDH – e considerou que terá existido uma protecção suficiente do direito ao processo equitativo. Se, por um lado, o TEDH aponta no sentido da extensão da sua competência, na medida em que não restringe a sua apreciação à decisão jurisdicional nacional de reenvio (imputável a um Estado parte na CEDH) mas entra na apreciação do regime processual do processo das questões prejudiciais e na actuação do TJUE, por outro lado não leva a sua apreciação até às últimas consequência, designadamente a inversão da presunção de protecção equivalente.

Europeia à CEDH a apreciação do TEDH em termos de presunção de suficiência susceptível de ser elidida apenas poderá (continuar a) ter lugar em relação à protecção de direitos previstos na CEDH e respectivos Protocolos em vigor – a apenas a esses, e não aos direitos diferentes que a CDFUE preveja.

§ 8 A estrutura orgânica da União Europeia

8.1. *As alterações institucionais*

Em termos de alterações institucionais introduzidas pelo Tratado de Lisboa no TUE e no TFUE – as quais, no essencial, decorriam já do TECE –, algumas das alterações já elencadas[344] merecem uma especial referência: a elevação do Conselho Europeu a «instituição» da União Europeia, a criação da figura do Presidente do Conselho Europeu, o estatuto jurídico do ARUNEPS, a composição da Comissão, o sistema de votação por maioria qualificada no seio do Conselho e, por último, o sistema de presidências rotativas do Conselho.

8.1.1. *A elevação do Conselho Europeu a «instituição» da União Europeia*

À semelhança do que previa o TECE[345], o artigo 13.º, n.º 1, do TUE, com a redacção decorrente do Tratado de Lisboa, eleva o Conselho Europeu a «instituição» da União e, assim, a órgão integrante do seu «quadro institucional» pondo-se termo à consagração, nos Tratados, da formação do Conselho reunido ao nível de Chefes de Estado ou de Governo.

Se a competência atribuída ao Conselho Europeu pela redacção do TUE decorrente do Tratado de Lisboa é sensivelmente idêntica à anteriormente prevista no TUE – dar à União os impulsos necessários ao seu desenvolvimento e definir as orientações e prioridades[346] políticas gerais

---

[344] *Supra*, I, 3.5.
[345] Cf. art. I-19.º, n.º 1, par. 2, 2.º trav. do TECE.
[346] A referência às «prioridades» no n.º 1 do art. 15.º, TUE, afigura-se inovadora.

da União – são três os aspectos a salientar consagrados de novo ou clarificados pelo Tratado de Lisboa: a composição do Conselho Europeu, a regra de deliberação no seio do Conselho Europeu e a falta de competência legislativa do Conselho Europeu.

Quanto à composição, os dois aspectos mais relevantes a salientar são o facto de o Conselho Europeu passar a integrar, além dos Chefes de Estado ou de Governo e o Presidente da Comissão, o seu próprio Presidente[347-348] e o facto de o ARUNEPS participar nos trabalhos do Conselho Europeu.

Quanto à regra de deliberação, o artigo 15.º, n.º 4, do TUE prevê que o Conselho Europeu se pronuncia por *consenso* – salvo disposição contrária dos Tratados. Os Tratados – TUE e TFUE – prevêem vários casos de deliberação do Conselho Europeu, quer por consenso[349], repetindo a regra geral, quer por unanimidade[350], por maioria qualificada[351] ou por maioria simples[352].

Quanto ao procedimento legislativo, o TUE refere expressamente no seu artigo 15.º, n.º 1, 2.º parágrafo, que o Conselho Europeu «não exerce a função legislativa». Assim sendo, não obstante ficar arredado da partici-

---

[347] A disposição que versa sobre a composição do Conselho Europeu prevê ainda que quando a ordem de trabalhos o exija, os membros do Conselho Europeu podem decidir que cada um será assistido por um ministro e, no caso do Presidente da Comissão, por um membro da Comissão (art. 15.º, n.º 3, TUE) – a disposição deixa assim de fazer referência expressa, como sucedia até à entrada em vigor do Tratado de Lisboa, aos «ministros dos negócios estrangeiros», os quais assistiam os membros do Conselho Europeu que representavam os Estados membros (cf. ex-art. 4.º, par. 2, TUE).

[348] V. *infra*, 8.1.2.

[349] V. os arts. 82.º, n.º 3, 83.º, n.º 3, 86.º, n.º 1, par. 2 e 87.º, n.º 3, par. 2, a que se aludirá a propósito das cooperações reforçadas – *infra*, § 11.

[350] V. os artigos 7.º, n.º 2, TUE e 354.º do TFUE (processo por incumprimento qualificado), 14.º, n.º 2, TUE (aprovação de decisão que determine a composição do PE), 22.º, n.º 1, par. 3 TUE (decisões sobre os interesses e objectivos estratégicos da União no domínio da PESC e acção externa da União), ou art. 24.º, n.º 1, par. 2 (definição da PESC).

[351] Cf. art. 15.º, n.º 5 TUE (eleição do Presidente do Conselho Europeu), art. 17.º, n. 7, TUE (nomeação da Comissão), art. 18.º, n.º 1, TUE (nomeação do ARUNEPS), art. 236.º, a) e b) (decisões relativas à lista das formações do Conselho e sua presidência) e art. 283, n.º 2 (nomeação dos membros da Comissão Executiva do BCE).

[352] Vide o art. 48.º, n.º 3, par. 2, TUE (não convocação de uma Convenção para revisão ordinária dos Tratados) e o art. 235.º, n.º 3, TFUE (deliberação sobre questões processuais e aprovação do Regulamento Interno).

§ 8 A estrutura orgânica da União Europeia   111

pação no processo legislativo da União – através do processo legislativo ordinário ou especial[353] – e, em consequência, não poder aprovar «actos legislativos»[354], o Conselho pode aprovar *decisões,* enquanto acto obrigatório em todos os seus elementos – e quando designa destinatários, apenas obrigatório para estes[355]. Os Tratados prevêem vários casos em que o Conselho Europeu, expressamente ou implicitamente, aprova decisões[356] [357].

A competência do Conselho Europeu para a aprovação de actos de direito derivado, em especial típicos e obrigatórios, como sucede com a decisão, implica ainda a sua sindicabilidade ou a sindicabilidade da sua não aprovação – conforme dispõem de modo claro as disposições do TFUE em matéria de recurso de anulação e de processo por omissão[358] – bem como a susceptibilidade de a União ser demandada a título de responsabilidade civil extracontratual, por facto imputável ao Conselho Europeu, enquanto «instituição» da União[359].

Por último, refira-se que na sequência da entrada em vigor do Tratado de Lisboa, o Regulamento Interno do Conselho Europeu foi aprovado pela Decisão do Conselho Europeu de 1 de Dezembro de 2009 que aprova o seu Regulamento Interno[360].

---

[353] Cf. art. 289.º, n.ºs 1, 2 e 3, TFUE.
[354] Cf. n.º 3 do art. 289.º TFUE.
[355] Cf. art. 288.º, par. 4, TFUE
[356] Cf., respectivamente, art. 14.º, n.º 2, par. 2 TUE, 22.º, n.º 1, par. 2, 48.º, n.º 3 e n.º 6 TUE – que se referem expressamente a uma «decisão» do Conselho Europeu; e art. 7.º. n.º 2, TUE, 14.º, n.º 2, par. 2, 15.º, n.º 5, 26.º, n.º 1, TUE.
[357] O TFUE indicia ainda diferentes actos – atípicos – aprovados pelo Conselho Europeu: é o caso da «conclusão» referida no artigo 121.º. n.º 2, par. 2, em sede de política económica.
[358] Cf. arts. 263.º e 265.º do TFUE, que prevêem, respectivamente, a impugnação de actos do Conselho Europeu destinados a produzir efeitos jurídicos em relação a terceiros e a sindicabilidade da omissão de pronúncia por parte do Conselho Europeu em violação dos Tratados.
[359] Cf. art. 340.º do TFUE, par. 2, o qual se refere a «danos causados pelas suas instituições» – v. *infra,* § 9, 9.2.5.
[360] Decisão 2009/882/UE, JOUE L 315 de 2/12/2009, p. 51 e ss.

8.1.2. A criação do cargo de Presidente do Conselho Europeu

À semelhança do previsto no TECE, o Tratado de Lisboa modifica o TUE no sentido de prever o cargo de Presidente do Conselho Europeu, eleito pelo Conselho Europeu, por maioria qualificada, para um mandato de dois anos e meio, renovável uma vez[361-362]. O Presidente do Conselho Europeu integra a composição do órgão e tem as competências seguintes, elencadas no TUE, relativamente ao Conselho Europeu: preside aos seus trabalhos e dinamiza-os; assegura a preparação e a continuidade dos seus trabalhos em cooperação com o Presidente da Comissão e com base nos trabalhos do Conselho dos Assuntos Gerais; actua no sentido de facilitar a coesão e o consenso no seio do órgão; após cada uma das reuniões do órgão apresenta ao PE um relatório. Além disso o Presidente do Conselho Europeu assegura a representação externa da União nas matérias no âmbito da PESC, sem prejuízo das atribuições do ARUNEPS[363]. A presidência do Conselho Europeu não prejudica a presidência rotativa das formações do Conselho, com base num sistema de rotação igualitária, com excepção da dos Negócios Estrangeiros[364-365].

8.1.3. O estatuto jurídico do Alto Representante da União para os Negócios Estrangeiros e a Política de Segurança

À semelhança do TECE – e sem prejuízo da alteração de designação[366] resultante da desconstitucionalização dos Tratados determinada

---

[361] Cf. art. 15.º, n.º 5, do TUE.

[362] A Decisão do Conselho Europeu de 1 de Dezembro de 2009 relativa à eleição do Presidente do Conselho Europeu (2009/879/UE – JOUE L 315, de 2/12/2009, p. 48) elegeu Presidente do Conselho Europeu, para o período de 1/12/2009 a 31/5/2012, Herman VAN ROMPUY (art. 1.º).

[363] Cf. art. 15.º, n.º 6, a) a d), TUE.

[364] Cf. art. 16.º, 9, TUE, e art. 236.º TFUE.

[365] A Decisão do Conselho de 1 de Dezembro de 2009 que adopta o seu Regulamento Interno (2009/937/UE – JO L 325, de 11/12/2009, p. 35 e ss) prevê, no seu artigo 2.º, as formações do Conselho, completado pelo Anexo I. O n.º 5 do art. 2.º versa sobre o Conselho dos Negócios Estrangeiros.

[366] Cf. art. I-22.º do TECE. Sobre a figura do Ministro dos Negócios Estrangeiros da União Europeia prevista no TECE vide Miguel Prata ROQUE, *O Ministro dos Negócios*

pelo mandato da CIG[367] – as alterações introduzidas pelo Tratado de Lisboa no TUE passam pela consagração do Alto Representante da União para os Negócios Estrangeiros e a Política de Segurança.

O estatuto jurídico do ARUNEPS regista uma alteração significativa relativamente ao antigo Alto Representante para a PESC: em vez de Secretário-Geral do Conselho, o cargo de ARUNEPS passa a ter autonomia nos Tratados, com todas as consequências.

Em primeiro lugar, o ARUNEPS é nomeado pelo Conselho Europeu, deliberando por maioria qualificada, com o acordo do Presidente da Comissão[368] – podendo aquele órgão pôr termo ao mandato do ARUNEPS de acordo com o mesmo procedimento[369]. É de notar todavia que, não obstante a nomeação pelo Conselho Europeu, o ARUNEPS é sujeito, simultaneamente com o Presidente e demais membros da Comissão, a um voto de aprovação do PE[370] – e caso seja adoptada, pelo PE, uma moção de censura à Comissão, os membros da Comissão devem demitir-se colectivamente e o ARUNEPS deve demitir-se das funções que exerce na Comissão[371], mas o Tratado não impõe que este se demita das suas demais funções.

Entre as competências cometidas pelo TUE ao ARUNEPS encontram-se as seguintes, elencadas nos números 2 a 4 do artigo 18.º do TUE: condução da PESC, contribuição para a definição da PESC e da política comum de segurança e de defesa (PCSD) – através de propostas, execução da PESC e da PCSD na qualidade de mandatário do Conselho, presidência do Conselho dos Negócios Estrangeiros, vice-presidência da Comissão, assegurar a coerência externa da União, exercer as responsabilidades

---

Estrangeiros da União na Constituição Europeia. A Caminho de uma Política Externa Europeia?, Coimbra, Almedina, 2005.

[367] Cf. art. I-28.º do TECE, que versava sobre o Ministro dos Negócios Estrangeiros da União.

[368] A decisão do Conselho Europeu tomada com o acordo do Presidente da Comissão de 1 de Dezembro de 2009 que nomeia o Alto Representante da União para os Negócios Estrangeiros e a Política de Segurança (2009/880/EU – JOUE L 315 de 2/12/2009, p. 49) nomeou a baronesa Margaret ASHTON of UPHOLLAND Alta Representante da União para os Negócios Estrangeiros e a Política de Segurança para o período que decorre entre 1/12/2009 até ao termo do mandato actual da Comissão (art. 1.º).

[369] Cf. art. 18.º, n. 1, TUE.
[370] Cf. art. 17.º, n.º 7, par. 3, TUE.
[371] Cf. art. 17.º, n.º 8, *in fine*, TUE.

da Comissão no domínio das relações externas e coordenação dos demais aspectos da acção externa da União. Na prática, o ARUNEPS combina as anteriores competências do Alto Representante para a PESC e, simultaneamente, as funções da Comissão em matéria de relações externas da União Europeia (de comissário responsável pela matéria)[372] e do Conselho em matéria de presidência da formação do Conselho Negócios Estrangeiros. E, além disso, reparte a competência de condução da PESC com o próprio Presidente do Conselho Europeu, ao qual é cometida, pelo artigo 15.º, n.º 6, segundo parágrafo, do TUE, competência para assegurar «ao seu nível e nessa qualidade, a representação externa da União em matérias do âmbito da PESC, sem prejuízo das atribuições do ARUNEPS» – elencadas no artigo 18.º do TUE em matéria de acção externa da União.

O modo como o TUE, na versão decorrente das modificações introduzidas pelo Tratado de Lisboa, configura as competências do ARUNEPS, personificando a repartição do poder executivo entre o Conselho Europeu e a Comissão, parece atribuir-lhe uma dupla qualidade/legitimidade, distintas entre si. Por um lado, o ARUNEPS tem legitimidade intergovernamental no que toca à sua nomeação, já que é nomeado pelo Conselho Europeu, sendo um *mandatário* do Conselho para a execução da PESC e da PCSD, que conduz e para cuja definição contribui com as suas propostas – presidindo ao Conselho dos Negócios Estrangeiros.

Por outro lado, é um dos vice-presidentes da Comissão – e nessa qualidade, tributária de uma legitimidade supra-estadual ou própria da União, está sujeito ao voto de aprovação pelo PE no quadro da investidura da Comissão (expressão da legitimidade democrática) e à responsabilidade perante o PE que pode culminar com a aprovação de uma moção de censura que implica a sua demissão das funções que exerce na Comissão, (e não das demais) – assegurando no âmbito do órgão as responsabilidades que lhe cabem no domínio das relações externas, a coordenação dos demais aspectos da acção externa da União, cuja coerência assegura[373].

---

[372] Não obstante, à luz do princípio da colegialidade, a Comissão ser em última análise responsável pela condução da acção externa e pela representação externa da União no âmbito das respectivas competências (isto é, com excepção da PESC) – vide o art. 17.º, n.º 1, par, 3, TUE.

[373] O n.º 4, último par., do art. 18.º do TUE prevê que o ARUNEPS fica sujeito aos processos que regem o funcionamento da Comissão apenas no exercício das suas responsabilidades ao nível daquela, na medida em que tal seja compatível com o disposto nos

A dualidade de qualidades/legitimidades do ARUNEPS suscita uma dúvida fundamental: qual a qualidade ou legitimidade que predomina, ou seja, no limite, pode o ARUNEPS exercer as suas competências no âmbito da PESC – política da União que mantém os traços essenciais de intergovernamentalidade após o Tratado de Lisboa – independentemente da sua aprovação pelo PE no quadro do processo de investidura da Comissão, ou continuar a exercer as suas competências no domínio da PESC quando o PE aprovar uma moção de censura à Comissão que implica, como se referiu, a demissão do exercício das suas funções na Comissão[374]?

No limite duas alternativas se afiguram possíveis. Ou a escolha do Conselho Europeu prevalece em qualquer caso – e o voto de aprovação do ARUNEPS enquanto membro do colégio da Comissão tem carácter 'automático' e a aprovação de uma moção de censura à Comissão não impede o Conselho Europeu de 'manter' o ARUNEPS por si nomeado na nova Comissão investida; ou em caso de não aprovação do colégio da Comissão, incluindo o ARUNEPS, o Conselho Europeu deve nomear outro para integrar a nova Comissão e, em caso de aprovação de uma moção de censura à Comissão, idêntico 'dever' impende sobre o Conselho Europeu – prevalecendo neste caso a legitimidade democrática.

Tendo em conta o processo de nomeação do ARUNEPS e as especificidades da PESC mantidas pelo Tratado de Lisboa – em especial a sua definição e execução pelos órgãos representativos dos Estados, a impossibilidade de adopção de actos legislativos, e o diminuto papel do PE e do TJUE – parece-nos que a legitimidade que deve prevalecer será a legitimidade intergovernamental – sob pena de a legitimidade democrática, por via do voto de aprovação no quadro do processo de investidura da Comissão ou de aprovação de uma moção de censura, poder inviabilizar na prática uma escolha, originária e prévia, de índole intergovernamental no quadro de uma política intergovernamental por excelência no âmbito das

---

n.ᵒˢ 2 e 3 do mesmo artigo. Em consequência, quando actua como mandatário do Conselho nos termos do n.º 2 do art. 18.º TUE no quadro da PESC e da PCSD, nem ficará sujeito ao princípio da colegialidade nem o seu direito de iniciativa ficará sujeito à aprovação da Comissão.

[374] No sentido de a moção de censura não ser apta a afastar o Ministro dos Negócios Estrangeiros da União, tal como previsto no TECE, das suas funções de condutor da PESC, v. Miguel Prata ROQUE, *O Ministro...*, p. 82.

atribuições da União[375]. Assim, a demissão das funções na Comissão no caso de aprovação de uma moção de censura não significa que não possa integrar a nova Comissão a investir, sem prejuízo da faculdade – mas não obrigação – de o Conselho Europeu pôr termo ao mandato do ARUNEPS conforme permite o TUE.

A dualidade de legitimidades/qualidades inerentes ao ARUNEPS e a possibilidade de conflito entre as mesmas implicaria que os Tratados explicitassem de modo mais evidente a articulação entre a legitimidade intergovernamental decorrente da nomeação pelo Conselho Europeu e a legitimidade democrática decorrente da investidura da Comissão pelo PE (e falta dela, no caso de aprovação de uma moção de censura), de modo a permitir resolver eventuais conflitos entre as mesmas.

Note-se que os domínios no âmbito dos quais se exercem as competências do ARUNEPS – acção externa da União, incluindo a PESC e a PCSD – apresentam eles próprias uma dualidade, já que a acção externa da União é regulada simultaneamente no TUE e no TFUE – com uma componente mais marcadamente política no primeiro, que regula a PESC e a PCSD, e outra menos política no segundo.

Por último, refira-se que de acordo com as modificações introduzidas no TUE pelo Tratado de Lisboa, o ARUNEPS é apoiado por um *serviço europeu para a acção externa* – composto por funcionários provenientes dos serviços competentes do Secretariado-Geral do Conselho e da Comissão e por pessoal destacado dos serviços diplomáticos nacionais e que trabalha em colaboração com os serviços diplomáticos dos Estados membros[376].

---

[375] No sentido da prevalência do «chapéu do Conselho» sobre o «chapéu da Comissão» do ARUNEPS no estádio final do processo de decisão no Conselho de negócios estrangeiros – e manutenção das responsabilidades do ARUNEPS associadas ao Conselho quando seja aprovada uma moção de censura à Comissão pelo PE, vide Michael DOUGAN, *The Treaty*..., p. 637.

[376] Cf. art. 27.º, n.º 3, do TUE. Nos termos desta disposição, a sua organização e funcionamento são estabelecidos por decisão do Conselho, que delibera sob proposta do ARUNEPS, após consulta ao PE e aprovação da Comissão. No Ponto I, 3, das Conclusões do Conselho Europeu de 10 e 11 de Dezembro de 2009, o Conselho convida a ARUNEPS, com base no Relatório da presidência aprovado pelo Conselho Europeu em 29 de Outubro de 2009, a apresentar uma proposta sobre a organização e o funcionamento do Serviço Europeu para a Acção Externa, com vista à sua aprovação, e actos jurídicos relacionados, até ao final de Abril de 2010. A decisão foi aprovada em 26/7/2010 (2010/427/UE, JOUE L 201 de 3/8/2010, p. 30 e ss.)

8.1.4. *A composição da Comissão*

Uma das questões essenciais que se colocou desde o Tratado de Nice relativamente à composição da Comissão foi a da redução do número de membros da Comissão, de modo a que pudesse ter um número de comissários inferior ao número de Estados membros da União Europeia. O Protocolo relativo ao alargamento da União Europeia anexo ao Tratado de Nice previa no seu artigo 4.º, n.º 2, relativo à Comissão, que quando a Comissão contasse 27 Estados membros, o n.º 1 do artigo 213.º do Tratado que institui a Comunidade Europeia passaria a ter a seguinte redacção: «(...) O número de membros da Comissão é inferior ao número de Estados membros. Os membros da Comissão são escolhidos com base numa rotação paritária cujas modalidades são definidas pelo Conselho, deliberando por unanimidade. O número de membros da Comissão é fixado pelo Conselho, deliberando por unanimidade. (...)» Esta alteração seria aplicável a partir da data da entrada em funções da primeira Comissão posterior à data de adesão do vigésimo sétimo Estado membro da União.

Todavia, com o alargamento a 25 e, posteriormente, a 27 Estados membros, manteve-se a redacção do artigo 213.º, n.º 1, do TCE, segundo a qual «(...) A Comissão é composta por um nacional de cada Estado membro. O número de membros da Comissão pode ser modificado pelo Conselho, deliberando por unanimidade. (...)»[377].

Por seu lado, o TECE previa, após o termo do mandato da primeira Comissão nomeada nos termos do TECE, e constituída por um nacional de cada Estado membro (incluindo o seu Presidente e o Ministro dos Negócios Estrangeiros da União Europeia), que a Comissão «será composta por um número de membros, incluindo o seu Presidente e o Ministro dos Negócios Estrangeiros da União, correspondente a dois terços do número

---

[377] Cf. art. 4.º, n.º 1, do Protocolo relativo ao alargamento da União Europeia anexo ao Tratado de Nice, art. 45.º, n.º 2, c) e d) do Acto relativo às condições de adesão da República Checa, da República da Estónia, da República de Chipre, da República da Letónia, da República da Lituânia, da República da Hungria, da República de Malta, da República da Polónia, da República da Eslovénia, e da República Eslovaca e às adaptações aos Tratados em que se funda União (JO L 236 de 23/9/2003, p. 1 e ss.) e art. 45.º do Acto relativo às condições de adesão da República da Bulgária e da Roménia e às adaptações dos Tratados em que se funda a União (JO L 157, de 21/6/2005, p. 203 e ss).

de Estados membros, a não ser que o Conselho Europeu, deliberando por unanimidade, decida alterar esse número»[378].

O Tratado de Lisboa, prevê, quanto à composição da Comissão: que a Comissão nomeada entre a data de entrada em vigor do Tratado de Lisboa e 31 de Outubro de 2014 é constituída por um nacional de cada Estado membro, incluindo o seu Presidente e o ARUNEPS; e que, a partir de 1 de Novembro de 2014, a Comissão é composta por um número de membros, incluindo o seu Presidente e o ARUNEPS, correspondente a dois terços do número de Estados membros, a menos que o Conselho Europeu, deliberando por unanimidade, decida alterar esse número[379-380].

Se o Tratado de Lisboa retoma basicamente as alterações previstas no TECE em matéria de composição da Comissão – na parte em que prevê uma composição em número inferior ao número dos Estados membros na proporção de dois terços e através de uma rotação paritária, permitindo a alteração do número de membros por deliberação unânime do Conselho Europeu – e com aplicação a partir de 1 de Novembro de 2014, tais alterações não chegarão, em princípio, a entrar em vigor dado que o Conselho Europeu assentiu em manter o número de membros da Comissão igual ao número de Estados membros, ou seja, um nacional por Estado membro[381-382].

---

[378] Cf. art. I-26.º, n.ºs 5 e 6, do TECE.

[379] Vide os n.ºs 4 e 5, par. 1, do art. 17.º do TUE. Neste último caso, os membros da Comissão são escolhidos com base num sistema de rotação rigorosamente igualitária entre os Estados membros, que permita reflectir a posição demográfica e geográfica relativa aos Estados membros no seu conjunto – e tal sistema é estabelecido pelo Conselho Europeu, por unanimidade (cf. n.º 5, par. 2 da mesma disposição do TUE).

[380] A Declaração (10) ad artigo 17.º do Tratado da União Europeia versa sobre a necessidade de a Comissão, quando deixar de incluir nacionais de todos os Estados membros, garantir «total transparência» nas suas relações com todos os Estados membros, incluindo aqueles que não contem um nacional seu entre os membros da Comissão.

[381] Cf. Conclusões do Conselho Europeu de 11 e 12 de Dezembro 2008, I, 2 – o Conselho Europeu acorda, na condição de o TL entrar em vigor, em aprovar uma decisão no sentido de Comissão continuar a integrar um nacional de cada Estado membro. Entre as garantias obtidas pela Irlanda no referido Conselho Europeu conta-se a da manutenção de um Comissário irlandês que implicou o acordo quanto à aprovação da supra referida decisão – conforme sublinha Florence CHALTIEL, as garantias dadas à Irlanda serão objecto de um protocolo a anexar ao próximo Tratado de adesão, previsivelmente da Croácia (*L'Europe écrit une nouvelle page de son histoire. Nouvelle Commission, nouveau traité... Perspectives,* RMCUE, n.º 532, 2009, p. 563) V. também G. HOGAN, *The Lisbon Treaty and the Irish Referendum,* EPL, 15, 2009, p. 170.

[382] Sublinhe-se que o Tratado de Lisboa vem reforçar a proeminência do Presidente

Refira-se ainda, além da questão da composição da Comissão, o facto de este órgão, com as alterações introduzidas nos Tratados institutivos pelo Tratado de Lisboa, ver o seu papel de promoção do interesse geral da União, supra estadual, reforçado por via das alterações introduzidas em matéria de investidura: com efeito, a anterior 'aprovação', pelo PE, do Presidente da Comissão designado pelo Conselho reunido ao nível de Chefes de Estado e de Governo[383] é transformada em 'eleição', pelo PE, por maioria dos votos que o compõem, do candidato ao cargo proposto pelo Conselho Europeu – e esta proposta deve ser feita tendo em conta as eleições para o PE e depois de proceder às consultas adequadas[384-385]. No caso de o candidato proposto não obter a maioria dos votos, o Conselho Europeu deliberando por maioria qualificada proporá novo candidato no prazo de um mês, o qual é eleito pelo PE segundo o mesmo processo.

---

da Comissão em relação ao colégio de comissários já que o art. 17.º, n.º 6, c), par. 2, TUE, prevê que qualquer membro da Comissão apresentará a sua demissão se o Presidente da União lho pedir – doravante sem a intervenção do colégio. O regime de apresentação da demissão do ARUNEPS não se afigura claro já que o mesmo artigo refere que se o Presidente [da Comissão] lho pedir este apresentará a sua demissão, mas acrescentado «nos termos do n.º 1 do artigo 18.º», o qual prevê que o Conselho Europeu pode pôr termo ao mandato da ARUNEPS de acordo com procedimento idêntico ao da sua nomeação – deliberação por maioria qualificada com o acordo do Presidente da Comissão. A cessação de funções do ARUNEPS na Comissão poderá também decorrer da aprovação, pelo PE, de uma moção de censura à Comissão (nos termos do art. 17.º, n.º 8, *in fine*, TUE, e 234.º TFUE).

[383] Cf. art. 214.º, n.º 2, TCE.
[384] Cf. art. 17.º, n.º 7, TUE.
[385] As fases subsequentes do processo de investidura da Comissão são, nos termos do art. 17.º TUE, segundo e terceiro parágrafos, as seguintes: adopção pelo Conselho, de comum acordo com o Presidente da Comissão eleito, da lista das personalidades que tenciona nomear membros da Comissão, as quais são escolhidas, com base nas sugestões apresentadas por cada Estado membro, segundo os critérios definidos no n.º 3, par. 2, e no n.º 5, par. 2, do artigo 17.º TUE – respectivamente «competência geral» e «empenhamento europeu» de entre personalidades que ofereçam todas as garantias de independência e, ainda, «posição demográfica e geográfica relativa dos Estados membros no seu conjunto». De seguida, o Presidente, o ARUNEPS e os demais membros da Comissão são colegialmente sujeitos a um voto de aprovação do PE e, com base nessa aprovação, a Comissão é nomeada pelo Conselho Europeu deliberando por maioria qualificada.

8.1.5. *O sistema de votação por maioria qualificada no Conselho e no Conselho Europeu*

Em matéria de votação por maioria qualificada no Conselho, o TECE previa a substituição do triplo critério ou *tripla maioria* – número de votos ponderados, número de Estados e percentagem da população – decorrente das alterações introduzidas no TCE pelo Tratado de Nice, por um duplo critério ou *dupla* maioria[386] – percentagem e número de Estados e percentagem da população[387-388].

O mandato da CIG impôs, no que respeita à votação por maioria qualificada no Conselho: i) o protelamento da aplicação do sistema de votação por dupla maioria (acordado na CIG), a qual terá lugar apenas a partir de 1 de Novembro de 2014 – com a consequente aplicação, até essa data, do sistema de votação por maioria qualificada acima referido e previsto no ex-artigo 205.º, n.º 2, do TCE; ii) a possibilidade de existência de um período transitório subsequente até 31 de Março de 2017, durante o qual um Estado membro do Conselho pode solicitar que a decisão seja tomada de acordo com o anterior referido sistema de maioria qualificada (tripla maioria) e a fixação da minoria de bloqueio em pelo menos 75% da população ou 75% do número de Estados até 31 de Março de 2017 – para efeitos de aplicação do mecanismo acordado na CIG de 2004 para chegar, no seio do Conselho, a uma solução satisfatória que vá de encontro às preocupações dos Estados que integram a minoria de bloqueio; iii) a aplicação, em qualquer caso, do sistema de votação por dupla maioria (percentagem e número de Estados e percentagem da população) a partir de 1 de Abril de 2017, período a partir do qual a minoria de bloqueio é fixada em 55% em ambos os casos – população e número de Estados[389].

---

[386] Alguma doutrina refere-se ainda a um triplo critério: percentagem de Estados, número de Estados e percentagem da população da União (Paul CRAIG, *The Treaty...*, p. 154); ou população, Estados membros favoráveis e minoria de bloqueio (Sean Van RAEPENBUSCH, *La réforme...*, p. 591).

[387] Cf. art. I-25.º, 1 e 2 do TECE – o duplo critério é também aplicável à votação por maioria qualificada no Conselho Europeu (cf. n.º 3 do mesmo artigo).

[388] Cf. Declaração *ad* artigo I-25.º (do TECE) anexa à Acta final da CIG de 2004 (e, assim, ao TECE).

[389] *Mandato*, II, 13 – v. art. 16.º, n.ºs 4 e 5 TUE, art. 238.º, n.ºs 2 e 3, TFUE, *Protocolo (N.º 36) relativo às disposições transitórias*, Título II (Disposições relativas à maioria qualificada), art. 3.º, *Protocolo (N.º 9) relativo à decisão do Conselho relativa à apli-*

§ 8 A estrutura orgânica da União Europeia 121

As regras de votação por maioria qualificada definidas pelo Tratado de Lisboa – alargadas a mais domínios abrangidos nas atribuições da União[390-391] – são aplicáveis também à votação por maioria qualificada no Conselho Europeu[392].

É de sublinhar no entanto que a extensão generalizada da regra da maioria qualificada teve como contrapartida a previsão, no TFUE, de uma

---

cação do n.º 4 do artigo 16.º do Tratado da União Europeia e do n.º 2 do artigo 238.º do Tratado sobre o funcionamento da União Europeia entre 1 de Novembro de 2014 e 31 de Março de 2017, por um lado, e a partir de 1 de Abril de 2007, por outro, e Declaração *ad* n.º 4 do artigo 16.º do Tratado da União Europeia e n.º 2 do artigo 238.º do Tratado sobre o Funcionamento da União Europeia.

[390] Quanto à extensão da regra da maioria qualificada, vejam-se os artigos seguintes: 16.º, n.º 6 (e 236.º TFUE), 26.º, n.º 2, 31.º, n.ºs 2 e 5, e 33.º TUE; 23.º, 48.º, 53.º, 74.º, 77.º, 78.º, 79.º, 82.º, 83.º, 85.º, 87.º, 88.º, 91.º, n.º 1, 121.º, 126.º, 129.º, 167.º, 236.º, 283.º, n.º 2, 291.º, n.º 3,TFUE – note-se que os Tratados nem sempre referem expressamente a regra da maioria qualificada, pelo que nesse caso a sua aplicação decorre da aplicação do regime do processo legislativo *ordinário* (vide os n.ºs 8 e 13 do art. 294.º do TFUE) ou do regime do processo legislativo especial quando a disposição do Tratado que o preveja não imponha a unanimidade. Quanto às novas bases jurídicas que prevêem a regra da maioria qualificada vejam-se os seguintes artigos dos Tratados: 15.º, n.º 5, 41.º, n.º 3, 45.º, n.º 2, 46.º, n.º 2, e 50.º, n.º 2, TUE; 14.º, 24.º, 84.º, 118.º, par. 1, 138.º, 165.º, 189.º, 194.º, 195.º, 196.º,197.º, 214.º, n.º 3 e n.º 5, 298.º, 300.º, e 311.º, par. 4,TFUE. Note-se que nem sempre nas disposições elencadas se faz expressa referência à deliberação por maioria qualificada – pelo que a aplicação da regra da maioria qualificada no Conselho decorre da aplicação do regime do processo legislativo *ordinário* (vide os n.ºs 8 e 13 do art. 294.º do TFUE).

[391] A regra da unanimidade mantém-se todavia em algumas áreas de maior sensibilidade para os Estados – como a PESC e a política de defesa, a fiscalidade, a capacidade eleitoral activa e passiva nas eleições para o PE (v. respectivamente, art. 24.º, n.º 1, par. 2, TUE, 113.º TFUE, 22.º, n.º 2 TFUE). O Tratado de Lisboa veio introduzir no art. 48.º, n.º 7, pars. 1 e 2, do TUE, no âmbito dos processos de revisão simplificados, uma cláusula geral de ponte ou '*passerelle*' entre, por um lado, a unanimidade e a maioria qualificada e, por outro lado, entre o processo legislativo especial e o processo legislativo ordinário. De acordo com tal cláusula: quando o TFUE ou o Título V do TUE preveja que o Conselho delibera por unanimidade num dado domínio ou caso, o Conselho Europeu pode adoptar uma decisão que autorize o Conselho a deliberar por maioria qualificada nesse domínio – com excepção das decisões com implicações no domínio militar ou da defesa; quando o TFUE determine que o Conselho adopta actos de acordo com o processo legislativo especial, o Conselho Europeu pode adoptar uma decisão autorizando a adopção dos referidos actos de acordo com o processo legislativo ordinário – a decisão do Conselho Europeu terá de ser tomada por unanimidade nos termos do último par. do n.º 7 do art. 48.º TUE.

[392] Cf. art. 235.º, n.º 1, par. 2, TFUE e art. 15.º, n.º 4, TUE.

'cláusula de segurança' em três domínios – medidas de coordenação dos regimes de segurança social dos trabalhadores migrantes, cooperação judiciária em matéria penal e aproximação das normas penais[393]. Nos domínios em causa, a contrapartida da previsão do processo legislativo ordinário (e, por essa via, da regra da maioria qualificada) foi a previsão da referida cláusula segundo a qual quando um membro do Conselho declare que um projecto de acto legislativo sobre as matérias em causa, respectivamente, prejudica aspectos importantes do seu sistema de segurança social (designadamente no que diz respeito ao âmbito de aplicação, custo ou estrutura financeira ou que afecta o equilíbrio financeiro do sistema) ou do seu sistema de justiça penal, pode solicitar que esse projecto seja submetido ao Conselho Europeu, suspendendo-se o processo legislativo ordinário. No primeiro domínio – segurança social – após debate e no prazo de 4 meses a contar da suspensão do processo legislativo, o Conselho Europeu: remete o projecto ao Conselho que porá fim àquela suspensão ou não se pronuncia ou solicita à Comissão que apresente uma nova proposta e nesse caso considera-se que o acto inicialmente proposto não foi adoptado[394]. Nos outros dois domínios – cooperação judiciária em matéria penal e harmonização de regras no domínio penal –, após debate e havendo consenso, o Conselho Europeu no prazo de 4 meses a contar da suspensão do processo legislativo, remete o projecto ao Conselho o qual porá fim à suspensão do processo legislativo ordinário; no mesmo prazo e em caso de desacordo no seio do Conselho Europeu, e se pelo menos 9 Estados membros pretenderem instituir uma cooperação reforçada com base no projecto de acto (directiva) em questão, esses Estados notificam o PE, o Conselho e a Comissão em conformidade e considera-se que foi concedida autorização para proceder à cooperação reforçada referida no n.º 2 do artigo 20.º do TUE e no n.º 1 do artigo 329.º do TFUE – aplicando-se as disposições relativas à cooperação reforçada.

Assim, e em síntese, as regras de votação por maioria qualificada no Conselho – e igualmente no Conselho Europeu – passarão a ser as que de seguida se enunciam[395].

---

[393] Prevista nos artigos 48.º, par. 2, 82.º, n.º 3, e 83.º, n.º 3, do TFUE.
[394] Respectivamente art. 48.º, par. 2, a) e b), TFUE.
[395] V. art. 16.º, n.ºs 4 e 5, TUE e art. 3.º do Protocolo (N.º 36) relativo às disposições transitórias.

a) *Período entre a data de entrada em vigor do Tratado de Lisboa (1 de Dezembro de 2009) e 31 de Outubro de 2014*

Entre 1 de Dezembro de 2009 e 31 de Outubro de 2014, a maioria qualificada é aferida em termos idênticos aos previstos no ex-artigo 205.º, n.º 2, do TCE[396] – e, apesar de o Protocolo relativo às disposições transitórias distinguir entre os casos em que todos os membros do Conselho ou do Conselho Europeu participam na votação e aqueles em que nem todos nela participam[397], a tripla maioria é apurada de modo idêntico[398].

Assim, quando todos – ou nem todos – os membros do Conselho participarem na votação: i) quando, por força dos Tratados o Conselho delibere por maioria qualificada, sob proposta da Comissão, as deliberações consideram-se aprovadas se obtiverem, no mínimo, 255 votos que exprimam a votação favorável da maioria dos membros; ii) nos restantes casos, as deliberações consideram-se aprovadas se obtiverem, no mínimo, 255 votos que exprimam a votação favorável de, no mínimo, dois terços dos membros; iii) qualquer membro do Conselho pode solicitar que se verifique se os Estados que constituem essa maioria qualificada representam, no mínimo, 62% da população da União – e caso esta condição não seja preenchida, o acto não é adoptado (art. 3.º, n.º 3, do Protocolo relativo às disposições transitórias)[399-400].

---

[396] Cf. art. 16.º, n.º 4, TUE, art. 238.º, n.º 2, TFUE e art. 3.º, n.º 3, do Protocolo (N.º 36) relativo às disposições transitórias.

[397] Vide em especial o disposto no art. 136.º, n.º 2, TFUE, em matéria de união económica e monetária.

[398] Nos termos do artigo 3.º, n.º 4, do Protocolo N.º 36, quando nem todos os membros do Conselho participem na votação – os casos em se faça referência à votação por maioria qualificada definida nos termos do n.º 3 do artigo 238.º do TFUE – a maioria qualificada corresponde à mesma proporção dos votos ponderados e à mesma proporção dos membros do Conselho, bem como, nos casos pertinentes, à mesma percentagem da população dos Estados membros em causa, que as definidas no n.º 3 do art. 3.º do mesmo Protocolo.

[399] Aplicando-se, até 31 de Outubro de 2014, o sistema de tripla maioria – a ponderação dos votos mantém-se idêntica à prevista no ex-artigo 205.º, n.º 2, do TCE: Bélgica – 12; Bulgária – 10; Republica Checa – 12; Dinamarca – 7; Alemanha – 29; Estónia – 4; Grécia – 12; Espanha – 27; França – 29; Irlanda – 7; Itália – 29; Chipre – 4; Letónia – 4; Lituânia – 7; Luxemburgo – 4; Hungria – 12; Malta – 3; Países Baixos – 13; Áustria – 10; Polónia – 27; Portugal – 12; Roménia – 14; Eslovénia – 4; Eslováquia – 7; Finlândia – 7;

b) *Período compreendido entre 1 de Novembro de 2014 e 31 de Março de 2017*

A partir de 1 de Novembro de 2014, e até 31 de Março de 2017, a maioria qualificada corresponde a, pelo menos, 55% dos membros do Conselho, num mínimo de quinze, devendo estes representar Estados membros que reúnam, no mínimo, 65% da população da União[401-402] – e a minoria de bloqueio deve ser composta por, pelo menos, quatro membros do Conselho, caso contrário considera-se alcançada a maioria qualificada. Esta regra geral aplica-se quando todos os membros do Conselho participem na votação e o Conselho delibere sob proposta da Comissão ou do ARUNEPS.

Quando o Conselho não delibere sob proposta da Comissão ou do ARUNEPS, a maioria qualificada corresponde a, pelo menos, 72% dos membros do Conselho, devendo estes representar Estados membros que reúnam, no mínimo, 65% da população da União (art. 238.º, n.º 2, TFUE).

Por último, nos casos em que nem todos os membros do Conselho participem na votação[403], a maioria qualificada é definida do modo

---

Suécia – 10; e Reino Unido – 29. V. o art. 3.º, n.º 3, do Protocolo (N.º 36) relativo às disposições transitórias.

[400] Vide o n.º 5 do art. 11.º do Regulamento Interno do Conselho e o respectivo Anexo III (Normas de aplicação das disposições relativas à ponderação de votos no Conselho) cujo art. 1.º fixa, para efeitos de aplicação do n.º 5 do art. 16.º do TUE e dos n.ºs 3 e 4 do art. 3.º do Protocolo (N.º 36) relativo às disposições transitórias, a população total de cada Estado membro para o período compreendido entre 1/12/2009 e 31/12/2010. A população total da União é fixada em 499 665,1 (x1000) e o limiar de 62% da população em 309 792, 4 (x 1000). O n.º 5 do art. 11.º do Regulamento Interno aplica-se até 31 de Outubro de 2014 e, também, entre 1 de Novembro de 2014 e 31 de Março de 2017 quando um Estado membro o solicitar nos termos do art. 3.º do Protocolo (N.º 36) relativo às disposições transitórias.

[401] Cf. art. 16.º, n.º 4, e n.º 5, TUE, e art. 3.º, n.º 2, do Protocolo (N.º 36) relativo às disposições transitórias.

[402] O primeiro patamar da maioria qualificada é mais favorável aos Estados médios e pequenos, enquanto o segundo será mais favorável aos Estados grandes – perfilhando este entendimento quanto ao segundo patamar Stefaan Van den BOGAERT, *Qualified Majority Voting in the Council: First Reflections on the New Rules*, MJ, 2008, Vol. 15, N.º 1, p. 102.

[403] Além dos casos previstos nos Tratados, o Anexo IV do Regulamento Interno do Conselho, em conformidade com o seu art. 16.º, elenca os casos previstos naquele Regulamento em que não é tido em conta o voto dos Estados membros

seguinte: i) quando o Conselho delibere sob proposta da Comissão ou do ARUNEPS, a maioria qualificada corresponde a, pelo menos, 55% dos membros do Conselho, devendo estes representar Estados membros participantes que reúnam, no mínimo 65% da população desses Estados – e a minoria de bloqueio deve ser composta por, pelo menos, o número mínimo de membros do Conselho que representa mais de 35% da população dos Estados membros participantes, mais um membro, caso contrário considera-se alcançada a maioria qualificada (art. 238.º, n.º 3, a), TFUE); ii) quando o Conselho não delibere sob proposta da Comissão ou do ARUNEPS, a maioria qualificada corresponde a, pelo menos, 72% dos membros do Conselho, devendo estes representar Estados membros participantes que reúnam, no mínimo, 65% da população desses Estados (art. 238.º, n.º 3, b), TFUE)[404].

No período transitório em causa, quando deva ser tomada uma deliberação por maioria qualificada, qualquer dos membros do Conselho pode pedir que a deliberação seja tomada por maioria qualificada aferida nos termos aplicáveis até 31 de Outubro de 2014[405-406] – esta a característica do período transitório, que desaparece, definitivamente, a partir de 1 de Abril de 2017.

Além disso, durante o mesmo período, e no tocante à minoria de bloqueio, a *Declaração (7)* ad *n.º 4 do artigo 16.º do Tratado da União Europeia e n.º 2 do artigo 238.º do Tratado sobre o Funcionamento da União Europeia*, que retoma o *compromisso de Ioannina*[407-408-409] prevê que se

---

[404] V. art. 16.º, n.ºs 4 e 5 do TUE, art. 238.º, n.º 2 e 3, TFUE, e art. 3.º, n.ºs 1 e 2 do Protocolo (N.º 36) relativo às disposições transitórias.

[405] Cf. art. 3.º, n.º 2, do Protocolo (N.º 36) relativo às disposições transitórias – que remete para a aplicação dos n.ºs 3 e 4 do mesmo artigo do referido Protocolo.

[406] V. o n.º 5 do art. 11.º do Regulamento Interno do Conselho que se aplica também entre 1 de Novembro de 2014 e 31 de Março de 2017 quando um Estado membro o solicitar nos termos do art. 3.º do Protocolo (N.º 36) relativo às disposições transitórias.

[407] O *compromisso de Ioannina* traduz o acordo alcançado na reunião informal dos ministros dos negócios estrangeiros realizada na Grécia em 27/3/1994 posteriormente versado na Decisão do Conselho de 29 de Março de 1994 (JO C 105 de 13/4/1994, p. 1), modificada pela Decisão do Conselho de 1/1/1995 (JO C 1 de 10/1/1995, p. 1) de forma a considerar a não adesão da Noruega – e na perspectiva do alargamento da União de 12 para 15 Estados membros. De acordo com tal compromisso, se os Estados membros que representassem um dado número total de votos (23 a 25 votos) ligeiramente inferior à minoria de bloqueio (26 votos) manifestassem a sua intenção de se oporem à tomada de uma decisão pelo Conselho por maioria qualificada, o Conselho envidaria todos os esforços para con-

um conjunto de membros do Conselho que represente, pelo menos, três quartos da população ou três quartos do número de Estados membros, conforme necessário para constituir uma minoria de bloqueio (em aplicação do primeiro parágrafo do n.º 4 do artigo 16.º do TUE ou do n.º 2 do artigo 238.º do TFUE)[410], declarar opor-se a que o Conselho adopte um acto por maioria qualificada, o Conselho debate a questão – e deve fazer tudo o que está ao seu alcance para num prazo razoável e sem prejuízo dos prazos obrigatórios fixados pelo Direito da União, chegar a uma solução satisfatória que vá ao encontro das preocupações manifestadas pelos membros do Conselho em causa[411]. Estas regras relativas à minoria de bloqueio permi-

---

seguir, num prazo razoável (e sem prejuízo dos prazos obrigatórios fixados pelos Tratados e pelo direito derivado), uma solução satisfatória que pudesse ser adoptada por maioria qualificada mais exigente (65 votos em vez dos 62 previstos no TCE). V. ainda a Declaração (21) respeitante ao limiar da maioria qualificada e ao número de votos da minoria de bloqueio numa União alargada, anexa ao Tratado de Nice.

[408] A Declaração em causa foi incluída em anexo ao Tratado de Lisboa para acomodar a posição da Polónia, e como contrapartida da aceitação da dupla maioria de deliberação no Conselho, apesar de aquela não ter conseguido a sua consagração nos Tratados. Michael DOUGAN refere-se ao compromisso e projecto de decisão constante da Declaração (7) como «Compromisso de Ioannina» (*The Treaty...*, p. 632) – não obstante, existem diferenças entre ambos.

[409] Quanto aos raros casos em que foi invocado o Compromisso de Ionnina v. Paolo PONZANO, *Il voto nel Consiglio: il compromesso di Ioannina alla luce del Trattato di Lisbona*, Dir. Un. Eur., 1/2009, p. 84.

[410] Sendo a minoria de bloqueio, nos termos do n.º 4 do art. 16.º do TUE, a contrario, 45% dos membros do Conselho, num mínimo de 12, devendo representar 35% da população da União – de acordo com o art. 1.º do Projecto de decisão do Conselho constante da Declaração (7) podem opor-se a que o Conselho adopte um acto por maioria qualificada 34% dos Estados (10 Estados membros) ou Estados que representem >26,25% da população da União. A repristinação da lógica do *compromisso de Ioannina*, adaptada aos novos patamares ou limiares da maioria qualificada, tem por efeito a tentativa de obtenção de uma solução satisfatória que vá ao encontro das preocupações dos membros do Conselho que se oponham à tomada de decisão, ou seja, de uma base mais ampla de acordo – tão ampla quanto possível – no seio do Conselho (vide os arts. 2.º e 3.º da Declaração (7) em causa).

[411] Vide a Declaração (7) *ad* n.º 4 do artigo 16.º do Tratado da União Europeia e n.º 2 do artigo 238.º do TFUE, Projecto de decisão do Conselho (Relativa à aplicação do n.º 4 do artigo 16.º do TUE e do n.º 2 do artigo 238.º do TFUE entre 1 de Novembro de 2014 e 31 de Março de 2017, por um lado, e a partir de 1 de Abril de 2017, por outro), Secção I (Disposições aplicáveis entre 1 de Novembro de 2014 e 31 de Março de 2017), artigos 1.º e 2.º.

tem, assim, dentro de um prazo razoável, protelar a votação de um acto que o Conselho deva adoptar por maioria qualificada e alcançar uma base mais ampla de acordo – a mais ampla possível – no seio do Conselho[412]. Todavia, as regras em causa não prejudicam os prazos obrigatórios fixados pelo Direito da União Europeia – pelo que na falta de êxito terá de haver votação[413].

c) *Período posterior a 1 de Abril de 2017*

No período posterior a 1 de Abril de 2017, a maioria qualificada é aferida nos termos aplicáveis a partir de 1 de Novembro de 2014, de acordo com a dupla maioria (percentagem e números de Estados e percentagem da população) – e previstos no número 4 do artigo 16.º do TUE e nos números 2 e 3 do artigo 238.º do TFUE – com a diferença que deixa de ser possível um Estado membro solicitar que a maioria qualificada seja definida através do sistema de tripla maioria[414] e prevendo-se diferentes regras em termos de minoria de bloqueio.

Recapitulando, o regime definitivo da deliberação por maioria qualificada a partir de 1 de Abril de 2017, é o que se seguida se enuncia.

    i) Quando todos os membros do Conselho participem na votação e o Conselho delibere sob proposta da Comissão ou do ARU-NEPS, a maioria qualificada corresponde a, pelo menos, 55% dos membros do Conselho, num mínimo de quinze, devendo estes representar Estados membros que reúnam, no mínimo, 65% da população da União e a minoria de bloqueio deve ser composta por, pelo menos, quatro membros do Conselho, caso contrário considera-se alcançada a maioria qualificada (art. 16.º, n.º 4, TUE);

---

[412] Vide o art. 3.º do Projecto de decisão constante da Declaração (7).
[413] V. *infra*, c). O art. 11.º, n.º 1, par. 2, do Regulamento Interno do Conselho, cit., prevê que o presidente do Conselho deve mandar proceder à votação por iniciativa de um membro do Conselho ou da Comissão, desde que a maioria dos membros que compõem o Conselho se pronuncie nesse sentido.
[414] Cf. art. 16.º, n.º 4, TUE, art. 238.º, n.º 2, TFUE e art. 3.º, n.º 1, do Protocolo (N.º 36) relativo às disposições transitórias.

ii) Quando todos os membros do Conselho participem na votação e o Conselho não delibere sob proposta da Comissão ou do ARUNEPS, a maioria qualificada corresponde a, pelo menos, 72% dos membros do Conselho, devendo estes representar Estados membros que reúnam, no mínimo, 65% da população da União (art. 238.º, n.º 2, TFUE e art. 16.º, n.º 4, par. 3, TUE);
iii) Nos casos em que nem todos os membros do Conselho participem na votação e o Conselho delibere sob proposta da Comissão ou do ARUNEPS, a maioria qualificada corresponde a, pelo menos, 55% dos membros do Conselho, devendo estes representar Estados membros participantes que reúnam, no mínimo 65% da população desses Estados – e a minoria de bloqueio deve ser composta por, pelo menos, o número mínimo de membros do Conselho que representa mais de 35% da população dos Estados membros participantes, mais um membro, caso contrário considera-se alcançada a maioria qualificada (art. 238.º, n.º 3, a), TFUE, e art. 16.º, n.º 4, par. 3, TUE);
iv) Nos casos em que nem todos os membros do Conselho participem na votação e quando o Conselho não delibere sob proposta da Comissão ou do ARNEPS, a maioria qualificada corresponde a, pelo menos, 72% dos membros do Conselho, devendo estes representar Estados membros participantes que reúnam, no mínimo, 65% da população desses Estados (art. 238.º, n.º 3, b), TFUE e art. 16.º, n.º 4, par. 3, TUE)[415].

Quanto à minoria de bloqueio, a partir de 1 de Abril de 2017, apesar de nos termos do número 4, segundo parágrafo, do artigo 16.º do TUE, a minoria de bloqueio (quando exista proposta da Comissão ou do ARUNEPS e todos os Estados membros participem na votação) dever ser composta por pelo menos quatro membros do Conselho, o artigo 4.º do projecto de decisão do Conselho que integra a *Declaração (7) ad n.º 4 do artigo 16.º do Tratado da União Europeia e n.º 2 do artigo 238.º do Tratado sobre o Funcionamento da União Europeia* prevê que se um conjunto de membros do Conselho que represente 55% da população ou 55% do número de Estados membros conforme necessário para constituir uma minoria de blo-

---

[415] V. art. 16.º, n.ᵒˢ 4, do TUE e art. 238.º, n.º 2 e 3, TFUE.

queio (em aplicação do primeiro parágrafo do n.º 4 do artigo 16.º do TUE ou do n.º 2 do artigo 238.º do TFUE)[416], declarar opor-se a que o Conselho adopte um acto por maioria qualificada, o Conselho debate a questão – e deve fazer tudo o que está ao seu alcance para num prazo razoável e sem prejuízo dos prazos obrigatórios fixados pelo Direito da União, chegar a uma solução satisfatória que vá ao encontro das preocupações manifestadas pelos membros do Conselho em causa[417]. Trata-se, pois, da recuperação, com as devidas adaptações, da lógica do *compromisso de Ioannina* – com limites inferiores aos previstos para o período transitório compreendido entre 1/11/2014 e 31/3/2017 – que servirá para compensar o abandono definitivo do primeiro limiar da maioria qualificada (número de votos ponderados). Note-se no entanto que, à semelhança do que sucede naquele período transitório, apenas se trata de protelar a decisão por maioria qualificada no Conselho, durante um prazo razoável, e não de qualquer direito de veto em sentido próprio por parte dos Estados que se opõem à tomada de decisão no Conselho. O prazo razoável não poderá prejudicar os prazos obrigatórios fixados pelo direito da União e, assim não poderá exceder o disposto no TFUE em termos de prazos do processo legislativo ordinário[418].

Relativamente à natureza jurídica das regras que retomam o *compromisso de Ioannina*, refira-se que apesar de a Declaração que as prevê não ter a natureza jurídica vinculativa dos Tratados ou Protocolos o facto de

---

[416] Sendo a minoria de bloqueio, nos termos do n.º 4 do art. 16.º TUE, a contrario, 45% dos membros do Conselho, num mínimo de 12, devendo representar 35% da população da União – de acordo com o art. 4.º do projecto de decisão do Conselho constante da Declaração (7) podem opor-se a que o Conselho adopte um acto por maioria qualificada 25% dos Estados (7,14 Estados membros) ou Estados que representem 19,25% da população da União. A repristinação da lógica do *compromisso de Ioannina*, adaptada aos novos patamares ou limiares da maioria qualificada, tem por efeito a tentativa de obtenção de uma solução satisfatória que vá ao encontro das preocupações dos membros do Conselho que se oponham à tomada de decisão, ou seja, de uma base mais ampla de acordo – tão ampla quanto possível – no seio do Conselho (vide os arts. 5.º e 6.º da Declaração (7) em causa).

[417] Vide a Declaração *ad* n.º 4 do artigo 16.º do Tratado da União Europeia e n.º 2 do artigo 238.º do TFUE, Projecto de decisão do Conselho (Relativa à aplicação do n.º 4 do artigo 16.º do TUE e do n.º 2 do artigo 238.º do TFUE entre 1 de Novembro de 2014 e 31 de Março de 2017, por um lado, e a partir de 1 de Abril de 2017, por outro), Secção II (Disposições aplicáveis a partir de 1 de Abril de 2017), artigos 4.º e 5.º.

[418] O art. 294.º do TFUE fixa o prazo para exame por parte do Conselho em três meses (cf. n.º 8 do artigo em causa).

serem vertidas numa Decisão do Conselho[419] torná-las-á em regras de Direito derivado com carácter vinculativo – ainda que em desconformidade com a regra geral em matéria de minoria de bloqueio aplicável a partir de 1 de Novembro de 2014 prevista no artigo 16.º, número 4, parágrafos 1 e 2, do TUE. Tal decisão, uma vez aprovada, pode em teoria ser modificada de acordo com as regras previstas nos Tratados e, assim, por maioria qualificada. Todavia, o *Protocolo (n.º 9) Relativo à decisão do Conselho relativa à aplicação do n.º 4 do artigo 16.º do TUE e do n.º 2 do artigo 238.º do TFUE entre 1 de Novembro de 2014 e 31 de Março de 2017, por um lado, e a partir de 1 de Abril de 2017, por outro*, prevê que o projecto de alteração ou revogação da referida Decisão do Conselho será objecto de debate no Conselho Europeu, deliberando por consenso nos termos do artigo 15.º, n.º 4, do TUE, conferindo à Decisão do Conselho relevância, ainda que indirecta, ao nível do Direito originário[420-421] – sem no entanto, uma vez aprovada a Decisão pelo Conselho nos termos previstos na Declaração (7) *ad* n.º 4 do artigo 16.º do TUE e do n.º 2 do artigo 238.º do TFUE, resolver a questão da sua conformidade com o disposto no TUE[422].

8.1.6. *O sistema de presidências rotativas do Conselho*

As alterações introduzidas pelo Tratado de Lisboa nos Tratados institutivos implicaram o fim da presidência rotativa do Conselho na formação de Negócios Estrangeiros – que passou a ser sempre presidido pelo ARUNEPS[423].

---

[419] Não adóptada à data do termo da redacção do presente texto – v. a proposta COM (2010) 119 final de 31/3/2010.

[420] O disposto neste Protocolo visou acomodar uma pretensão da Polónia no sentido de perpetuar a lógica subjacente ao compromisso de *Ioannina* – sem a sua consagração expressa no texto dos Tratados ou Protocolos. Não obstante, o Protocolo em causa 'valida', por via da vontade dos Estados, e ao nível do Direito originário, a existência da Decisão do Conselho prevista na Declaração (7) – já que a revogação ou alteração da Decisão pressupõe a sua existência.

[421] Nas palavras de R. BARATTA o TL torna o «Compromisso de Ioannina» «permanente e passível de ab-rogação ou modificação» (*Le principali novità del Trattato di Lisbona*, Dir. Un. Eur., 2008, p. 53).

[422] Em concreto com o art. 16.º, n.º 4, par. 2, do TUE.

[423] Cf. art. 18.º, n.º 3, TUE, e art. 2.º, n.º 5, par. 2, do Regulamento Interno do Conselho (2009/937/UE), cit., e respectivo Anexo I, (2).

§ 8 A estrutura orgânica da União Europeia

O Tratado de Lisboa não pôs no entanto termo ao sistema de presidências rotativas do Conselho – ainda que em moldes diversos dos anteriores. Os Tratados – TUE e TFUE – apenas prevêem expressamente, além da formação do Conselho de Negócios Estrangeiros, a formação do Conselho de Assuntos Gerais[424]. Nos termos do TUE a presidência das formações do Conselho, com excepção da dos Negócios Estrangeiros – seja da formação de Assuntos Gerais sejas das demais formações cuja lista é adoptada nos termos do artigo 236.° do TFUE[425-426] – é assegurada pelos representantes dos Estados membros no Conselho, com base num sistema de rotação igualitária, nas condições previstas no artigo 236.° (alínea b) do TFUE[427].

---

[424] Cf. art. 16.°, n.° 6, par. 2 e 3, TUE.
[425] V. art. 16.°, n.° 6, par. 1, TUE e art. 236.°, a), TFUE, que prevêem que o Conselho adopta por maioria qualificada uma decisão que estabeleça a lista das formações do Conselho que não sejam a dos Negócios Estrangeiros e a dos Assuntos Gerais (estas previstas no art. 16.°, n.° 6, TUE). O Regulamento Interno do Conselho (Decisão 2009/937/UE) prevê, no seu Anexo I, a Lista das formações do Conselho, num total de dez (Assuntos Gerais; Negócios Estrangeiros; Assuntos Económicos e Financeiros (incluindo o orçamento); Justiça e Assuntos Internos (incluindo a Protecção Civil); Emprego, Política Social, Saúde e Consumidores; Competitividade (Mercado Interno, Indústria e Investigação) – incluindo o Turismo; Transportes, Telecomunicações e Energia; Agricultura e Pescas; Ambiente; e Educação, Juventude e Cultura (incluindo o Audiovisual). Anteriormente, a *Decisão do Conselho (Assuntos Gerais) de 1 de Dezembro de 2009 que estabelece a lista das formações do Conselho adicionais às referidas no segundo e terceiro parágrafos, n.° 6, do artigo 16.° do Tratado da União Europeia* (2009/878/UE), publicada no JOUE L 315, de 2/12/2009, p, 46 e ss., estabelece, com base no disposto no art. 4.° do Protocolo relativo às medidas transitórias, a lista das formações do Conselho (art. 1.° e Anexo) – e idêntica à constante do Regulamento Interno do Conselho supra referida, num total de 10 formações, incluindo as de Assuntos Gerais e Negócios Estrangeiros.
[426] Nos termos do Regulamento Interno do Conselho cabe a cada Estado membro determinar a forma como é representado no Conselho de acordo com o n.° 2 do art. 16.° TUE e numa mesma formação do Conselho podem participar como titulares vários ministros, sendo a ordem de trabalhos e a organização dos trabalhos adaptadas em conformidade – para este efeito e nos termos da *Declaração m) Ad segundo parágrafo do Anexo I*, a Presidência organizará as ordens do dia do Conselho agrupando pontos da ordem do dia relacionados entre si, a fim de facilitar a presença dos representes nacionais pertinentes, em especial quando uma determinada formação do Conselho tenha de tratar conjuntos de tópicos claramente diferenciáveis (v. Anexo I, Lista das formações do Conselho, primeiro e segundo parágrafos).
[427] Esta disposição prevê a adopção pelo Conselho, por maioria qualificada, de uma decisão relativa à presidência das formações do Conselho nos termos do n.° 9 do art. 16.° TUE.

A *Declaração (9)* ad *n.º 9 do artigo 16.º do Tratado da União Europeia, sobre a decisão do Conselho Europeu relativa ao exercício da Presidência do Conselho*, inclui um «Projecto de decisão do Conselho Europeu relativa ao exercício da Presidência do Conselho», cujo artigo 1.º, n.º 1, consagra que a Presidência do Conselho, com excepção da formação de Negócios Estrangeiros, é assegurada por grupos pré-determinados de três Estados membros durante um período de 18 meses, os quais serão formados com base num sistema de rotação igualitária dos Estados membros, tendo em conta «a sua diversidade e os equilíbrios geográficos na União». De acordo com o n.º 2 daquele artigo, cada membro do grupo preside sucessivamente, durante 6 meses, a todas as formações do Conselho, com excepção da de Negócios Estrangeiros, e os outros membros do grupo apoiam a Presidência no exercício de todas as suas responsabilidades, com base num programa comum[428]. Em consonância com a referida Declaração (9) foi aprovada a *Decisão do Conselho Europeu de 1 de Dezembro de 2009 relativa ao exercício da Presidência do Conselho* (2009/881/UE)[429], cujo artigo 1.º consagra o sistema de presidências rotativas das formações do Conselho. O Regulamento Interno do Conselho retoma a Decisão do Conselho Europeu e consagra, no seu artigo 1.º, n.º 4, e 2.º, n.º 6, o sistema de presidências rotativas das formações do Conselho, incluindo a formação do Conselho de Assunto Gerais, com base no «grupo pré-determinado de três Estados membros» que asseguram a Presidência do Conselho durante um período de 18 meses – e segundo o qual cada membro do grupo preside sucessivamente, durante um período de seis meses, a todas as formações do Conselho com excepção da dos Negócios Estrangeiros. A *Decisão do Conselho de 1 de Dezembro de 2009 que estabelece as medidas de aplicação da decisão do Conselho Europeu relativa ao exercício da Presidência do Conselho e referente à presidência das instâncias preparatórias do Conselho* (2009/908/UE)[430] previu a divisão da ordem pela qual os Estados membros exercem a presidência do Conselho a partir de 1/1/2007 em grupos de três Estados membros – constante do Anexo I da Decisão – e, ainda, a aprovação antes de 2017, de uma decisão

---

[428] O projecto de Decisão em causa estipula no seu artigo 4.º que o Conselho adopta uma decisão que estabeleça as medidas de aplicação da presente decisão.
[429] JOUE L 315 de 2/12/2009, p. 50.
[430] JOUE L 322 de 9/12/2009, p. 28 e ss.

sobre a ordem pela qual os Estados membros exercerão a Presidência a partir de 1 de Julho de 2020[431].

Note-se que é o Conselho dos Assuntos Gerais, abrangido pelo sistema de presidências rotativas, que assegura a coerência dos trabalhos das diferentes formações do Conselho e que prepara as reuniões do Conselho Europeu e assegura o respectivo seguimento ainda que em articulação quer com o Presidente do Conselho Europeu, quer com o Presidente da Comissão[432].

8.2. *Os poderes legislativo e executivo*

Por último, e no tocante aos poderes legislativo e executivo, após as modificações introduzidas no TUE e no TFUE pelo Tratado de Lisboa, são de salientar os aspectos que de seguida se enunciam.

Quanto ao poder legislativo na União Europeia, é de sublinhar, em especial, o reforço da participação do PE no exercício da função legislativa, conjuntamente com o Conselho, através da supressão do processo de cooperação instituído pelo Acto Único Europeu e da extensão do processo de co-decisão[433], o qual passa a constituir o «processo legislativo ordinário» e a regra (art. 289.º, n.º 1, e art. 294.º TFUE) – a par do «processo legislativo especial» (art. 289.º, n.º 2, TFUE). Assim, o processo legislativo *ordinário* consiste na adopção de um regulamento, de uma directiva

---

[431] V. art. 1.º, par. 2, e art. 3.º da Decisão 2009/908/UE. O grupo que exercerá a Presidência entre 1/1/2010 e 30/6/2011 é composto pela Espanha, Bélgica e Hungria que assumem, sucessivamente, a Presidência das formações do Conselho durante um semestre (respectivamente Janeiro-Junho 2010, Julho-Dezembro 2010 e Janeiro-Junho 2011).

[432] Cf. art. 16.º, n.º 6, par. 2, TUE.

[433] O processo de co-decisão passa a ser a regra – não sem excepções – em matéria de espaço de liberdade, segurança e justiça – vide, entre outros, os arts. 75.º, 78.º, n.º 2, 79.º, n.º 2 e n.º 4, 81.º, n.º 2, 82.º, n.º 1, 83.º, n.º 1, 84.º, 87.º, n.º 2, 88.º, n.º 2, TFUE. Quanto às excepções vide os arts. 77.º, n.º 3, 86.º, n.º 1, ou 89.º TFUE. Note-se que o âmbito da acção legislativa da União é determinado pelas diversas disposições do TFUE que remetem para o processo legislativo, ordinário ou especial. Sublinhe-se ainda que quando um projecto de acto legislativo seja submetido ao PE e ao Conselho, estes devem abster-se de adoptar actos não previstos pelo processo legislativo aplicável no domínio visado (art. 296.º, par. 3, TFUE) – o que implicará, como refere Sean Van RAEPENBUSCH, uma preferência pelos actos legislativos em detrimento dos não legislativos ou «uma forma atenuada de "reserva de lei"» (*La réforme...*, p. 619).

ou de uma decisão conjuntamente pelo PE e pelo Conselho, sob proposta da Comissão (art. 289.º, n.º 1, e artigo 294.º do TFUE) e o processo legislativo *especial*, nos casos específicos previstos pelos Tratados, consiste na adopção de um regulamento, de uma directiva ou de uma decisão pelo PE, com a participação do Conselho, ou por este com a participação do PE (artigo 289.º, n.º 2, do TFUE)[434]. A intervenção do PE pode consubstanciar-se quer em «aprovação», quer em «consulta» – no primeiro caso, menos frequente, o PE dispõe de um direito de veto, sendo a sua intervenção menos intensa do que no processo legislativo ordinário (em que dispõe de poder de alteração do acto)[435]; no segundo caso, mais frequente, a intervenção do PE é obrigatória – pelo que a sua inexistência determina a nulidade do acto aprovado – mas não vincula[436].

Os Tratados contêm cláusulas de ponte ou '*passerelle*', mais gerais ou específicas, que permitem a extensão do processo legislativo ordinário

---

[434] Note-se no entanto que o número de casos de processos legislativos especiais em que o acto é adoptado pelo Conselho com a participação do PE excede em muito o caso inverso em que o acto é aprovado pelo PE com a participação do Conselho. A título de exemplo dos primeiros casos vejam-se os artigos 27.º TUE, 48.º, n.º 2 e 6, TUE, 23.º TFUE, 109.º TFUE, 163.º TFUE, 203.º TFUE, 311.º TFUE ou 349.º TFUE. A título de exemplo do segundo caso veja-se o art. 226.º. par. 3, TFUE ou 228.º, n.º 4 TFUE – respectivamente em matéria de aprovação de regras sobre o exercício do direito de inquérito e sobre o estatuto e as condições gerais de exercício das funções de Provedor de Justiça.

[435] Os Tratados prevêem esta intervenção do PE nos artigos 7.º TUE (processo por incumprimento qualificado), 17.º TUE (investidura da Comissão), 19.º e 25.º TFUE (luta contra as discriminações), 48.º TUE (recusa de convocação de Convenção para revisão dos Tratados e processo de revisão simplificado), 49.º TUE (adesão à UE), 50.º TUE (saída voluntária da UE), 82.º, 83.º e 86.º TFUE (cooperação judiciária em matéria penal, luta contra a criminalidade transfronteiriça e extensão da competência da procuradoria europeia), 218.º TFUE (acordos internacionais), 223.º TFUE (procedimento uniforme para a eleição dos deputados europeus), 311.º e 312.º TFUE (medidas de execução do sistema de recursos próprios da UE e quadro financeiro plurianual), 329.º TFUE (autorização para a instituição de uma cooperação reforçada) e 352.º TFUE (cláusula de flexibilidade).

[436] Os Tratados, TUE e TFUE, prevêem a «consulta» do PE em cerca de cinquenta casos, tais como por exemplo os previstos nos arts. 27.º e 48.º TUE (decisão que institui o SEAE e processo de revisão ordinário) ou nos arts. 23.º (protecção diplomática e consular dos cidadãos europeus em países terceiros), 77.º e 78.º (política de asilo e imigração) 81.º, 87.º e 89.º (cooperação judiciária em matéria civil e cooperação policial), 109.º (auxílios de Estado), 218.º (acordos internacionais), 311.º recursos próprios da União), 333.º (accionamento da cláusula de passerelle no quadro de uma cooperação reforçada) ou 349.º (regiões ultraperiféricas) TFUE.

a novos domínios por via da transformação do processo legislativo especial em ordinário: é o caso, respectivamente, do artigo 48.°, n.° 7, segundo parágrafo, do TUE, relativo ao processo de revisão simplificado, e do artigo 81.°, n.° 3, segundo parágrafo do TUE em matéria de cooperação judiciária em matéria civil, do artigo 153.°. n.° 2, alínea b), quarto parágrafo do TUE em matéria de política social e, ainda, do artigo 192.°, n.° 2, último parágrafo do TFUE em matéria de ambiente[437-438].

Os actos jurídicos aprovados através do processo legislativo ordinário ou de um processo legislativo especial – regulamentos, directivas ou decisões[439] – constituem actos legislativos. Estes actos, à luz das alterações introduzidas pelo Tratado de Lisboa, podem delegar na Comissão o poder de adoptar *actos não legislativos de alcance geral* que completem ou alterem certos elementos *não essenciais* do acto legislativo[440-441] – o Tratado de Lisboa modifica o TCE, ainda que na senda do TECE, no sentido de prever a nova categoria de «actos delegados» impondo não só que

---

[437] Os Tratados prevêem também cláusulas de ponte ou *'passerelle'* entre a regra da unanimidade e a da maioria qualificada que permitem a extensão da regra da maioria qualificada: quer uma cláusula geral prevista no art. 48.°, n.° 7, par. 1, TUE, em sede de revisão simplificada dos Tratados – ainda que seja excluída a sua aplicação a determinadas disposições do TFUE (cf. art. 353.° TFUE e, por remissão, os artigos 311.°, pars. 3 e 4, 312.°, n.° 2, par. 1, 352.° e 354.° TFUE) – quer uma cláusula especial prevista no art. 31.°, n.° 3, TUE.

[438] Vide também o direito de recurso ao Conselho Europeu em matéria de coordenação dos regimes nacionais de segurança social e em matéria de cooperação judiciária em matéria penal e de cooperação policial (cf., respectivamente, art. 48.°, par. segundo TFUE e arts. 82.°, n.° 3, 83.°, n.° 3, 86.°, n.° 1 e 87.°, n.° 3, TFUE).

[439] Sobre a tipologia e hierarquia de actos de Direito derivado à luz do Tratado de Lisboa veja-se o estudo de Afonso PATRÃO, *O Direito Derivado da União Europeia à luz do Tratado de Lisboa*, in Temas de Integração, 2008, n.° 26, p. 146 e ss.

[440] Os elementos essenciais de cada domínio são reservados ao acto legislativo e não podem ser objecto de delegação de poderes – cf. art. 290.°, n.° 1, par. 2, *in fine*, TFUE. Podem suscitar-se no entanto problemas quanto à «alteração» de certos elementos não essenciais do acto legislativo.

[441] Em rigor, esta categoria de fontes de direito derivado pode ter natureza legislativa, na medida em que aprovem disposições obrigatórias de alcance geral. Neste sentido se pronuncia Sean Van RAEPENBUSCH ainda que a propósito do eventual conflito entre actos delegados e actos de execução, considerando a supremacia daqueles exactamente pelo facto de, por se destinarem a completar ou modificar aspectos não essenciais de um acto legislativo, partilham no plano material do seu carácter legislativo (*La réforme...*, p. 620).

os actos legislativos aprovados delimitem explicitamente os objectivos, o conteúdo, o âmbito de aplicação e o período de vigência da delegação de poderes à Comissão, mas também que aqueles estabeleçam explicitamente as condições a que a delegação fica sujeita[442]. Esta alteração visou a inclusão do PE no respectivo processo de aprovação[443], superando o afastamento do PE no quadro das anteriores regras em matéria de comitologia[444-445]. O papel do PE é também reforçado quanto à nova categoria de actos em causa na medida se prevê que este (ou o Conselho) pode autonomamente decidir revogar a delegação e, ainda, que o acto delegado só pode entrar em vigor se no prazo fixado pelo acto legislativo não forem formuladas objecções pelo PE (ou pelo Conselho)[446].

O Tratado de Lisboa, nas modificações que introduz no TFUE, distingue a delegação do poder de adoptar actos não legislativos de alcance geral – actos delegados –, das *competências de execução* conferidas à Comissão – e que se traduzem em *actos de execução* – quando sejam necessárias condições uniformes de execução dos actos juridicamente vinculativos da União[447] – regulamentos, directivas e decisões. O TFUE

---

[442] Cf. art. 290.º, n.º 1, par. 1, 1.ª parte, e n.º 2, TFUE. V. também o n.º 3 do mesmo artigo que impõe a inclusão, nos actos delegados, da menção «delegado» ou «delegada».

[443] Conforme esclarece Jean Paul JACQUÉ, *Le Traité...*, p. 479.

[444] Vide a Decisão 1999/468/CE do Conselho de 28/6/1999 que fixa as regras de exercício das competências de execução atribuídas à Comissão (JOUE L 184, de 17/7/1999, p. 23 e ss.) modificada pela Decisão 2006/512/CE do Conselho de 17 de Julho de 2006 que altera a Decisão 1999/468/CE do Conselho de 28/6/1999 que fixa as regras de exercício das competências de execução atribuídas à Comissão (JOUE L 200 de 22/7/2006, p. 11 e ss.) – v. a versão consolidada da Decisão «Comitologia» de 23/7/2006 publicada no JOUE C 255 de 21/10/2006, p. 4 e ss.

[445] Conforme afirma Paul CRAIG a aceitação pela Comissão da nova categoria de actos delegados teria por objectivo a persuasão dos Estados no sentido de «desmantelar» o anterior sistema de Comitologia (*The Treaty...*, p. 161).

[446] Cf. art. 290.º, n.º 2, a) e b), TFUE

[447] Cf. art. 291.º, n.º 2, TFUE e art. 288.º, pars. 2, 3 e 4, TFUE. V. também o n.º 3 do art. 291.º TFUE que impõe a inclusão, nos actos de execução, da menção «de execução». O n.º 2 do art. 291.º prevê a aprovação prévia, pelo PE e pelo Conselho, de regulamentos que definem «as regras e princípios gerais relativos aos mecanismos de controlo que os Estados membros podem aplicar ao exercício das competências de execução pela Comissão» – trata-se do seguimento e adaptação da prática anterior da *Comitologia* regulada pela Decisão 1999/468/CE do Conselho de 28/6/1999 e modificada pela Decisão 2006/512/CE do Conselho de 17 de Julho de 200, cits.

prevê ainda que «em casos específicos devidamente justificados» e nos casos previstos nos artigos 24.º e 26.º do TUE[448], a competência de execução seja conferida ao Conselho – e não à Comissão. Sublinhe-se ainda o facto de o TFUE prever um princípio geral segundo o qual os Estados membros tomam as medidas de direito interno necessárias à execução dos actos juridicamente vinculativos da União, ou seja, a clarificação de que o poder de execução pertence em princípio aos Estados membros – corolário do princípio da cooperação leal, na sua vertente positiva[449-450].

Quanto ao *poder executivo* – cometido basicamente à Comissão[451] –, é de referir que as modificações introduzidas nos Tratados institutivos pelo Tratado de Lisboa, desenvolvem o elenco das competências da Comissão que passam a ser expressamente as seguintes[452]: promoção do interesse geral da União e adopção das iniciativas adequadas para esse efeito; velar pela aplicação dos Tratados e das medidas adoptadas com base nestes; controlar a aplicação do direito da União, sob a fiscalização do TJUE; executar o orçamento e gerir programas; exercer funções de coordenação, execução e gestão nos termos previstos nos Tratados; assegurar a representação externa da União com excepção da PESC e demais casos previstos nos Tratados; programação anual e plurianual da União com vista à obtenção de acordos interinstitucionais; apresentação de propostas de actos legislativos da União – com excepção dos casos previstos nos Tratados – e de outros actos nos casos previstos pelos Tratados[453].

---

[448] Ambas as disposições se inserem nas «Disposições comuns» em matéria de PESC.
[449] Cf. art. 291.º, n.º 1, TFUE e art. 4.º, n.º 3, segundo par., TUE – este último prevendo a vertente positiva do princípio da cooperação leal entre os Estados membros e a União.
[450] Além das três referidas categorias de actos derivados – actos legislativos, actos delegados e actos de execução – alguma doutrina elenca uma quarta categoria – a de actos não legislativos obrigatórios adoptados com base no TFUE e de acordo com diversos procedimentos (vide Edward BEST, *Legislative Procedures after Lisbon: Fewer, Simpler, Clearer?*, MJ, 2008, Vol. 15, N.º 1, p. 93-95).
[451] Sem prejuízo das competências cometidas ao ARUNEPS – vide em especial o n.º 2 do art. 18.º do TUE que prevê a execução da PESC pelo ARUNEPS.
[452] Cf. art. 17.º. n.º 1, TUE.
[453] Sublinhe-se que a criação do cargo de ARUNEPS implicou a perda do monopólio da Comissão em termos de apresentação de propostas de actos legislativos e demais actos previstos nos Tratados. Não obstante as disposições específicas em matéria de PESC implicarem que fica excluída a aprovação de actos legislativos, no que respeita aos demais casos, a iniciativa da aprovação de actos no âmbito da competência do ARUNEPS passa a

8.3. Do 'triângulo' institucional ao 'pentágono' institucional: o significado do princípio do equilíbrio institucional à luz do Tratado de Lisboa

As alterações institucionais trazidas pela entrada em vigor do Tratado de Lisboa, em especial a elevação do Conselho Europeu a instituição da União, a criação dos cargos de Presidente do Conselho Europeu e de ARUNEPS vieram, por um lado, transformar em parte o tradicional 'triângulo' institucional (Comissão, Conselho e PE)[454] num 'pentágono' institucional composto doravante também pelo Conselho Europeu e pelo ARUNEPS[455] e, por outro lado, dar um novo significado ao princípio do equilíbrio institucional no quadro da integração europeia. As versões consolidadas do TUE e do TFUE configuram um sistema institucional no qual os poderes legislativo e executivo se encontram repartidos entre os cinco órgãos.

As atribuições cometidas à União Europeia após a entrada em vigor do Tratado de Lisboa significam, no respeito pelo princípio da competência de atribuição, uma alocação horizontal de competências, entre mais órgãos da União: o Presidente do Conselho Europeu e o ARUNEPS passam a ter que ser considerados. Se a velha máxima 'a Comissão propõe, o PE aconselha e o Conselho decide' já não espelhava a realidade institucional prévia à entrada em vigor do Tratado de Lisboa – sobretudo pela participação do PE no processo de adopção de actos de direito derivado e pela dualidade pilar comunitário/pilares intergovernamentais, muito menos a espelha a partir dela. Se a regra é doravante aquela segundo a qual a Comissão propõe e o PE e o Conselho decidem[456], a excepção é aquela

---

ser cometida a este – v. arts. 27.º, n.º 1, 31.º, n.º 2, 33.º, 42.º, n.º 4, TUE e os arts. 238.º, n.º 2 e n.º 3, TFUE – e sem prejuízo da excepção de proposta conjunta do ARUNEPS e da Comissão, como sucede no âmbito da adopção de medidas restritivas no quadro da acção externa (art. 215.º, n.º 1, TFUE). Vide também a competência do ARUNEPS em matéria de recomendação com vista à abertura de negociações para a celebração de acordo internacional quando o acordo em causa incida exclusiva ou principalmente em matéria de PESC – art. 218.º, n.º 3, TFUE.

[454] No sentido da preservação do «triângulo institucional» (Parlamento, Conselho e Comissão) vide Sean Van RAEPENBUSCH, *La réforme...*, p. 580.

[455] Não nos reportamos exclusivamente à adopção de actos legislativos – no âmbito de cuja aprovação ainda fará sentido falar em 'triângulo' institucional.

[456] Na medida em que o PE exerce conjuntamente com o Conselho a função legislativa (cf. arts. 14.º, n.º 1, e 16.º, n.º 1, TUE – e sem prejuízo dos processos legislativos especiais).

§ 8 A estrutura orgânica da União Europeia 139

segundo a qual em matéria de PESC e PCSD o ARUNEPS propõe e o Conselho Europeu e o Conselho decidem.

Além disso, verifica-se também uma alocação recíproca de competências, entre os vários órgãos da União, algo diferente da anteriormente existente. As diferenças prendem-se sobretudo com o papel reforçado do Conselho Europeu, não obstante a falta de competência para a aprovação de actos legislativos; com as competências atribuídas ao Presidente da União Europeia – e retiradas à anterior presidência da União; com as competências atribuídas ao ARUNEPS – fruto da junção de competências anteriormente cometidas ao Alto Representante para a PESC, ao comissário responsável pelas relações externas da União e ao próprio Conselho em matéria de presidência da formação de Negócios Estrangeiros; com a compressão do poder de iniciativa da Comissão[457] – que passa, em matéria de PESC e de PCSD, a residir no ARUNEPS[458-459] e, ainda, que deverá considerar as iniciativas apresentadas pelos cidadãos europeus[460]; com o reforço da competência legislativa do PE por via da transformação da co-decisão em procedimento legislativo ordinário e sua generalização, da sua competência política por via da eleição do Presidente da Comissão e da sua competência em matéria orçamental – exercendo a função orçamental conjuntamente com o Conselho[461].

O conteúdo do princípio do equilíbrio institucional, entendido como princípio segundo o qual cada órgão dever exercer as suas competências no respeito pelas competências atribuídas aos demais, apresenta, assim,

---

[457] Não obstante se manter, quanto à aprovação de *actos legislativos,* o seu *quase-monopólio* (ou «monopólio de princípio» na expressão de Florence CHALTIEL, 2.ª ed., Paris, La Documentation française, 2010, p. 74 e ss.) – decorrente do disposto nos artigos 17.º, n.º 2, TUE, 225.º e 241.º TFUE (iniciativa legislativa indirecta do PE e do Conselho, apesar de a Comissão dever fundamentar a não apresentação da proposta solicitada) e 293.º, n.º 1, TFUE (exigência de unanimidade do Conselho para alterar uma proposta da Comissão).

[458] Cf. art. 18.º, n.º 2, TUE.

[459] Vide também os casos de iniciativa dos Estados membros no quadro da cooperação judiciária em matéria penal e da cooperação policial (art. 76.º TFUE, b), do BCE (art. 129.º, n.º 3, que prevê uma «recomendação» do BCE), do TJUE (arts. 257.º, par. 1, TFUE ou 281.º, par. 2, TFUE, que se referem ao «pedido» do TJUE) e do BEI (art. 308.º, par. 3, TFUE, que prevê um «pedido» do BEI) – que limitam também o poder de iniciativa da Comissão.

[460] Cf. art. 11.º, n.º 4, TUE.

[461] Cf. art. 14.º, n.º 1, TUE e art. 314.º TFUE.

após a entrada em vigor do Tratado de Lisboa, um novo significado: cada um dos referidos órgãos do 'pentágono' institucional deve exercer a sua competência com respeito pela competência dos demais, sendo certo que a nova alocação de competências pode suscitar zonas de fronteira e porventura de atrito entre os diversos órgãos – como é o caso da relação entre o Presidente do Conselho Europeu e do ARUNEPS em matéria de representação da União, ou da relação do ARUNEPS com o Conselho, do qual é mandatário em matéria de PESC, e com a Comissão, da qual é vice-presidente e, inclusive, entre o PE e o Conselho atendendo à dupla legitimidade conferida ao ARUNEPS, intergovernamental pela nomeação e democrática por via da investidura da Comissão, da qual é Vice-presidente. O princípio do equilíbrio institucional merecerá, pois, uma atenção acrescida quanto ao modo como cada um dos cinco órgãos referenciados exercerá, durante a vigência do TUE e do TFUE com as modificações introduzidas pelo Tratado de Lisboa, as suas competências no confronto com as dos demais órgãos, e continuará sujeito ao controlo do TJUE dentro dos limites da sua competência em razão da matéria reconfigurada pelo Tratado de Lisboa.

§ 9 O poder judicial

9.1. *A organização do poder judicial*

A supressão formal, pelo Tratado de Lisboa, da dualidade entre o pilar comunitário e os pilares intergovernamentais veio trazer algumas implicações relevantes em termos de poder judicial e de contencioso na Ordem Jurídica da União Europeia.

A compreensão cabal do *poder judicial* na União Europeia após a entrada em vigor do Tratado de Lisboa passa pela conjugação articulada dos vários preceitos que a ele se referem quer no Tratado da União Europeia, quer no Tratado sobre o Funcionamento da União Europeia.

Encontram-se no Tratado de Lisboa – e nas versões consolidadas do TUE e do TFUE por aquele modificados – diversas disposições relevantes em matéria de *poder judicial* na União Europeia, em especial sobre a respectiva organização, os meios contenciosos e a competência *ratione materiae* dos tribunais da União, cuja análise se afigura indispensável para a aferir o que há de novo quanto ao poder judicial após a entrada em vigor daquele Tratado.

Em matéria de *organização do poder judicial*, a primeira das novas disposições relevantes é o novo artigo 13.º, n.º 1, do TUE, que dispõe sobre o quadro institucional único da União, o qual abrange, entre outros órgãos – denominados «instituições» –, o *Tribunal de Justiça da União Europeia*[462].

A segunda disposição relevante, também integrada no TUE, é o novo artigo 19.º, relativo ao *Tribunal de Justiça da União Europeia*. Os dois primeiros números deste preceito elencam os tribunais da União – o «Tri-

---

[462] V. art. 1.º, 14), TL.

bunal de Justiça», o «Tribunal Geral» e os «tribunais especializados»[463] – bem como o princípio da tutela jurisdicional efectiva pelos Estados membros nos domínios abrangidos pelo direito da União e a composição dos dois primeiros tribunais elencados, a qual é aliás idêntica à anteriormente prevista do Tratado da Comunidade Europeia[464]. O n.º 3 do novo artigo 19.º é determinante para a definição genérica do âmbito de competência do *Tribunal de Justiça da União Europeia*, ao prever que:

«O Tribunal de Justiça da União Europeia decide, nos termos do disposto no Tratados:

– sobre os recursos interpostos por um Estado-Membro, por uma instituição ou por pessoas singulares ou colectivas;
– a título prejudicial, a pedido dos órgãos jurisdicionais nacionais, sobre a interpretação do Direito da União ou sobre a validade dos actos adoptados pelas instituições;
– nos demais casos previstos pelos Tratados»[465].

É, pois, no Tratado sobre o Funcionamento da União Europeia que se encontram – à semelhança do que sucedia anteriormente com os Tratados institutivos das Comunidades Europeias (sem prejuízo do ex-artigo 46.º do TUE) – os preceitos que definem em concreto a organização dos tribunais da União Europeia, a respectiva competência em razão da matéria, os meios contenciosos, bem como as demais disposições sobre a competência do Tribunal de Justiça da União Europeia e sobre os meios através do qual esta é concretizada.

Assim, as disposições relevantes em matéria de definição da competência do Tribunal de Justiça da União Europeia constam no essencial da Secção 5 do Capítulo I («As instituições») do Título I («Disposições Institucionais») da Parte VI («Disposições institucionais e financeiras») do

---

[463] V art. 1.º, 20), TL. Os três tribunais elencados correspondem, respectivamente, aos anteriormente denominados Tribunal de Justiça (das Comunidades Europeias), Tribunal de Primeira Instância e câmaras jurisdicionais, previstos, respectivamente, nos ex-artigos 221.º, 224.º e 225.º-A do TCE – denominação que subsistiu até à entrada em vigor do Tratado de Lisboa.

[464] Cf. ex-artigos 221.º, par. 1, 222.º, par 1, e 224.º, par 1, do TCE.

[465] O Tratado de Lisboa não inova nesta matéria retomando o disposto no TECE – vide artigos I-19.º e I-29.º do TECE.

Tratado sobre o Funcionamento da União Europeia, com a epígrafe «O Tribunal de Justiça da União Europeia» e que abrange os artigos 251.º a 281.º[466].

É de sublinhar que o carácter *unitário* da disposição, em vigor até à entrada em vigor do Tratado de Lisboa, definidora do âmbito de competência do Tribunal de Justiça relativamente a matérias que se enquadram no âmbito material da União Europeia (abrangendo, pois, os antigos 'pilares') – o ex-artigo 46.º do TUE – perde-se no Tratado de Lisboa, pelo que são doravante várias as disposições definidoras daquele âmbito de competência. Se tal é em parte consequência da nova estrutura unitária da União Europeia adoptada e da aparente superação da dualidade, e correspondentes regimes jurídicos, entre integração e cooperação intergovernamental, relevante é aferir se as alterações a registar decorrentes do Tratado de Lisboa contribuíram para alargar ou, pelo contrário, para manter ou mesmo diminuir o âmbito da competência *ratione materiae* do Tribunal de Justiça – a este ponto se aludirá adiante[467]. O Protocolo (N.º 3) Relativo ao Estatuto do Tribunal de Justiça da União Europeia mantém-se com a entrada em vigor do Tratado de Lisboa.

Em matéria de poder judicial, há algumas alterações decorrentes do Tratado de Lisboa a registar. Os anteriores artigos do TCE em matéria de poder judicial – ex-artigo 220.º e seguintes do TCE[468] – mantêm-se no essencial, com algumas modificações principais[469]. Estas modificações, que retomam o disposto no TECE, consistem nos aspectos que de seguida se enunciam, observando a sequência numérica das disposições relevantes do Tratado sobre o Funcionamento da União Europeia.

---

[466] V. art. 2.º, A, 7) e B, 204) a 226), TL. As alterações introduzidas em matéria de poder jurisdicional pelo Tratado de Lisboa retomam as constantes do TECE – v. artigos III-357.º a III-381.º do TECE.

[467] *Infra*, 9.4.

[468] Por razões de simplificação da exposição, reportamo-nos, para efeitos comparativos, ao ex-TCE, não olvidando todavia que o TCEEA continha disposições similares.

[469] Centramos a análise nas modificações principais, sem prejuízo de outras pequenas alterações de formulação, decorrentes, designadamente, da alteração de designação do Tribunal de Justiça das Comunidades Europeias, do TPI e das câmaras jurisdicionais (resultante dos novos artigos 13.º e 19.º do TUE), ou da nova terminologia empregue pelo Tratado de Lisboa «actos legislativos» – v. o novo art. 289.º, 3, TFUE.

a) Quanto à *denominação* dos tribunais da União, o Tratado de Lisboa, como já se mencionou, consagra três categorias de tribunais da União, incluídos na «instituição» «Tribunal de Justiça da União Europeia», e cuja designação é modificada relativamente à respectiva denominação anterior: o «Tribunal de Justiça», o «Tribunal Geral» e os «tribunais especializados»[470]. Em termos genéricos são de salientar, sobretudo, quatro aspectos.

Em primeiro lugar, a utilização da designação «Tribunal de Justiça da União Europeia» para abranger os vários tribunais da União pode ser explicada pelo desaparecimento da actual estrutura decorrente do TUE comportando uma dualidade entre pilar comunitário e pilares intergovernamentais, entre as Comunidades Europeias e a União Europeia.

Em segundo lugar, parece adequada a manutenção da denominação «Tribunal de Justiça» – para o anteriormente denominado Tribunal de Justiça (das Comunidades Europeias) – já que se insere numa linha de continuidade.

Em terceiro lugar, se a alteração da denominação do anterior Tribunal de Primeira Instância pode ser explicada pelo facto de a possibilidade de criação de câmaras jurisdicionais, prevista pelo Tratado de Nice – e já concretizada[471] –, lhe ter retirado inequivocamente[472] a natureza de órgão

---

[470] Sobre a denominação dos tribunais da União no Projecto de Tratado que Estabelece uma Constituição para a Europa v. José Manuel SOBRINO HEREDIA, *El sistema jurisdiccional el el proyecto de Tratado constitucional de la Unión Europea*, Rev. Der. Com. Eur., 2003, pp. 999-1000, e A. TIZZANO, *La "Costituzione europea" e il sistema giurisdizionale comunitario*, Dir. Un. Eur., 2003, pp. 459-561 – este último autor critica aliás a escolha da nova denominação dos anteriormente denominados TJCE e TPI (*idem*).

[471] A Declaração relativa ao artigo 225.°-A do Tratado institutivo da Comunidade Europeia (N.° 16) anexa ao Tratado de Nice, estipula que a Conferência solicita ao Tribunal de Justiça e à Comissão que preparem um projecto de decisão sobre a criação de uma câmara jurisdicional para apreciar litígios entre a Comunidade e os seus agentes, isto é, com competência em matéria de função pública comunitária – projecto que se concretizaria na criação do Tribunal da Função Pública da União Europeia (v. Decisão do Conselho de 2 de Novembro de 2004, JOUE L 333 de 9/11/2004), a primeira das «câmaras jurisdicionais» previstas pelo Tratado de Nice e ora, após a entrada em vigor do Tratado de Lisboa, «Tribunais especializados».

[472] Como sublinha Rui MOURA RAMOS, o TPI já era uma segunda instância que, em matéria de marca comunitária, controlava decisões da Câmara de Recursos de uma Agência da Comunidade – *O Sistema Jurisdicional da União Europeia. O Presente e o Futuro*, in Revista de Estudos Europeus, n.° 2, 2007, p. 269.

jurisdicional que julga em primeira instância[473] – pelo menos relativamente às matérias que devam ser objecto de apreciação por aquelas câmaras –, tal alteração de denominação, por essa razão, deveria ter sido consagrada já pelo próprio Tratado de Nice, o que não aconteceu[474]. Acresce que a terminologia empregue pelo Tratado de Lisboa – Tribunal *Geral* – não se afigura inteiramente adequada na medida em que o anterior Tribunal de Primeira Instância não é ainda um tribunal geral no qual são intentados *todas* as acções e recursos – já que não tem de todo competência para as acções por incumprimento nem, por enquanto – isto é, enquanto o Estatuto não definir as matérias específicas – para apreciar questões prejudiciais[475]. Com efeito, a repartição da competência entre os tribunais da União existentes – denominados, até à entrada em vigor do Tratado de Lisboa, Tribunal de Justiça das Comunidades Europeias, Tribunal de Primeira Instância e Tribunal da Função Pública da União Europeia – decorria do disposto no ex-artigo 225.º do TCE e da respectiva articulação com o artigo 51.º do Estatuto do TJ – e cujo teor se mantém após a entrada em vigor do Tratado de Lisboa[476].

Em quarto lugar, o Tratado de Lisboa afasta-se da designação introduzida pelo Tratado de Nice que previu a criação de «câmaras jurisdicionais»[477] e emprega, em vez daquela, a designação «tribunais especializados», clarificando a sua natureza de verdadeiro órgãos jurisdicionais –

---

[473] Neste sentido, a propósito do TECE, Ana Maria Guerra Martins, *O Projecto...*, p. 70, José Manuel Sobrino Heredia, *El sistema...*, p. 999, e A. Tizzano, *La "Costituzione europea"...*, p. 459 – este último autor salientando que «a denominação já não reflecte a realidade».

[474] V., em especial, os ex-arts. 220.º, par. 1, e 224.º do TCE, com a redacção decorrente do Tratado de Nice.

[475] Cf. ex-art. 225.º, n.º 3, do TCE e art. 256.º, n.º 3, TFUE.

[476] Não se prevê no Tratado de Lisboa a alteração substantiva do artigo 51.º do Estatuto do (doravante) Tribunal de Justiça da União Europeia – v. Tratado de Lisboa, Protocolos, B, B. Alterações específicas, 10), p). A nova redacção dos artigos do TFUE relativos ao TJUE não prejudica a sua articulação com o disposto no Estatuto para efeitos quer de determinação da reserva de competência do Tribunal de Justiça, quer da competência a título prejudicial que pode ser atribuída ao doravante TG. Quer na versão do TCE em vigor até à entrada em vigor do TL, quer na versão do TFUE decorrente do Tratado de Lisboa, a competência do Tribunal de Justiça para a acção por incumprimento continua a decorrer, *a contrario*, do ex-art. 225.º, n.º 1, do TCE a que corresponde hoje o art. 256.º do TFUE.

[477] Ex-art. 225.º-A do TCE, na redacção introduzida pelo Tratado de Nice.

ainda que com carácter especializado em função da matéria[478] e «adstritos ao Tribunal Geral»[479].

No que toca especificamente à referida Secção 5 e às disposições nela integradas, é de salientar, pois, que sob a epígrafe genérica «O Tribunal de Justiça da União Europeia», são vários os preceitos que especificam as várias categorias de tribunais naquele «incluídos»[480]. Noutros preceitos, o texto das disposições relevantes refere-se a «Tribunal de Justiça da União Europeia»[481], a «Tribunal de Justiça»[482] ou mesmo somente a «Tribunal»[483]. Se a opção subjacente ao Tratado parece ser a de utilizar a expressão TJUE sempre que a competência para um dado meio contencioso possa caber, em concreto, quer ao TJ, quer ao TG ou a um tribunal especializado – utilizando na primeira menção a expressão «TJUE» e apenas a expressão «Tribunal» nas seguintes[484] –, nem sempre tal parece suceder, em detrimento da clareza e da coerência intra-tratado[485]. De facto e no que

---

[478] No sentido de a matéria penal poder vir a ser objecto de decisão pelos tribunais especializados v. Rui MOURA RAMOS, *O Sistema...*, p. 274.

[479] Cf. art. 256.º TFUE.

[480] Assim sucede nos artigos 254.º ou 256.º TFUE.

[481] Cf. entre outros, os artigos 258.º, segundo par., 259.º, primeiro par., 260.º, n.º 1, primeira menção, 262.º, 263.º, primeiro par., 264.º, primeiro par., 266.º, primeiro par., 267.º, primeiro par., 268.º, 270.º, 271.º, 272.º, 274.º, 275.º, primeiro par., 276.º, primeiro par., 277.º, 278.º, 279.º ou 280.º do TFUE.

[482] Cf. artigos 251.º, 252.º, 253.º, 269.º, 273.º ou 281.º, par. 2, TFUE.

[483] Cf. entre outros, 260.º, n.ºs 1, 2 e 3, 263.º, pars. 2 e 3, 264.º, par. 2, 265.º, par. 3, 269.º, par. 2, 275.º, par. 2, ou 278.º, TFUE.

[484] É o que parece suceder quanto ao processo das questões prejudiciais (art. 267.º TFUE), ao recurso de anulação (art. 263.º TFUE) ou ao processo por omissão (art. 265.º TFUE).

[485] É o que parece suceder no caso do processo por incumprimento comum, já que a competência para conhecer deste meio contencioso é do TJ (pois nos termos do art. 256.º, n.º 1, TFUE, *a contrario*, não cabe no âmbito de competência do TG – nem na do TFPUE), mas as disposições relativas ao processo por incumprimento (arts. 258.º, 259.º e 260.º TFUE) referem-se a TJUE e não a TJ. Note-se que a expressão adequada – Tribunal de Justiça – é empregue no artigo 269.º do TFUE, relativo ao controlo dos actos adoptados no âmbito do processo por incumprimento *qualificado*. Prevê-se todavia no art. 256.º, n.º 1, parte final, que o Estatuto pode prever que o TG seja competente para outras categorias de recursos – em teoria também a acção por incumprimento. Admite-se por isso que os autores dos Tratados tenham querido usar o termo TJUE (e Tribunal) no âmbito do processo por incumprimento comum na perspectiva de, para além do TJ, o TG poder vir a ter competência relativamente a este meio contencioso.

toca aos meios contenciosos, em teoria a denominação genérica «TJUE» e abrangendo os vários tribunais da União poderia ser empregue sempre que a competência em concreto, em primeira ou segunda instância, se reportasse a mais do que um desses tribunais – é o que sucede em relação ao recurso de anulação, ao processo por omissão ou ao contencioso da função pública da União Europeia[486]. Pelo contrário a designação específica do tribunal competente – o TJ, o TG ou o TFPUE ou outro tribunal especializado que venha a ser criado – poderia ser empregue sempre que a competência fosse atribuída em primeira instância e em termos exclusivos a um dado tribunal da União – é o que sucede ainda em matéria de processo por incumprimento *comum* ou *qualificado* – previstos respectivamente nos artigos 258.º a 260.º e no novo artigo 269.º do TFUE[487] – ou dos casos reservados à competência do TJ, nos termos do artigo 51.º do Estatuto de TJUE.

Refira-se por último que dado que os preceitos do TFUE inseridos na mencionada Secção 5 se referem não apenas aos meios contenciosos através dos quais se exerce a competência do TJUE, mas também à própria determinação do âmbito da sua competência *ratione materiae* – a herança do ex-art. 46.º do TUE, na redacção em vigor até à entrada em vigor do TL –, a categoria de tribunal competente, em relação à matéria e a cada meio contencioso em concreto, pode, naturalmente, variar, de acordo com as regras previstas no TUE e no TFUE, com a redacção decorrente do Tratado de Lisboa, e no Estatuto do Tribunal de Justiça da União Europeia.

b) O novo artigo 255.º do Tratado sobre o Funcionamento da União institui, de modo inovador, um *comité*[488-489] consultivo sobre a adequação

---

[486] Cf. arts. 263.º, 265.º, 256.º, n.º 1, do TFUE e arts. 51.º e Anexo I, art. 9.º, do ETJUE.

[487] Se no caso do processo por incumprimento *qualificado* a denominação empregue é rigorosa (TJ), o mesmo não sucede no caso do incumprimento comum em que o artigo se refere quer a TJUE, quer apenas Tribunal.

[488] O comité é composto, de acordo com o parágrafo 2 do artigo 255.º, «por sete personalidades, escolhidas de entre antigos membros do Tribunal de Justiça e do Tribunal Geral, membros dos tribunais supremos nacionais e juristas de reconhecida competência, um dos quais será proposto pelo Parlamento Europeu».

[489] Esta inovação constava já do art. III-357.º do TECE – sobre esta inovação v. A. TIZZANO, *La "Costituzione europea"...*, p. 465.

dos candidatos ao exercício de funções de juiz ou de Advogado-Geral no Tribunal de Justiça e no Tribunal Geral, cuja intervenção é prévia à decisão dos governos do Estados membros, nos termos dos artigos 253.º e 254.º do TFUE[490].

Esta inovação não deixa de suscitar algumas questões, designadamente a verdadeira necessidade de uma tal criação, que torna mais complexa a estrutura orgânica da União, tendo em conta sobretudo o carácter *não vinculativo* dos actos que aprove – dado que a sua competência é «dar *parecer*» sobre a adequação dos candidatos ao exercício das funções de juiz ou de Advogado-Geral do TJ e do TG[491]. Além disso, é de salientar a intervenção do Conselho, órgão de índole política, na adopção das regras que regulam o funcionamento do Comité[492].

c) Por último, a nova redacção do artigo 281.º do TFUE, prevê a alteração do Estatuto do Tribunal de Justiça da União Europeia, fixado em Protocolo separado[493], através do «processo legislativo ordinário»[494] – e, portanto, que consiste na adopção de um acto legislativo conjuntamente pelo PE e pelo Conselho – quer a pedido do TJ e após consulta à Comissão, quer sob proposta da Comissão e após consulta ao TJ – com excepção não só do respectivo Título I (já mencionado no TCE), mas também do seu artigo 64.º, em matéria de regras relativas ao regime linguístico aplicável ao Tribunal de Justiça, as quais são definidas por regulamento do Conselho deliberando por unanimidade[495].

---

[490] Cf. artigos 253.º, par. 1, *in fine*, e 254.º, par. 2, *in fine*, do TFUE.

[491] Continua a aplicar-se o disposto no art. 288.º, par. 5, do TFUE (correspondente ao ex-art. 249.º, par. 5, TCE): «As recomendações e os pareceres não são vinculativos» – já que o TL apenas modificou o primeiro e o quarto parágrafos do ex-art. 249.º TCE (v. art. 2.º, B, 235), TL).

[492] Quer a adopção das regras de funcionamento do Comité, quer a designação dos respectivos membros, tem lugar mediante *decisão* do Conselho, deliberando sob iniciativa do Presidente do Tribunal de Justiça (cf. art. 255.º, par. 2, TFUE).

[493] Vide o Protocolo (N.º 3) relativo ao Estatuto do Tribunal de Justiça da União Europeia.

[494] Cf. arts. 289.º, n.º 1, e 294.º TFUE.

[495] Refira-se ainda que o art. 252.º, par. primeiro, do TFUE prevê a possibilidade de aumentar o número de advogados-gerais a pedido do TJ e mediante deliberação do Conselho por unanimidade. O compromisso assumido pelos Estados membros consubstanciado na Declaração (38) *ad* artigo 252.º do Tratado sobre o Funcionamento da União Europeia

9.2. Os meios contenciosos

Em matéria de meios contenciosos[496-497-498], o Tratado de Lisboa, introduz algumas alterações significativas no TCE que passam a constar do Tratado sobre o Funcionamento da União Europeia – e retomam o disposto no TECE.

---

sobre o número de advogados-gerais do Tribunal de Justiça vai no sentido do aumento do número de oito para onze, ou seja, mais três, e que nesse caso a Polónia – tal como já acontece em relação aos Estados ditos grandes (Alemanha, França, Itália, Espanha e Reino Unido) – passará a ter um advogado-geral permanente e deixará de participar no sistema de rotação, que passará a abranger cinco advogados gerais.

[496] Far-se-á referência pormenorizada às alterações relativas aos principais meios contenciosos previstos no ex-TCE, doravante TFUE, de acordo com um critério sequencial da numeração dos artigos relevantes – processo por incumprimento (art. 258.° a 260.° do TFUE), recurso de anulação (arts. 263.° e 264.° do TFUE), processo por omissão (arts. 265.° e 266.° do TFUE), processo das questões prejudiciais (art. 267.° do TFUE), acção de responsabilidade civil extracontratual (arts. 268.° e 340.° do TFUE) e excepção de ilegalidade (art. 278.° do TFUE).

[497] Em matéria de contencioso de plena jurisdição relativo às sanções previstas em regulamentos (art. 261.° TFUE), contencioso da função pública da União Europeia (art. 270.° TFUE), litígios que envolvam o BEI e relativos à execução das obrigações decorrentes dos Tratados e dos Estatutos do Sistema Europeu de Bancos Centrais e do Banco Central Europeu pelos bancos centrais nacionais (art. 271.° TFUE), competência fundada em cláusula compromissória (art. 272.° TFUE) ou compromisso (art. 273.° TFUE), providências cautelares (arts. 278.° e 279.° TFUE) e força executiva dos acórdãos do TJUE (art. 280.° e 299.° TFUE) não há alterações de fundo a registar. V., apenas quanto a alterações de forma nos arts. 270.° e 278.°, o art. 2.°, B, 221) e 225), do TL.

[498] Sem fazer uma referência autónoma ao art. 262.° TFUE (ex-art. 229.°-A TCE, introduzido no TCE pelo Tratado de Nice – v. a Declaração 17 respeitante ao artigo 229.°-A do TCE), relativo à atribuição ao TJUE de competência para decidir litígios relativos a actos de Direito derivado em matéria de títulos europeus de propriedade industrial, não pode deixar de registar-se que o Tratado de Lisboa, entre outras modificações, substituiu a parte final daquele artigo (que previa que «O Conselho recomendará a adopção dessas disposições pelos Estados membros, de acordo com as respectivas normas constitucionais») pela seguinte redacção: «Essas disposições entram em vigor após a sua aprovação pelos Estados membros, em conformidade com as respectivas normas constitucionais» (art. 2.°, B, 213), TL). Além disso, o processo de aprovação do acto previsto no ex-art. 229.°-A TCE (deliberação do Conselho por unanimidade, sob proposta da Comissão e após consulta ao PE) é substituído pela referência à deliberação do Conselho por unanimidade de acordo com um processo legislativo especial e após consulta ao PE – desaparece, assim, a referência à proposta da Comissão, mas que se manterá em virtude do artigo 17.°, n.° 2, TUE e tendo em conta que o art. 262.° do TFUE não a afasta expressamente.

9.2.1. Processo por incumprimento

O artigo 260.º do TFUE (ex-art. 228.º TCE), que versa sobre o processo por incumprimento, regista, na redacção decorrente do Tratado de Lisboa, duas alterações fundamentais[499-500].

Em primeiro lugar, o n.º 2 do preceito contempla um *encurtamento* da fase pré-contenciosa do segundo processo por incumprimento, dado que deixa de fazer referência à formulação de um parecer fundamentado pela Comissão. Assim, este órgão pode, após ter dado ao Estado em causa a possibilidade de apresentar as suas observações, propor uma acção por incumprimento no Tribunal de Justiça da União Europeia competente – por ora o Tribunal de Justiça –, indicando o montante da quantia fixa ou progressiva a pagar pelo Estado membro, que considerar adequada às circunstâncias[501]. O novo regime consagrado não nos parece isento de críticas[502]. A eliminação do parecer fundamentado, até agora condição *sine qua non* da passagem à fase contenciosa do processo por incumprimento não garante, por si só, a celeridade do segundo processo por incumprimento e o encurtamento do tempo que decorre entre a prolação do primeiro acórdão por incumprimento e a propositura da segunda acção por incumprimento. Com efeito, não só o respeito pelo princípio do contraditório não permitirá dispensar a carta de notificação – que antecede, na fase graciosa do processo por incumprimento, o parecer fundamentado – ou

---

[499] V. Tratado de Lisboa, art. 2.º, B, 212), a) e b).

[500] Sobre as alterações em matéria de processo por incumprimento no projecto de TECE, válidas para o Tratado de Lisboa, v. Michael DOUGAN, *The Convention's Draft Constitutional Treaty: bringing Europe closer to its lawyers?*, ELR, 2003, p. 788, José Manuel SOBRINO HEREDIA, *El sistema...*, pp. 1031-1033, e A. TIZZANO, *La "Costituzione europea"..*, pp. 466-468.

[501] José Manuel SOBRINO HEREDIA admite a hipótese de o Estado membro infractor «solicitar a anulação da decisão da Comissão» – *El sistema...*, p. 1033. Não nos parece todavia adequada tal possibilidade, tendo em conta em especial que a proposta de tipo e montante de sanção constará de uma peça processual – ainda que precedida de uma 'decisão' interna da Comissão – e não de uma decisão típica e, ainda, a margem de liberdade de actuação sempre reconhecida à Comissão em matéria de processo e de acção por incumprimento.

[502] Críticas que formulámos a propósito do TECE e que se mantém actuais – v. Maria José RANGEL DE MESQUITA, *O Poder Sancionatório da União e das Comunidades Europeias sobre os Estados membros*, Coimbra, Almedina, 2006, p. 764.

comunicação ao Estado infractor em moldes idênticos, mas também o novo regime consagrado não limita o poder discricionário reconhecido à Comissão nesta matéria.

Em segundo lugar, o novo n.º 3 do artigo 260.º do TFUE prevê, de modo inovador, em caso de incumprimento da obrigação de comunicação das medidas de transposição de uma directiva adoptada de acordo com um processo legislativo, a possibilidade de o TJUE, a pedido da Comissão e concomitantemente com o acórdão proferido numa *primeira* acção por incumprimento, aplicar uma sanção pecuniária de quantia fixa ou progressiva ao Estado membro infractor, cuja obrigação de pagamento produz efeitos na data estabelecida pelo Tribunal no seu acórdão[503-504].

A criação de um regime *especial* de primeira acção por incumprimento, simultaneamente declarativa e condenatória[505], apenas para o caso do incumprimento *formal* da obrigação de comunicação de medidas de transposição de uma directiva[506], afigura-se criticável. Não só porque tal regime especial se funda num incumprimento formal sem atender à diferente natureza e gravidade do incumprimento material que lhe está subjacente, mas também por não estender idêntico regime a casos de incumprimento materialmente relevantes – designadamente pela natureza e importância da norma ou princípio de Direito da União Europeia inobservado, activa ou passivamente, por um Estado membro – mas em que não

---

[503] No âmbito da CIG 2004, e quanto à alteração correspondente constante do TECE, a nota da Presidência italiana de 25 de Novembro de 2003, na sequência do Conclave ministerial de Nápoles (CIG52/03), previa, em «Diversos», na alínea f), relativa ao «Poder do Tribunal de Justiça para impor sanções pecuniárias aos Estados membros» que a Presidência propõe que se altere o texto da Convenção de modo a clarificar esta competência do Tribunal, nos termos previstos no Anexo 38 da Adenda 1.

[504] Para Floris de WITTE esta alteração visa incentivar os Estados a notificar as medidas de transposição dentro do prezo e, ainda, aliviar a pressão sobre a sobrecarga do TJUE causada por uma duplicação de processos por incumprimento (em primeiro e segundo grau) – *The European Judiciary After Lisbon*, MJ, 2008, Vol. 15, N.º 1, p. 50.

[505] Conforme afirma A. TIZZANO a propósito do TECE, com a nova disciplina prevista «a sentença do Tribunal torna-se todavia numa sentença de "condenação", transformando assim o sentido e a natureza do sistema, pelo menos dentro dos limites em que a disposição é aplicável» – *La "Costituzione europea"...*, p. 467.

[506] O incumprimento relevante deve reportar-se, segundo Michael DOUGAN, não à violação da obrigação procedimental de comunicação de medidas de transposição de directivas, mas sim à obrigação substantiva de transposição de modo completo e adequado (*The Treaty...*, p. 673).

esteja em causa a transposição de uma directiva. Se o regime ora consagrado se compreenderá porventura à luz da importância numérica dos incumprimentos estaduais em matéria de transposição de directivas, não deixará de gerar a violação do princípio da igualdade, na medida em que permite um tratamento processual diferente de situações de incumprimento materialmente semelhantes e, inclusive, um tratamento processual menos gravoso para situações de incumprimento materialmente mais relevantes – quer pelo conteúdo e natureza da norma ou princípio violado quer em razão do valor hierárquico-formal da regra ou princípio infringido. Além disto a nova redacção do número 3 do artigo 260.º do TFUE não estipula qualquer paralelismo com a actuação da Comissão nos termos do número 2 do mesmo preceito, ou seja, no âmbito do segundo processo por incumprimento parecendo dar à Comissão uma mera faculdade de indicar o montante da sanção pecuniária, ao prever que «(...) a Comissão *pode, se o considerar adequado*, indicar o montante da quantia fixa ou da sanção pecuniária compulsória que considerar adequada às circunstâncias»[507]. Por último, não se compreende que o TJUE fique limitado a condenar o Estado infractor «no limite do montante indicado pela Comissão» – limitação essa que não se verifica (nem se podia verificar em nosso entender) no âmbito do número 2, e, assim, da segunda acção por incumprimento. Ainda que se entendesse que, tratando-se da aplicação de uma sanção numa primeira acção por incumprimento, a Comissão goza de um poder discricionário para indicar ao Tribunal a sua natureza e o montante da sanção a aplicar ao Estado se o entender conveniente, nunca o órgão jurisdicional deveria, em nossa opinião, ver a sua competência de plena jurisdição limitada neste domínio pela quantificação efectuada pela Comissão – ainda que em nome do princípio do pedido. A criação de um regime *especial* de primeiro processo por incumprimento não parecer ter uma justificação suficientemente forte e, sobretudo, que explique o risco – senão certeza – de violação do princípio da igualdade e a compressão injustificada da competência contenciosa de plena jurisdição do Tribunal de Justiça da União Europeia.

---

[507] art. 260.º, n.º 3, primeiro par., *in fine,* do TFUE – o itálico é nosso. Diferentemente, o n.º 2 do mesmo artigo, prevê, em matéria de segundo processo por incumprimento, que «A Comissão *indica* o montante da quantia fixa ou da sanção pecuniária compulsória a pagar pelo Estado membro, que considerar adequado às circunstâncias» – o itálico é nosso.

9.2.2. Recurso de anulação

O artigo 263.º do TFUE regista algumas inovações significativas[508-509].

Em termos de legitimidade *passiva*, o parágrafo 1 daquela disposição passa a prever também a fiscalização, pelo Tribunal de Justiça da União Europeia, dos actos do Conselho Europeu «destinados a produzir efeitos em relação a terceiros» e dos «actos dos órgãos ou organismos da União destinados a produzir efeitos jurídicos em relação a terceiros».

Em termos de legitimidade *activa*, por um lado, o parágrafo 3 do artigo 263.º vem acrescentar à categoria de recorrentes semi-privilegiados, a par do Tribunal de Contas e do BCE, o *Comité das Regiões*[510-511].

---

[508] V. Tratado de Lisboa, art. 2.º, B, 214), a) a d).

[509] Sobre as alterações em matéria de recurso de anulação no TECE, válidas para o Tratado de Lisboa, v. Michael DOUGAN, *The Convention's...*, pp. 788-789, José Manuel SOBRINO HEREDIA, *El sistema...*, pp.1034-1037, e A. TIZZANO, *La "Costituzione europea"...*, p. 468-472.

[510] O parágrafo 2 do art. 8.º do *Protocolo (N.º 2) relativo à aplicação dos princípios da subsidiariedade e da proporcionalidade,* anexo ao Tratado de Lisboa, prevê que o Comité das Regiões pode interpor recursos «desta natureza» de actos legislativos para cuja adopção o TFUE determine que seja consultado – resta clarificar se aquela referência diz respeito à natureza do recurso (recurso de anulação) ou à limitação do seu fundamento à violação do princípio da subsidiariedade, como sucede em relação ao parágrafo 1 do mesmo artigo. Na medida em que o texto do art. 263.º não contempla tal limitação em termos de fundamento de recurso, deve entender-se que a referência diz respeito apenas à natureza do recurso.

[511] É ainda de mencionar que o art. 8.º, parágrafo 1, do *Protocolo (N.º 1) relativo à aplicação dos princípios da subsidiariedade e da proporcionalidade* anexo ao Tratado de Lisboa prevê que o TJUE é competente para apreciar os recursos de anulação com fundamento em violação do princípio da subsidiariedade interpostos «por um Estado membro, ou por ele transmitidos, em conformidade com o seu respectivo ordenamento jurídico interno, em nome do seu Parlamento nacional ou de uma câmara desse Parlamento». Note-se no entanto que, pese embora a ambiguidade da redacção da disposição, a legitimidade *activa* parece continuar, em última análise, a pertencer aos Estados membros, sem prejuízo de um direito de iniciativa *indirecta* do respectivo Parlamento nacional ou de uma sua câmara – vide *supra*, § 6, 6.2. Sobre este regime *especial* do recurso de anulação, na medida em que o respectivo fundamento se restringe à violação do princípio da subsidiariedade, v., ainda que a propósito do TECE, Michael DOUGAN, *The Convention's...*, p. 789, Juliane KOKOTT e Alexandra RÜTH, *The European Convention and its Draft Treaty establishing a Constitution for Europe: Appropriate Answers to the Laeken Questions?,*

Por outro lado, o parágrafo 4 do artigo 263.º alarga a legitimidade activa dos recorrentes não privilegiados[512], na medida em que prevê que qualquer daqueles pode interpôr recursos não só de «actos de que seja destinatário ou que lhes digam directa e individualmente respeito», bem como de «actos regulamentares que lhe digam directamente respeito e não necessitem de medidas de execução» – afastando-se neste último caso a exigência da afectação individual.

Por último, o novo parágrafo 5 – que não existe na versão do ex--artigo 230.º do TCE – prevê que «Os actos que criam os órgãos e organismos da União podem prever condições e regras específicas relativas aos recursos propostos por pessoas singulares ou colectivas contra actos desses órgãos ou organismos destinados a produzir efeitos jurídicos em relação a essas pessoas».

Em termos de actos objecto de *recurso de anulação* o parágrafo 1 do artigo 263.º refere agora expressamente a fiscalização da legalidade dos *actos legislativos,* continuando a fazer referência, com as devidas adaptações, aos «actos do Conselho, da Comissão e do Banco Central Europeu que não sejam recomendações ou pareceres» e aos «actos do Parlamento Europeu destinados a produzir efeitos jurídicos em relação a terceiros», mencionados no parágrafo 1 do ex-artigo 230.º do TCE – acrescentando-se a referência ao Conselho Europeu (leia-se a actos do Conselho Europeu). Além disso o parágrafo 4 do mesmo artigo 263.º refere-se agora apenas a «actos» e não a «decisões»[513-514].

CMLR, 2003, p. 1335 – que se referem a um «controlo jurisdicional *ex post*» –, Claudia MORVIDUCCI, *Convenzione europea e ruolo dei parlamenti nazionali: le scelte definitive,* Riv. Ital. Dir. Pub. Com., 2003, pp. 1072-1074, José Martín y PÉREZ DE NANCLARES, *El proyecto de Constitución europea: reflexiones sobre los trabajos de la Convención,* Rev. Der. Com. Eur., 2003, p. 552 – que se refere a uma «variação peculiar do recurso de anulação» – e A. TIZZANO, *La "Costituzione europea"...*, pp. 473-465 – que se refere a «uma espécie de recurso especial no âmbito do recurso de anulação *ex* art. III-270» – e *Prime note sul progetto di Costituzione europea,* Dir. Un. Eur., 2003, p. 273.

[512] Sobre a questão da legitimidade activa dos recorrentes não privilegiados vide José Manuel CORTÉS MARTÍN, *Afectación individual (230.4 CE): un obstáculo infranqueable para la admisibilidad del recurso de anulación de los particulares?,* Rev. Der. Com. Eur., 2003, pp. 1119 e ss.

[513] O parágrafo 4 do ex-art. 230.º TCE refere-se a decisões de que os recorrentes não privilegiados sejam destinatários e a «decisões que, embora tomadas sob a forma de regulamento ou de decisão dirigida a outra pessoa, lhe digam directa e individualmente respeito».

[514] Refira-se ainda que artigo 264.º, par. 2, TFUE relativo à subsistência dos efeitos

Não obstante as alterações introduzidas pelo Tratado de Lisboa, no que toca à legitimidade activa dos recorrentes não privilegiados, os avanços não são ainda muito significativos: apesar do alargamento dos actos sindicáveis aos «actos aprovados pelos órgãos ou organismos da União destinados a produzir efeitos em relação a terceiros» e, no que diz respeito aos recorrentes não privilegiados, aos «actos regulamentares que lhes digam directamente respeito e não necessitem de medidas de execução»[515], não se vislumbra, nos demais casos, qualquer avanço no que toca ao conceito de afectação *individual* – continuando a aplicar-se os critérios definidos pelo Tribunal de Justiça na jurisprudência *Plaumann*[516].

9.2.3. Processo por omissão

Em matéria de processo por omissão, previsto no artigo 265.º do TFUE, na redacção do Tratado de Lisboa, são duas as alterações a registar.

Em primeiro lugar, e em consonância com a alteração correspondente quanto ao recurso de anulação[517], a última frase do parágrafo 1 daquele preceito prevê um alargamento da legitimidade passiva. Com efeito, o preceito em causa prevê a sua aplicação «aos órgãos e organismos da União que se abstenham de se pronunciar». Correlativamente, o parágrafo 3 do artigo 265.º, faz também referência aqueles «órgãos e organismos», quando se refere à legitimidade activa dos recorrentes não privilegiados[518].

---

do acto anulado, passa, na redacção do Tratado de Lisboa, a referir-se genericamente a «acto» anulado e não a «regulamento», como acontecia com o par. 2 do ex-art. 231.º do TCE.

[515] Fazendo eco dos contornos do caso *Jego-Queré* e da necessidade então evidenciada de uma tutela jurisdicional efectiva no caso de inexistência de medidas nacionais de aplicação de um acto (legislativo) comunitário – ac. do TPI (1.ª Secção Alargada) de 3/05/2002, *Jégo-Quéré,* Proc.º T-177/01, Col., 2002, p. II-2365 e ss. V. também, em especial, o teor do ac. do TJ de 2/04/1998, *Greenpeace,* Proc.º C-321/95-P, Col., 1998, p. I--1651 e ss., e do ac. de 25/07/2002, *Unión de Pequeños Agricultores,* Proc.º C-50/00P, Col, 2002, p. I-6677 e ss.

[516] Ac. TJ de 15/7/1963, proc.º 25/62, Rec., p. 197 e ss.

[517] V. novo texto do art. 263.º, n.º 1, parte final, do TFUE.

[518] É ainda de sublinhar que a referência autonomizada a «órgãos ou organismos» da União criados por «actos» de direito da União, consagrada pela nova redacção dos artigos 263.º e 265.º do TFUE, para efeitos de actos ou omissões sindicáveis (e não, sublinhe--se, de legitimidade activa no âmbito do contencioso de legalidade), levanta a questão da

Além disso, a legitimidade passiva é expressamente alargada ao Conselho Europeu.

Por último a referência ao Banco Central Europeu deixa de constar de um parágrafo autónomo – o parágrafo 4 do ex-artigo 232.º do TCE, que o Tratado de Lisboa suprime – para integrar o parágrafo 1 do artigo 265.º do TFUE que versa sobre a legitimidade passiva e activa.

Em consequência das alterações relativas ao Conselho Europeu e ao BCE, não pode deixar de se entender que a expressão «instituições» utilizada no parágrafo 1 do artigo 265.º abrange também o BCE e o Conselho Europeu, doravante instituições da União[519] e recorrentes privilegiados para efeitos de legitimidade activa[520].

---

legitimidade *activa* de órgãos ou entidades dotadas de personalidade jurídica e órgãos próprios (que não sejam «instituições») previstos pelo Direito originário – no TFUE. Pensamos sobretudo no caso do Comité Económico e Social (CES), órgão consultivo, tal como o Comité das Regiões (mas que ao contrário deste último, não mereceu uma referência expressa no artigo 263.º TFUE que rege o recurso de anulação) e, ainda, no BEI. Não nos parece que os órgãos ou verdadeiras instituições (no sentido de entidades com personalidade jurídica e órgãos próprios, como é o caso do BEI mas também do BCE) previstos pelo Direito originário devam beneficiar de um regime distinto daqueles, para menos.

[519] Note-se que a nova redacção do artigo 13.º, n.º 1, do TUE alarga o quadro institucional (único) da União – previsto no ex-art. 4.º do TUE – que passa a integrar, além do PE, do Conselho, da Comissão, do TJUE e do Tribunal de Contas, também o *Conselho Europeu* e o *Banco Central Europeu*, todos «instituições» da União Europeia (cf. 2.º e 6.º travessões do referido art. 13.º, n.º 1, TUE). Note-se, aliás, e relativamente ao TECE, que a nota da Presidência italiana de 25 de Novembro de 2003, na sequência do Conclave ministerial de Nápoles (CIG52/03), prevê que a Presidência propõe que os actos jurídicos adoptados pelo Conselho Europeu, «que formalmente passa a ser uma instituição» que se destinem a produzir efeitos jurídicos em relação a terceiros fiquem sujeitos ao controlo jurisdicional do TJ (v. III – Questões institucionais, e) – Conselho Europeu – Controlo jurisdicional dos seus actos jurídicos), nos termos do Anexo 7 da Adenda 1. Quanto à consideração do BCE como «instituição» da União Europeia, não pode deixar de sublinhar-se que a sua natureza é distinta das demais «instituições», pelo facto de o TFUE (tal como o ex-TCE, no seu artigo 107.º) lhe atribuir expressamente *personalidade jurídica,* órgãos próprios de decisão e, ainda, um estatuto de independência – vide o artigo 282.º, n.º 3, e 283.º, n.º 1 e n.º 2, do TFUE.

[520] Da eliminação do último parágrafo do ex-artigo 232.º do TCE – que deixa por isso de constar do art. 265.º TFUE – decorre a eliminação da limitação na legitimidade activa do BCE existente até à entrada em vigor do TL – como referia então Maria Luísa Duarte relativamente ao regime previsto no art. 232.º TCE, o BCE tem uma «legitimidade processual activa condicionada», no sentido de apenas poder accionar este meio contencioso «quando pretende contestar a inércia institucional sobre matérias relacionadas com o

9.2.4. Processo das questões prejudiciais

Relativamente ao artigo 267.º do TFUE, que versa sobre o *processo das questões prejudiciais*[521], são de pôr em destaque três modificações em relação à redacção do ex-artigo 234.º do TCE.

Em primeiro lugar, a eliminação da referência ao Banco Central Europeu na alínea b) do parágrafo um – não obstante a supressão, a apreciação da validade e a interpretação dos actos adoptados pelo BCE continua a estar incluída no objecto do processo das questões prejudiciais, dado que o BCE é considerado, pelo Tratado de Lisboa, como atrás se referiu, uma «instituição»[522].

Assim, as alíneas a) e b) do art. 267.º do TFUE passam a referir-se, respectivamente, à «interpretação» dos Tratados – TFUE e TUE – à «validade e interpretação dos actos adoptados pelas *instituições* da União» – pelo que esta noção que passa a incluir o Conselho Europeu e o BCE.

Em segundo lugar, a eliminação da alínea c) do parágrafo um do ex-artigo 234.º TCE que previa a competência do TJCE para a interpretação dos estatutos dos organismos criados por acto do Conselho, desde que estes estatutos o prevejam – passando essa referência a constar da alínea b), parte final, do artigo 267.º TFUE.

âmbito das respectivas atribuições» (*O Banco Central Europeu e o Sistema Judicial da União Europeia: supremacia decisória e controlo da legalidade*, in Estudos em Homenagem ao Prof. Doutor António de Sousa Franco, Vol. III, Coimbra, Coimbra Editora, 2006, p. 160). Note-se todavia, após a entrada em vigor do Tratado de Lisboa, a falta de paralelismo entre o regime do recurso de anulação e do processo por omissão no que diz respeito à legitimidade activa do BCE – já que a limitação de tal legitimidade activa subsiste no recurso de anulação (cf. art. 263.º, par. 3, TFUE), permitindo continuar a configurar o BCE como um recorrente semi-privilegiado, ou seja, cuja legitimidade activa é condicionada à salvaguarda das respectivas prerrogativas (tal como a do Tribunal de Contas e do Comité das Regiões), mas não no processo por omissão.

[521] Sobre as alterações em matéria de processo das questões prejudiciais no quadro do TECE, retomadas pelo Tratado de Lisboa, v. A. TIZZANO, *La "Costituzione europea"...,* pp. 475-476.

[522] Não pode deixar de efectuar-se o mesmo comentário formulado em relação ao art. 265.º do TFUE quanto ao BCE. Desaparecendo a referência autónoma ao BCE constante da alínea b), *in fine*, do par. 1 do ex-art. 234.º do TCE, não pode deixar de considerar-se esta instituição integrada na noção de «instituições» prevista na alínea b) do par. 1 do art. 267.º TFUE, com todas as consequências.

Em terceiro lugar, o artigo em causa passa a conter um novo parágrafo – o quarto e último – o qual prevê que, se for suscitada uma questão prejudicial num «processo pendente perante um órgão jurisdicional nacional relativamente a uma pessoa detida, o Tribunal pronunciar-se-á com a maior brevidade possível». Este parágrafo retoma a previsão da tramitação urgente dos pedidos de decisão prejudicial relativos ao ELSJ introduzida no Protocolo relativo ao Estatuto do Tribunal de Justiça por Decisão do Conselho de 20 de Dezembro de 2007[523] e, em particular, um dos casos contemplados[524].

Por último, é de referir a *uniformização* dos regimes jurídicos das questões prejudiciais decorrente da entrada em vigor do Tratado de Lisboa: em matéria de vistos, asilo, imigração e outras políticas relativas à livre circulação de pessoas – matéria objecto de comunitarização e, portanto, integrada no pilar comunitário pelo Tratado de Amesterdão –, desaparece o regime especial do processo das questões prejudiciais consagrado pelo ex-artigo 68.º do TCE[525]; em matéria de terceiro pilar, os artigos do TUE relativos à CPJMP, entre os quais o ex-artigo 35.º do TUE, são substituí-

---

[523] Decisão do Conselho de 20/12/2007, JOUE L 24, de 29/01/2008, p. 39 e ss. As alterações implicaram o aditamento do art. 23.º-A ao Protocolo relativo ao Estatuto do Tribunal de Justiça e, ainda do art. 104.º-B ao Regulamento de Processo do Tribunal de Justiça (O Protocolo (N.º 3) relativo ao Estatuto do Tribunal de Justiça da União Europeia, anexo ao Tratado de Lisboa, manteve o referido artigo 23.º-A – mantendo-se também o art. 104.º-B do Regulamento de Processo do Tribunal de Justiça.

[524] O ponto 7 da originária *Nota Informativa relativa à apresentação de pedidos de decisão prejudicial pelos órgãos jurisdicionais nacionais – Complemento na sequência da entrada em vigor da tramitação urgente aplicável aos pedidos de decisão prejudicial relativos ao espaço de liberdade, segurança e de justiça* (disponível em *http://curia.eu.int*), previa que um dos casos previstos em que um órgão jurisdicional nacional poderia apresentar um pedido de tramitação urgente era, exactamente, o «caso de uma pessoa detida privada da sua liberdade, quando a resposta à questão colocada seja determinante para a apreciação da situação jurídica dessa pessoa». Após a entrada em vigor do TL, a *Nota Informativa relativa à apresentação de pedidos de decisão prejudicial pelos órgãos jurisdicionais nacionais* (2009/C 297/01), II. A tramitação prejudicial urgente (PPU), n.º 36, retoma o disposto naquela Nota e considera que um exemplo de caso em que um órgão jurisdicional nacional poderá apresentar um pedido de tramitação prejudicial urgente, é exactamente o caso previsto no artigo 267.º, quarto parágrafo, TFUE, de uma pessoa detida ou privada de liberdade, quando a resposta à questão colocada seja determinante para a apreciação da situação jurídica dessa pessoa.

[525] V. Tratado de Lisboa, art. 2.º, B, 67), prevendo a revogação do art. 68.º do TCE.

dos por novos artigos do TFUE[526], desaparecendo assim, sem prejuízo das disposições transitórias[527], o regime especial de questões prejudiciais constante do ex-artigo 35.°, n.ᵒˢ 1 a 4, do TUE, mantendo-se apenas a limitação constante do n.° 5 do ex-artigo 35.° do TUE – que passa a constar do artigo 276.° do TFUE.

9.2.5. Acção de responsabilidade civil extracontratual

Em matéria de responsabilidade civil extracontratual da ex-Comunidade Europeia – doravante, da União Europeia – regulada nos ex-artigos 235.° e 288.° do TCE, as alterações a registar prendem-se com a nova redacção do terceiro parágrafo do artigo 340.° do TFUE, que passa a ter o teor seguinte:

«Em derrogação do segundo parágrafo, o Banco Central Europeu deve indemnizar, de acordo com os princípios gerais comuns aos direitos dos Estados membros, os danos causados por si próprio ou pelos seus agentes no exercício das suas funções»[528].

Dado que o segundo parágrafo do artigo 340.° se mantém inalterado, com excepção da substituição da referência a «Comunidade» por uma referência a «União»[529], e tendo em conta que o BCE passa a ser considerado, após a entrada em vigor do TL, uma «instituição» da União, a alteração do parágrafo terceiro da disposição em causa não pode deixar de se interpretar à luz da 'diferente' natureza jurídica do BCE em relação às demais instituições da União. De facto, se nos termos do segundo parágrafo do artigo 340.°, a União deve indemnizar, de acordo com os princípios gerais comuns aos direitos dos Estados membros, os danos causados pelas suas *instituições* ou pelos seus agentes no exercício das suas funções e o Tratado de Lisboa enquadra o BCE no elenco das «instituições» da União[530], o BCE ficaria à partida abrangido pela previsão do parágrafo 2 do artigo 340.° do TFUE – o que significaria *prima facie* que seria a própria União a responder, financeiramente, pelos danos causados.

---

[526] V. Tratado de Lisboa, art. 1.°, 51).
[527] Cf. art. 10.° do Protocolo (N.° 36) relativo às disposições transitórias. *Infra*, 9.3.
[528] V. Tratado de Lisboa, art. 2.°, B, 283).
[529] V. Tratado de Lisboa, art. 2.°, A, 2), a).
[530] Cf. art. 13.°, n.° 1, 6.° trav., TUE.

Dado que a manutenção, no artigo 340.º, de um parágrafo autónomo relativo ao BCE – em sentido contrário do que sucede em relação aos artigos relativos a outros meios contenciosos – não se justificará pela referência, agora expressa no parágrafo terceiro, à indemnização de acordo com os «princípios gerais comuns aos direitos dos Estados membros», já que tal referência consta também do parágrafo segundo, a única explicação que se encontra para a manutenção de um parágrafo autónomo quanto ao BCE residirá no facto de este não ser uma «instituição» como as outras elencadas no novo artigo 13.º do TUE e, assim, responder ele próprio financeiramente (e não a União) pelos danos que sejam causados por si ou pelos seus agentes no exercício das suas funções. Com efeito, o BCE não é um órgão, no sentido de centro de imputação da vontade de uma pessoa colectiva, mas sim um ente jurídico dotado de personalidade jurídica e órgãos próprios de decisão, e independência no exercício dos seus poderes e na gestão das suas finanças[531] – natureza jurídica distinta essa que o TUE ignora ao elencar, no artigo 13.º, n.º 1, o BCE como «instituição» da União Europeia[532].

Refira-se também que sendo o Conselho Europeu considerado pelo Tratado de Lisboa uma instituição da União – assim passando a dispor o artigo 13.º, n.º 1, do TUE – ficará abrangido pelo âmbito de aplicação dos artigos relativos ao meio contencioso em questão.

9.2.6. Excepção de ilegalidade

No tocante à excepção de ilegalidade, é de salientar a alteração, no artigo 277.º do TFUE, da nomenclatura dos actos cuja ilegalidade pode ser invocada por via incidental e dos respectivos autores. Se o ex-artigo 241.º do TCE se referia a «regulamentos» aprovados pelo PE e pelo Conselho, pelo Conselho, pela Comissão ou pelo BCE, a nova redacção do artigo 277.º do TFUE refere-se a um «acto de alcance geral adoptado por uma instituição, um órgão ou um organismo da União».

---

[531] V. em especial o art. 282.º, n.º 3, e o art. 283.º TFUE.

[532] A natureza jurídica em causa poderá justificar a referência, no par. 3 do art. 340.º do TFUE, relativo à responsabilidade civil extracontratual do BCE, a referência aos danos causados «*por si próprio* ou pelos seus agentes» (o itálico é nosso).

9.3. As disposições transitórias

O Tratado de Lisboa prevê, no Título VII[533] do *Protocolo (N.° 36) relativo às disposições transitórias*[534], algumas disposições com incidência em matéria de contencioso da União Europeia – quer em relação à competência do TJUE quer em relação à competência da Comissão no quadro do meio contencioso processo por incumprimento.

O art. 10.°, n.° 1, do referido Protocolo (N.° 36) relativo às disposições transitórias, prevê a existência de uma disposição transitória que, nos termos do n.° 3 do mesmo artigo, produz efeitos durante um período transitório de cinco anos após a data de entrada em vigor do Tratado de Lisboa – ou seja, até 30 de Novembro de 2014.

A disposição transitória em causa reporta-se aos actos da União no domínio da cooperação policial e da cooperação judiciária em matéria penal adoptados antes da entrada em vigor do Tratado de Lisboa[535] e prevê duas excepções à competência de duas das instituições da União: a Comissão e o TJUE.

Assim, relativamente aos actos em causa, não serão aplicáveis durante o período transitório as competências conferidas à Comissão nos termos do artigo 258.° do TFUE, ou seja, em matéria de processo por incumprimento – o que significa que a Comissão não pode instaurar um processo por incumprimento contra um Estado membro pela não observância daqueles actos. Note-se no entanto que, em teoria, as disposições transitórias não ressalvam a iniciativa dos Estados membros em matéria de processo por incumprimento – já que o artigo 10.° do Protocolo (N.° 36) nada ressalva relativamente à legitimidade activa do Estados em matéria

---

[533] O Título VII versa sobre «Disposições transitórias relativas aos actos adoptados com base nos títulos V e VI do Tratado da União Europeia antes da entrada em vigor do Tratado de Lisboa».

[534] V. Tratado de Lisboa, Protocolos, A. Protocolos a anexar ao TUE, ao TFUE e, se for caso disso, ao TCEEA.

[535] O art. 9.°, n.° 1, do Protocolo (N.° 36) prevê que os efeitos dos actos adoptados com base no TUE antes da entrada em vigor do TL são «preservados enquanto esses actos não forem revogados, anulados ou alterados em aplicação dos Tratados – e o mesmo se aplica às convenções celebradas entre os Estados membros com base no TUE (art. 9.°, par. 2).

de processo por incumprimento comum prevista no artigo 259.º do TFUE[536].

Além disso, relativamente aos actos em causa e durante o período transitório, as competências conferidas ao TJUE nos termos do Título VI do TUE, na versão em vigor até à entrada em vigor do Tratado de Lisboa[537], permanecerão inalteradas, inclusivamente nos casos em que tenham sido aceites nos termos do n.º 2 do ex-artigo 35.º do TUE – o que significa que a extensão da competência *ratione materiae* do TJUE relativamente ao ex-terceiro pilar não é imediata, mas sim gradual. Esta limitação em termos de período transitório tem incidência em termos de meios contenciosos – já que durante aquele período os únicos meios que podem continuar a ser utilizados são o recurso de anulação, previsto no n.º 6 do ex-artigo 35.º do TUE e o processo das questões prejudiciais previsto nos números 1 a 5 do ex-artigo 35.º do TUE, quando os Estados tenham aceite a competência do (então) TJCE e nos moldes em que a tenham aceite.

Não obstante o disposto em matéria de período transitório, a alteração de qualquer acto do domínio da cooperação policial e da cooperação judiciária em matéria penal, ou seja, do ex-terceiro pilar (CPJMP) da União Europeia, terá por efeito a aplicabilidade das competências das instituições da União em causa (Comissão e TJUE) conforme definidas nos Tratados, relativamente ao acto alterado, para os Estados membros aos quais este seja aplicável[538-539].

---

[536] O que na prática significa que um Estado pode submeter a questão do incumprimento à Comissão nos termos do art. 259.º do TFUE – e se a Comissão não formular um parecer fundamentado no prazo de 3 meses (o que poderá fazer dado que o n.º 1 do Protocolo (N.º 36) relativo às disposições transitórias apenas se refere às competências da Comissão previstas no artigo 258.º do TFUE, ou seja, processo por incumprimento comum da iniciativa pela Comissão) – o Estado membro em causa poderá recorrer ao Tribunal de Justiça da União Europeia.

[537] Trata-se do Título com a epígrafe «Disposições relativas à cooperação policial e judiciária em matéria penal», ou seja, o Título que até à entrada em vigor do Tratado de Lisboa regulava o terceiro pilar da União Europeia.

[538] Assim dispõe o n.º 2 do art. 10.º do Protocolo (N.º 36) relativo às disposições transitórias.

[539] Os números 4 e 5 do referido art. 10.º do Protocolo (N.º 36) relativo às disposições transitórias prevêem um regime especial aplicável ao Reino Unido que, até seis meses antes do termo do período transitório, pode notificar o Conselho que não aceita, relativamente aos actos da União no domínio da cooperação policial e da cooperação judiciária em matéria penal aprovados antes da entrada em vigor do TL, a competência das instituições

Assim, caso os actos da União no domínio da cooperação policial e da cooperação judiciária em matéria penal adoptados antes de 1 de Dezembro de 2009 sejam objecto de alteração durante o período transitório que termina em 30 de Novembro de 2014, o TJUE é competente sem qualquer limitação – excepto a decorrente do artigo 276.° do TFUE – e a Comissão passa a poder intentar um processo por incumprimento comum nos termos do artigo 258.° do TFUE.

Em síntese, a competência da Comissão no âmbito do processo por incumprimento e a competência do TJUE em matéria de controlo dos actos no domínio da cooperação policial e judiciária em matéria penal só existe: quanto a actos adoptados anteriormente à entrada em vigor do Tratado de Lisboa, a partir do momento da sua modificação e quanto a actos novos aprovados após a entrada em vigor do Tratado de Lisboa. Quanto aos actos aprovados antes da entrada em vigor do Tratado de Lisboa e não alterados no prazo de 5 anos, estes passarão a ser sindicáveis decorridos 5 anos sobre a data da entrada em vigor do Tratado de Lisboa, isto é, a partir de 1/12/2010 – e os tribunais da União passam a ser competentes para a sua apreciação.

9.4. *A competência* ratione materiae *do Tribunal de Justiça da União Europeia*

9.4.1. *As disposições relevantes*

Para além das disposições analisadas que comportam modificações, relativamente às regras consagradas pelo Tratado da Comunidade Europeia, em termos de organização do poder judicial e meios contenciosos, as disposições mais importante constantes do Tratado de Lisboa para efeitos de determinação do âmbito da competência *ratione materiae* do Tribunal de Justiça da União Europeia (e, assim, independentemente do Tribunal da União Europeia em concreto competente) são novos *artigos 269.°, 275.° e 276.° do Tratado sobre o Funcionamento da União Europeia*[540].

---

mencionadas no n.° 1 do referido art. 10.°, ou seja, da Comissão e do TJUE. Caso proceda a tal notificação, os actos mencionados no n.° 1 do art. 10.° deixarão de lhe ser aplicáveis a partir da data do termo do período de transição (30/11/2014).

[540] V. Tratado de Lisboa, art. 2.°, B, 220) e 223).

As disposições em causa, respectivamente, retomam o disposto na ex-alínea e) do ex-artigo 46.° do TUE, consagram pela positiva uma exclusão do âmbito de competência do Tribunal de Justiça que decorria, *a contrario*, daquele preceito, e excluem a competência do TJUE relativamente a alguns aspectos em matéria de espaço de liberdade, segurança e justiça, isto é, do ex-terceiro pilar da União Europeia.

Se o Tratado de Lisboa elimina formalmente a estrutura de pilares da União, não o faz com todas as consequências, como sucede em matéria de controlo jurisdicional.

a) O artigo 269.° tem a sua origem no ex-artigo 46.°, alínea e), do TUE, que retoma. Aquele novo artigo aditado ao TFUE pelo Tratado de Lisboa prevê que o «Tribunal de Justiça» (leia-se, pois, o Tribunal da União correspondente ao ex-TJCE) é competente para se pronunciar sobre a legalidade de um acto adoptado pelo Conselho Europeu ou pelo Conselho nos termos do artigo 7.° do TUE, a pedido do Estado membro relativamente ao qual tenha sido havido uma constatação do Conselho Europeu ou do Conselho nos termos do mesmo artigo do TUE, e apenas no que se refere à observância das disposições processuais nele previstas[541-542].

O facto de a disposição em causa mencionar expressamente o Estado em relação ao qual tenha havido «constatação» quer do Conselho Europeu, quer do Conselho, implica que o controlo do Tribunal de Justiça se exerce quer na fase preventiva, quer na fase declarativa – previstas, respectivamente, nos números 1 e 2 do artigo 7.° do TUE –, ficando *prima facie* excluído o controlo relativamente à fase sancionatória e às fases subsequentes, em especial no tocante à alteração das medidas sancionatórias adoptadas em relação ao Estado infractor. Tal exclusão é confirmada pelo facto de o segundo parágrafo do artigo 269.° do TFUE prever que a legitimidade activa do Estado infractor dever ser exercida no prazo de um mês

---

[541] V. Tratado de Lisboa, art. 2.°, B, 220).

[542] Sublinhando exactamente a não sindicabilidade do mérito das decisões do Conselho Europeu ou do Conselho pelo facto de o art. 7.° prever sanções de carácter internacional, U. DRAETTA, *La* membership *dell'Unione europea dopo il Trattato di Lisbona*, Dir. Un. Eur., 3/2008, p. 476. Em sentido idêntico, pelo facto de o regime em causa visar a preservação do carácter «puramente *político*» da verificação da existência de uma violação grave e persistente dos valores da União, Floris de WITTE, *The European...*, p. 51.

a contar da data da referida «constatação» – a qual só existe nas fases preventiva e declarativa do incumprimento qualificado.

O meio contencioso relevante para o exercício da competência do Tribunal deve ser o recurso de anulação, não obstante a consagração de regras especiais, em termos de prazo: por um lado, o Estado interessado deve solicitar a intervenção do Tribunal de Justiça no prazo de um mês a contar da data da «constatação» – na fase preventiva ou declarativa – prevista no art. 7.º do TUE[543] e, por outro lado, o órgão jurisdicional deve pronunciar-se no prazo de um mês a contar da data do pedido.

b) O parágrafo 1 do novo artigo 275.º do TFUE, aditado pelo Tratado de Lisboa – e em consonância com uma das especificidades da PESC elencadas no TUE[544] – exclui expressamente a competência do Tribunal de Justiça da União Europeia em relação às «disposições relativas à política externa e de segurança comum»[545] e aos «actos adoptados com base nes-

---

[543] A. TIZZANO critica o artigo correspondente do projecto de TECE considerando que, «pela sua «formulação ambígua ou por falta de coordenação com as outras disposições relevantes», corre o risco de ter efeitos muito distintos dos previstos actualmente na alínea e) do ex-art. 46.º TUE – *La "Costituzione europea"*..., p. 476. Segundo o autor, de acordo com o artigo em causa do Projecto de TECE os demais Estados membros poderiam impugnar a deliberação – sob a forma de «decisão europeia» – do Conselho de Ministros através de um recurso de anulação, e com fundamento em qualquer dos vícios aí previstos, enquanto o Estado interessado apenas poderia interpor um recurso limitado à violação de disposições processuais (*idem*). O Tratado de Lisboa não contribui para a superação desta crítica, a não ser na medida em que, não qualificando expressamente o «acto» do Conselho Europeu ou do Conselho. Contudo, referindo-se o art. 269.º TFUE expressamente ao Estado relativamente ao qual tenha havido «constatação», ficará excluída a sua impugnação pelos demais Estados membros ou pelos órgãos (instituições) da União Europeia – no pressuposto de que o artigo 269.º do TFUE contém um regime *especial* relativamente ao regime geral do recurso de anulação consagrado no artigo 230.º.

[544] Cf. art. 24.º, n.º 1.º, 2.º par., parte final, do TUE.

[545] De acordo com o Tratado de Lisboa, a matéria da Política Externa e de Segurança Comum continua regulada no TUE – doravante no Capítulo 2 («Disposições específicas relativas à política externa e de segurança comum» – arts. 23.º e ss.) do Título V, que passa a denominar-se «Disposições gerais relativas à acção externa da União e disposições específicas relativas à política externa e de segurança comum» (arts. 21.º e ss.). O referido Capítulo 2 relativo à PESC integra duas secções: uma primeira relativa a «Disposições Comuns» e uma segunda relativa a «Disposições relativas à política comum de segurança e defesa» (respectivamente arts. 23.º-41.º e arts. 42.º-46.º TUE).

sas disposições»⁵⁴⁶. Até aqui não há qualquer aspecto digno de relevo, dado que já resultava *a contrario* do teor do ex-artigo 46.º do TUE que o então TJCE não tinha competência relativamente às disposições do TUE relativas ao segundo pilar – a PESC. Assim, o parágrafo 1 do artigo 275.º do TFUE, introduzido pelo Tratado de Lisboa, retoma o regime do TUE que decorria, *a contrario*, reitere-se, do respectivo ex-artigo 46.º⁵⁴⁷. Note-se todavia que, não obstante tal exclusão prevista nos Tratados vigentes até à entrada em vigor do Tratado de Lisboa, o então TJCE era competente, nos termos da alínea f) do ex-artigo 46.º do TUE, em relação ao ex-artigo 47.º do TUE, segundo o qual nenhuma disposição do TUE afectava os Tratados institutivos das Comunidades e os Tratados e actos subsequentes que os alteraram ou completara, implicando a existência de controlo jurisdicional sobre a delimitação recíproca das competência dos órgãos da União no quadro do pilar comunitário, por um lado, e no quadro dos pilares intergovernamentais, por outro.

c) O parágrafo 2 do novo artigo 275.º do TFUE consagra uma excepção à exclusão da competência do Tribunal de Justiça da União Europeia em matéria de PESC, conferindo competência para controlar a observância do artigo 40.º do TUE e, ainda, para se pronunciar sobre os recursos relativos à fiscalização da legalidade das decisões que estabeleçam medidas restritivas contra pessoas singulares ou colectivas aprovadas pelo Conselho com base no Capítulo 2 do Título V do TUE – estes interpostos nas condições previstas no parágrafo 4 do artigo 263.º, relativo ao recurso de anulação.

---

⁵⁴⁶ Jean-Victor LOUIS sublinha, a propósito do projecto de TECE, a contradição entre a exclusão da competência do TJ em matéria de PESC pelo art. III-282.º do Projecto de Tratado e o princípio do Estado de direito afirmado pelo respectivo artigo I-2.º – *Le project de Constitution: continuité ou rupture?*, CDE, 2003, p. 221. A crítica mantém a sua pertinência após a entrada em vigor do Tratado de Lisboa, reportando-se agora aos artigos 275.º TFUE e 2.º TUE.

⁵⁴⁷ No sentido de o Projecto de TECE subtrair a generalidade dos actos e normas adoptados com fundamento na PESC à jurisdição do TJ, v. Ana Maria Guerra MARTINS, *O Projecto...*, p. 108. Paulo de PITTA E CUNHA refere que o Projecto de Tratado (TECE) exclui expressamente a competência do TJ quanto às matérias da PESC – *As Novidades institucionais, in* A Constituição Europeia. Um Olhar Crítico sobre o Projecto, cit., p. 41 e, ainda, p. 38.

A atribuição excepcional de competência ao TJUE no domínio da PESC é confirmada pela nova redacção do artigo 24.º, n.º 1, parágrafo 2, *in fine,* do TUE, que dispõe expressamente que o TJUE «não dispõe de competência no que diz respeito a estas disposições (leia-se disposições específicas relativas à PESC), com excepção da competência de verificar a observância do artigo 40.º do presente Tratado e fiscalizar a legalidade de determinadas decisões a que se refere o segundo parágrafo do artigo 275.º do Tratado sobre o Funcionamento da União Europeia».

Trata-se assim da atribuição ao TJUE de competência excepcional no âmbito da PESC – no primeiro caso, para conferir ao TJUE competência para controlar que a execução da PESC não afecta a aplicação dos procedimentos e o âmbito das atribuições das instituições previstos nos Tratados para o exercício das competências exclusivas, partilhadas, de coordenação de políticas económicas, de emprego e sociais e de desenvolvimento de acções de apoio, coordenação ou completamento da acção dos Estados membros[548], bem como o inverso, ou seja, que a execução daquelas políticas da União não afectam a aplicação dos procedimentos e o âmbito respectivo das atribuições das instituições previstos nos Tratados para o exercício das competências da União em matéria de PESC, já que o artigo 40.º do TUE estabelece uma separação entre a PESC e os demais domínios materiais da União[549-550]; no segundo caso, para conferir ao TJUE competência para o controlo da legalidade de decisões aprovadas pelo Conse-

---

[548] Previstas, respectivamente, nos novos artigos 3.º a 6.º do TFUE.

[549] O art. 40.º, par. 1, retoma o ex-art. 47.º do TUE – que dispunha que nenhuma disposição do TUE afecta os Tratados institutivos das Comunidades Europeias (CE e CEEA) e actos subsequentes que os alteraram e completaram e foi suprimido pelo Tratado de Lisboa (e cuja apreciação entrava, como se referiu em b), *supra,* na competência do TJCE) – mas vai mais longe no seu parágrafo 2, parecendo ter como consequência uma impossibilidade de prosseguir, em simultâneo, objectivos da PESC e de outros domínios. Vide o ac. do TJCE de 20/03/2008, *Comissão c. Conselho,* proc.º C-91/05, Col., p. I-3651 e ss. que, tendo em conta o disposto no ex-art. 47.º TUE, anulou uma decisão do Conselho de execução de uma acção comum da PESC em matéria de luta contra a proliferação de armas de pequeno calibre. No sentido de a eliminação do ex-art. 47.º do TUE dificultar a demarcação, pelo TJUE, entre as competências em matéria de PESC e dos demais domínios materiais abrangidos nas atribuições da União, na medida em que desaparece a primazia dada ao ex-pilar comunitário, vide, Floris de WITTE, *The European...,* p. 50.

[550] Reconhecendo tal separação de domínios não obstante o desaparecimento dos pilares, Joël RIDEAU, *La protection...,* p. 200, ou Andrea OTT, *'Depillarisation':...,* p. 38.

lho com base nas disposições específicas em matéria de PESC previstas no TUE, que estabeleçam medidas restritivas contra pessoas singulares ou colectivas – este último fazendo eco da jurisprudência *Kadi*[551-552].

É no entanto de salientar que a remissão prevista pelo parágrafo 2, segunda parte, do novo artigo 275.° do TFUE é efectuada em relação às «Disposições específicas em matéria de PESC» incluídas no Capítulo 2 do Título V do TUE, e não à disposição específica incluída no Título IV da Parte V do TFUE, relativa à Acção Externa da União – o artigo 215.° – cujo n.° 2 prevê exactamente a adopção de medidas restritivas em relação a, entre outros, pessoas singulares ou colectivas[553], quando uma decisão adoptada em conformidade com as Disposições específicas em matéria de PESC previstas no Capítulo 2 do Título V do TUE o permita. Estando a disposição integrada no TFUE, não existirá qualquer limite ao controlo jurisdicional da legalidade, por parte do TJUE, quanto aos actos adoptados com base no n.° 2 do artigo 215.° do TFUE. A excepção prevista no artigo 275.°, segundo parágrafo, segunda parte, do TUE deve, pois, entender-se ser relativa a actos do Conselho com fundamento apenas no Capítulo 2 do Título V do TUE.

d) Por último, o novo artigo 276.° do TFUE prevê que, em matéria de disposições sobre o espaço de liberdade, de segurança e de justiça – doravante previstas no Título V da Parte III do TFUE[554] – «o Tribunal de

---

[551] Cit., *supra,* § 7, 7.2.5.

[552] O ex-art. 301.° do TCE, cláusula de '*passerelle*' entre o segundo pilar e o primeiro pilar da União Europeia permitia o controlo jurisdicional das «medidas urgentes necessárias» adoptadas pelo Conselho na sequência da adopção de uma posição comum ou acção comum relativas à interrupção ou redução, total ou parcial, das relações económicas com um ou mais países terceiros – esta disposição foi retomada pelo art. 215.°, n.° 1, TFUE, ainda que o respectivo procedimento de aprovação tenha sido objecto de modificação (proposta conjunta do ARUNEPS e da Comissão, em vez de proposta da Comissão, e respectiva informação pelo Conselho ao PE), acrescentando-se no n.° 2 do mesmo artigo 215.° TFUE uma referência às medidas restritivas relativamente a pessoas singulares ou colectivas, a grupos ou a entidades não estatais. O n.° 3 da mesma disposição prevê que os actos nela previstos «compreendem as disposições necessárias em matéria de garantias jurídicas».

[553] Sobre esta questão veja-se, a propósito do correspondente artigo do Projecto de TECE, Michael DOUGAN, *The Convention's*…, p. 791.

[554] V. artigo 67.° e ss do TFUE. Este título comporta cinco capítulos relativos a «Disposições gerais» (arts. 67.°-76.°), «Políticas relativas aos controlos nas fronteiras, ao

Justiça da União Europeia não é competente para fiscalizar a validade ou a proporcionalidade de operações efectuadas pela polícia ou outros serviços responsáveis pela aplicação da lei num Estado membro, nem para decidir sobre o exercício das responsabilidades que incumbem aos Estados membros em matéria de manutenção da ordem pública e de garantia da segurança interna»[555]. Esta disposição retoma o teor do número 5 do ex--artigo 35.º do TUE.

9.4.2. A evolução verificada

Resta questionar se o sentido das várias alíneas, em especial das alíneas b) a e), do ex-artigo 46.º do TUE[556] se mantém com as alterações introduzidas no TUE e no TFUE pelo Tratado de Lisboa, isto é, se a competência *ratione materiae* do Tribunal de Justiça da União Europeia é, ou não, alargada com o Tratado de Lisboa e, em caso afirmativo exactamente em que moldes.

Tendo em conta o teor das disposições do Tratado de Lisboa relevantes – e correspondentes alterações aos preceitos do TUE e do doravante TFUE – é pertinente efectuar um balanço, em termos de âmbito da competência *ratione materiae* do Tribunal de Justiça, em sentido *positivo*.

Não se registando alterações significativas em termos da natureza das matérias objecto da competência do Tribunal de Justiça da União Europeia – já que, por um lado, continua basicamente afastada, sem prejuízo das excepções referidas, a competência daquele órgão em matéria de PESC, o ex-segundo pilar, e, por outro, se mantém a competência do mesmo relativamente ao actual terceiro pilar e a algumas das disposições comuns da

---

asilo e à imigração» (arts. 77.º-80.º), «Cooperação judiciária em matéria civil» (art. 81.º), «Cooperação policial em matéria penal» (arts. 82.º-86.º) e «Cooperação policial» (arts. 87.º-89.º).

[555] Sobre o carácter ambíguo da formulação da correspondente disposição do Projecto de TECE, v. Michael DOUGAN, *The Convention's...*, p. 792.

[556] As alíneas a) e f) do ex-art. 46.º do TUE, relativas, respectivamente, às disposições modificativas dos Tratados que instituem as Comunidades e às Disposições Finais do TUE não merecem uma referência autónoma, porque o TUE sempre as abrangeu na competência do TJCE, e solução idêntica se impõe com o Tratado de Lisboa em relação ao TJUE.

versão do TUE vigente até à entrada em vigor do Tratado de Lisboa[557] – registam-se algumas alterações relevantes em termos de extensão do âmbito da competência *material* do TJUE[558], não todavia sem algumas críticas.

a) Em matéria do ex-*segundo pilar* criado pelo Tratado de Maastricht, ou seja, de PESC, mantém-se no essencial a exclusão da competência do Tribunal de Justiça que decorria *a contrario* do teor do ex-artigo 46.º do TUE. Todavia, o novo artigo 275.º, parágrafo 2, do TFUE permite o controlo da legalidade das medidas restritivas em relação a pessoas singulares e colectivas aprovadas pelo Conselho com base nas disposições específicas relativas à PESC constantes do TUE, bem como o controlo da observância do artigo 40.º do TUE, ou seja, da observância recíproca das disposições relativas à PESC e às diversas categorias de competências – leia-se atribuições – da União Europeia. Este alargamento de competência em razão da matéria permite ao TJUE exercer um controlo jurisdicional quanto à articulação recíproca das bases jurídicas das competências para a prossecução das atribuições em matéria de PESC e demais atribuições da União[559] e faz eco da jurisprudência *Kadi* que tem subjacente o controlo dos actos adoptados no quadro da PESC, em particular em matéria de observância de direitos fundamentais.

b) Em matéria do ex-*terceiro pilar*, isto é, do doravante Espaço de Liberdade, Segurança e Justiça, a extensão da competência *ratione materiae* do Tribunal de Justiça da União Europeia é significativa[560], pelo desa-

---

[557] Referimo-nos em especial aos ex-artigos 6.º, n.º 2, e 7.º do TUE – respectivamente sobre a protecção dos direitos fundamentais e o processo por incumprimento qualificado dos princípios fundamentais da União.

[558] José Manuel SOBRINO HEREDIA considera, a propósito do TECE, que «a tendência apontada pelo Projecto de Tratado é ampliar a competência do Tribunal» aos segundo e terceiro pilares – *El sistema...*, p. 1034.

[559] À semelhança do controlo jurisdicional quanto à articulação recíproca das competências com fundamento no primeiro pilar e nos pilares intergovernamentais permitido pelos ex-artigo 46.º, f) e 47.º TUE.

[560] Estella BAKER e Christopher HARDING sublinham a extensão da competência do TJUE em matéria do ex-terceiro pilar, em particular em articulação com o carácter sindicável dos direitos protegidos pela CDFUE, com aplicação plena no domínio do ELSJ (*From past imperfect to future perfect? A longitudinal study of the Third Pillar*, ELR, 2009, pp. 44 e 46).

parecimento das limitações correspondentes ao ex-artigo 35.º do TUE – sem prejuízo das disposições transitórias a que já se aludiu. Tal é a consequência lógica do desaparecimento, ao menos *formal*, decorrente da entrada em vigor do Tratado de Lisboa, da estrutura de pilares introduzida pelo TUE[561]. A competência do Tribunal de Justiça da União Europeia em matéria de ELSJ é, assim, no Tratado de Lisboa, uma competência obrigatória, sem reservas[562], que se exerce através de todos os meios contenciosos previstos nos Tratados, sem excepção. A única limitação que subsiste, para além, reitere-se, das limitações decorrentes das disposições transitórias[563], é a constante do artigo 276.º do TFUE e correspondente ao n.º 5 do ex-artigo 35.º do TUE[564].

c) Em matéria de *cooperações reforçadas*, que passam a estar previstas, com o Tratado de Lisboa, no artigo 20.º do TUE e nos artigos 326.º a 334.º do TFUE[565], desaparecem também as limitações constantes da alínea c) do ex-artigo 46.º do TUE, pelo que as disposições a ela relativas ficam abrangidas pela competência do Tribunal de Justiça da União Europeia, nos moldes e de acordo com os meios contenciosos previstos pelo TFUE[566].

d) Em matéria de *direitos fundamentais*, com o Tratado de Lisboa desaparece a limitação constante do ex-artigo 46.º, alínea d), do TUE. Esse controlo passa, em consequência, a ser possível nos termos gerais previstos pelo TUE e pelo TFUE e relativamente a outros sujeitos de direito da Ordem Jurídica comunitária, como é o caso dos Estados mem-

---

[561] Como afirma A. Tizzano, «a *reductio ad unum* do sistema» levou à absorção da competência do TJ *ex* art. 35.º pela competência comum do TJ – *La "Costituzione europea"...*, p. 477.
[562] Sem prejuízo do disposto no Protocolo (N.º 21) relativo à posição do Reino Unido e da Irlanda em relação ao Espaço de Liberdade, Segurança e Justiça.
[563] *Supra*, 9.3.
[564] Sobre a extensão da competência do TJUE em matéria de ex-terceiro pilar e no quadro dos diferentes meios contenciosos vide em especial Henry Labayle, *Le traité de Lisbonne et l'entraide répressive dans l'Union européenne*, ERA, 2007-2008/2, pp. 218-221.
[565] V. Tratado de Lisboa, art. 1.º, 22), e 52), e art. 2.º, B, 278).
[566] O mesmo não sucederá com as *cooperações estruturadas permanentes* no domínio da PCSD, que é parte integrante da PESC. V. *infra* § 11, 11.3.

bros[567] – e já não confinado à actuação dos órgãos comunitários e aos meios adequados para o respectivo controlo, ou seja, os meios contenciosos integrados no contencioso da legalidade[568]. Apesar de a nova redacção do artigo 6.º do TUE não se referir expressamente à competência do Tribunal de Justiça da União Europeia em matéria de direitos fundamentais, a mesma decorre da função atribuída a este órgão de garantia do «respeito do direito na interpretação e aplicação dos Tratados», prevista no n.º 1 do novo artigo 19.º do TUE, bem como do respectivo n.º 3, alínea c).

Acresce que a atribuição de carácter vinculativo à Carta de Direitos Fundamentais da União Europeia[569], através do expresso reconhecimento, no artigo 6.º, n.º 1, do TUE, dos direitos, liberdades e princípios nela enunciados e, sobretudo, de que a Carta «tem o mesmo valor jurídico que os Tratados», integra inequivocamente a Carta no âmbito material dos Tratados ficando assim sujeita ao controlo normal do TJUE cuja intervenção reveste uma importância acrescida nesta matéria.

A inclusão, ainda que de modo indirecto, da Carta dos Direitos Fundamentais da União Europeia no TUE efectuada pelo Tratado de Lisboa implica a clarificação e a extensão do âmbito *ratione materiae* do controlo contencioso do Tribunal de Justiça da União Europeia, apesar de algumas das disposições da Carta reproduzirem alguns preceitos já previstos no ex-Tratado da Comunidade Europeia e, nessa medida, serem já sindicáveis[570-571].

---

[567] Subsiste todavia a questão da articulação desse controlo com o regime especial de controlo limitado do TJ decorrente do novo artigo 269.º do TFUE, em matéria de processo por incumprimento *qualificado*, na medida em que o controlo da violação dos direitos fundamentais se enquadre no conceito de «respeito pelos direitos do Homem» previsto no art. 2.º do TUE, para o qual remete o artigo 7.º do mesmo Tratado (*infra*, e)). E, sublinhe-se, o art. 2.º do TUE acrescenta aos princípios – doravante referidos como «valores» no TUE – previstos pelo ex-art. 6.º, n.º 1, do TUE, o «respeito pela dignidade humana» e a «igualdade».

[568] No sentido, anteriormente à entrada em vigor do TL, de uma «interpretação extensiva da competência de controlo jurisdicional em matéria de Direitos Fundamentais» com fundamento no «paradigma da "União de Direito"» v. Maria Luísa DUARTE, *Direito Comunitário II – Contencioso comunitário – Programa, conteúdos e métodos do ensino teórico e prático*, Cascais, Principia, 2003, pp. 79-80, e *União Europeia e Direitos Fundamentais – No Espaço da Internormatividade*, Lisboa, AAFDL, 2006, p. 377-378.

[569] Em parte em consonância com a Declaração respeitante ao futuro da União anexa ao Tratado de Nice (Declaração n.º 23, 5, 2.ª trav.).

[570] É o caso, nomeadamente, da maioria dos artigos relativos à cidadania europeia ou dos artigos 21.º, 41.º, n.º 2, c), e 42.º da CDFUE, sobre a não discriminação, a funda-

e) Em matéria de controlo do processo por incumprimento *qualificado*, ou seja, dos valores (ex-princípios) fundamentais da União Europeia, verifica-se um movimento no sentido do alargamento do âmbito da competência *ratione materiae* do Tribunal de Justiça e, simultaneamente, um aparente retrocesso. Tal verifica-se pelas razões seguintes.

Em primeiro lugar, verifica-se uma clarificação, no novo artigo 269.º do TFUE, de que o controlo do Tribunal de Justiça se exerce em relação a um «acto» adoptado pelo «Conselho Europeu» ou pelo «Conselho» nos termos do artigo 7.º do TUE, pelo que *prima facie* deveriam considerar-se abrangidos os actos adoptados em todas as fases do processo – preventiva, declarativa ou sancionatória. Todavia, a referência expressa à possibilidade de impugnação no prazo de um mês a contar da «constatação» do Conselho Europeu ou do Conselho, confina o controlo às fases preventiva e declarativa do incumprimento.

Em segundo lugar, a alteração da redacção do artigo 7.º do TUE e do artigo 354.º do TFUE (ex-artigo 309.º do TCE) significa que desaparece o processo por incumprimento *reflexo* previsto no ex-artigo 309.º do Tratado da Comunidade Europeia, passando a competência sancionatória do Conselho relativamente ao Estado membro infractor a constar apenas do artigo 7.º do TUE. Tendo em conta a nova redacção do número 5 do artigo

---

mentação dos actos comunitários ou o direito de acesso aos documentos dos órgãos da UE, correspondentes basicamente aos ex-artigos 12.º e 13.º, 253.º e 255.º do TCE. A definição da «cidadania europeia», que consta do ex-art. 17.º do TCE é retomada na nova redacção do n.º 1 deste artigo decorrente do Tratado de Lisboa (Vide art. 2.º, B, 34), TL), passando o novo n.º 2 do artigo 20.º do TFUE a elencar os direitos constantes dos ex-artigos 18.º (Livre circulação e permanência), 19.º (Direito de eleger e de ser eleito nas eleições para o PE), 20.º (Protecção diplomática e consular) e 21.º (Direito de petição, direito de queixa ao Provedor de Justiça Europeu e direito de se dirigir às instituições e órgãos numa das línguas oficiais e de obter uma resposta na mesma língua) do TCE.

[571] Também carece de clarificação a questão da competência contenciosa do TJUE em matéria de direitos fundamentais no quadro do regime de derrogação constante do Protocolo (N.º 30) relativo à aplicação da Carta dos Direitos Fundamentais da União Europeia à Polónia e ao Reino Unido), ou seja, em que medida tal regime se traduz numa limitação ao controlo jurisdicional pelo TJUE. Isto sem prejuízo de tais Estados – e também a República Checa – se encontrarem vinculados à protecção dos direitos fundamentais por via do disposto no artigo 6.º, n.º 3, do TUE, por via dos princípios gerais de direito e, nessa medida, sujeitos à jurisdição do TJUE em matéria de acção por incumprimento. Quanto ao significado, para o contencioso, do '*opt-out*' por parte dos Estados membros em causa em matéria de CDFUE vide, *supra*, § 3, 3.3.

7.º do TUE, do artigo 354.º do TFUE passam a constar apenas as regras de votação aplicáveis, para efeitos do artigo 7.º do TUE, ao PE, ao Conselho Europeu e ao Conselho. Deixa de existir, pois, uma dualidade de decisões sancionatórias – no quadro do TUE e do TCE, como sucedia na versão dos Tratados anterior à entrada em vigor do Tratado de Lisboa – passando a existir apenas um único regime de decisões sancionatórias – o previsto no artigo 7.º, n.º 3, do TUE e de acordo com as regras procedimentais previstas no artigo 354.º do TFUE – e podendo a sanção dizer respeito à suspensão de direitos decorrentes da aplicação *dos Tratados*, ou seja, quer do TUE (ex-artigo 7.º, n.º 3, TUE), quer do TFUE (ex-artigo 309.º do TCE).

Ora sem prejuízo da vantagem da uniformidade de regime sancionatório introduzida pelo Tratado de Lisboa, não pode deixar de salientar-se que o âmbito do controlo do Tribunal de Justiça fica *prima facie* diminuído no que toca às decisões de aplicação de sanções de suspensão de direitos decorrentes do ex-TCE – doravante TFUE –, bem como da respectiva modificação ou revogação, verificando-se um retrocesso no âmbito material da competência de controlo jurisdicional do processo sancionatório dos Estados membros por incumprimento dos valores fundamentais da União Europeia. Com efeito, os actos em que se traduzia a competência sancionatória do Conselho ao abrigo do ex-artigo 309.º do TCE não estavam subtraídos à competência do Tribunal de Justiça, com todas as consequências, nomeadamente em termos de legitimidade activa – a qual não se restringia ao Estado infractor objecto de uma «constatação» de risco de violação ou de violação de princípios fundamentais da União – e de fundamentos do recurso – não se restringindo à violação das «disposições processuais». Com a alteração da redacção dos artigos 7.º do TUE e 354.º do TFUE e a introdução, no TFUE, do novo artigo 269.º (em substituição do ex-artigo 46.º, e), do TUE) o controlo do Tribunal de Justiça, parece ficar limitado, em qualquer caso, à apreciação da legalidade dos actos do Conselho Europeu ou do Conselho, da fase preventiva ou declarativa, apenas no que se refere à observância das «disposições processuais» e apenas por iniciativa do Estado infractor objecto de uma constatação de risco de violação ou de violação dos valores fundamentais da União. Exclui-se, pois, o controlo normal não limitado, e permitido até à entrada em vigor do Tratado de Lisboa, das decisões sancionatórias de suspensão de direitos decorrentes do ex-TCE e ora TFUE, ou da sua alteração ou revogação – em termos de legitimidade activa, de fundamentos do recurso e, inclusive, de meios contenciosos.

Além disto, é também de mencionar o facto de o artigo 269.º do TFUE não identificar expressamente, ainda que por remissão, o meio contencioso adequado – não podendo deixar de se entender que se trata de um recurso de anulação, meio contencioso adequado para a fiscalização da legalidade dos actos dos órgãos da União, ainda que com um regime especial, mais restritivo, em termos de legitimidade activa, prazo e de fundamento do recurso.

Em qualquer caso, a disposição em causa do TFUE – artigo 269.º do TFUE –, correspondente à alínea e) do ex-artigo 46.º do TUE, careceria de clarificação, pelo menos no tocante a dois aspectos. Em primeiro lugar, a clarificação da sindicabilidade, em termos de controlo da legalidade, dos «actos» do Conselho Europeu ou do Conselho adoptados em *todas* as fases do processo por incumprimento qualificado – não só preventiva e declarativa, mas também sancionatória – e incluindo os actos que modifiquem ou revoguem as medidas sancionatória adoptadas previamente. Em segundo lugar, a clarificação da sua natureza *especial,* em termos de articulação com as demais disposições em matéria de competência do Tribunal de Justiça da União Europeia, em particular em matéria de recurso de anulação, clarificando, designadamente a legitimidade *exclusiva* do Estado potencialmente infractor em sede de recurso de anulação quanto aos actos adoptados com fundamento no artigo 7.º do TUE, a limitação dos fundamentos do recurso (à violação de disposições processuais), e o encurtamento dos prazos – sem prejuízo de tal opção se traduzir num retrocesso, ao menos em teoria, relativamente ao controlo dos actos sancionatórios adoptados com fundamento no ex-artigo 309.º do TCE não restringido quer quanto aos recorrentes, quer quanto aos fundamentos do recurso, quer quanto aos prazos.

9.5. *O balanço*

Em rigor, o balanço em termos de poder jurisdicional da União Europeia após a entrada em vigor do Tratado de Lisboa pode ser encarado de dois modos: o que há de novo em relação à anterior versão do TUE e do TCE e o que há de novo em relação ao Tratado que estabelece uma Constituição para a Europa.

Em relação ao TECE, nada de relevante há a registar. As modificações introduzidas pelo Tratado de Lisboa no TUE e no TCE, redenominado TFUE, são decalcadas das alterações em matéria de poder judicial previstas pelo TECE. Quanto a esta vertente da indagação final, nada de novo a assinalar – porque o Tratado de Lisboa não é, afinal, um novo Tratado.

Em relação à versão do TUE e do TCE anterior à entrada em vigor do Tratado de Lisboa, há, de facto inovações a registar, algumas das quais significativas. Para além da organização dos tribunais da União e correspondente redenominação – e de pequenas alterações formais em conformidade – e da criação de um Comité que participará no processo de nomeação de novos juízes e advogados-gerais, as alterações mais relevantes registam-se em matéria de competência material do TJUE e dos meios contenciosos nos tribunais comunitários, especialmente em matéria de primeira acção por incumprimento e recurso de anulação. Isto porque, como atrás se referiu, a competência do TJUE passa a abranger nos moldes normais do ex-primeiro pilar (pilar comunitário) – retomando a lógica de um controlo jurisdicional em termos obrigatórios e sem limitações –, a matéria relativa ao ex-terceiro pilar (CPJMP), bem como a matéria relativa aos direitos fundamentais e, a título excepcional, algumas questões relacionadas com a PESC, ex-segundo pilar da União Europeia. E, ainda, porque se alarga a legitimidade activa dos particulares no recurso de anulação e se admite um caso excepcional de primeira acção por incumprimento que culmina com uma sentença simultaneamente declarativa e sancionatória no caso de incumprimento da obrigação de comunicação à Comissão das medidas de transposição de uma directiva.

Perdeu-se todavia a oportunidade para reajustar ou clarificar algumas soluções menos evidentes resultantes das alterações formuladas anteriormente pelo TECE e de entre as quais se destacam: i) o facto de não ter sido levada até às últimas consequências, para efeitos de contencioso da União Europeia a supressão formal da estrutura dualista de pilares (comunitário e intergovernamentais); ii) a falta de clareza em termos de competência *ratione materiae* do TJUE decorrente da "deslocação" do ex-artigo 46.º do TUE para o TFUE e pela cisão do mesmo em várias disposições do TFUE, em especial no que toca ao controlo jurisdicional do processo por incumprimento qualificado (artigo 269.º TFUE); iii) a alteração da natureza jurídica do primeiro acórdão por incumprimento que, no caso de incumprimento da obrigação de comunicação das medidas de transposição de directivas, pode ser simultaneamente condenatório *e sancionatório*, não distinguindo a natureza e a gravidade material da infracção para além da sua qualificação formal como "incumprimento da obrigação de comunicar as medidas de transposição de uma directiva"; iv) o alargamento limitado da legitimidade activa dos particulares no âmbito do recurso de anulação.

§ 10 Incumprimento dos Estados membros e poder sancionatório da União Europeia

As alterações introduzidas pelo Tratado de Lisboa no Tratado da União Europeia e no Tratado da Comunidade Europeia, na esteira do TECE, incluem também modificações em matéria de apreciação do incumprimento estadual e de poder sancionatório da União Europeia sobre os Estados membros.

A configuração jurídica do poder sancionatório prevista no Direito originário assentava, até a entrada em vigor do Tratado de Lisboa, na diferenciação do incumprimento material imputável aos Estados – incumprimento *qualificado (e qualificado reflexo)* dos princípios fundamentais em que assenta a União, incumprimento *especial* por défice orçamental excessivo e incumprimento *comum* das obrigações decorrentes do TCE – e correspondente diferenciação de processos para aferir a sua existência e para o sancionar – processo por incumprimento *qualificado,* processo por incumprimento *especial* e processo por incumprimento *comum* – de índole distinta – essencialmente política, nos dois primeiros casos, e jurisdicional no último. As bases jurídicas destes processos encontravam-se, até à entrada em vigor do Tratado de Lisboa, respectivamente nos ex-artigos 7.º do TUE (e 309º do TCE) e nos ex-artigos 104.º e 226.º a 228.º do TCE[572].

Ao modificar o texto do TUE e do TCE, o Tratado de Lisboa mantém, no essencial, os três referidos processos, e correspondentes regimes jurídicos, mas veio introduzir algumas alterações significativas em matéria de poder sancionatório da União sobre os Estados membros, sobretudo em matéria de incumprimento *qualificado* e de incumprimento *comum*.

---

[572] Quanto à caracterização de cada um dos três regimes de incumprimento estadual v. Maria José RANGEL DE MESQUITA, *O Poder Sancionatório...*, respectivamente p. 175 e ss., p. 153 e ss., p. 214 e ss. e, ainda, p. 639 e ss., e *O incumprimento do Direito da União Europeia: o Caso de Portugal, in* Revista de Estudos Europeus, Ano I, N.º 2, 2007, pp. 158-163.

Tais alterações resultam, umas, da reconfiguração da União como ente jurídico unificado com as inerentes consequências ao nível orgânico e de controlo jurisdicional; outra, de uma opção clara de alteração de regime por parte dos autores dos Tratados – e, em última análise, dos próprios Estados membros.

Em termos de localização nos Tratados, os três regimes mantêm a sua inserção sistemática: o processo por incumprimento *qualificado*, no artigo 7.º do TUE, o processo por incumprimento *especial* no artigo 126.º do TFUE e o processo por incumprimento *comum* nos artigos 258.º a 260.º do TFUE[573]. Tendo em conta a unificação estrutural da União, com o consequente desaparecimento (formal) da estrutura de pilares, desaparece também a autonomia do processo por incumprimento *qualificado reflexo* previsto no ex-artigo 309.º do TCE.

10.1. *As alterações decorrentes do Tratado de Lisboa*

10.1.1. *Processo por incumprimento* qualificado

Em matéria de processo por incumprimento *qualificado* e correspondente poder sancionatório, previsto no artigo 7.º do TUE, as principais alterações a registar decorrentes do Tratado de Lisboa são as seguintes[574-575]:

– o fundamento da suspensão dos direitos de membro da União Europeia decorrentes dos Tratados passa a ser a violação «dos *valores* referidos no artigo 2.º» do TUE[576-577];

---

[573] Estes últimos artigos correspondem, antes da renumeração decorrente do Tratado de Lisboa, aos ex-artigos 104.º e 226.º a 228.º do TCE

[574] V. nova redação do artigo 7.º do TUE resultante do art. 1.º, 9) TL.

[575] Quanto a outras alterações, não principais, refira-se ainda a substituição, em todo o artigo 7.º do TUE, do termo «Comissão» por «Comissão Europeia» e dos termos «...o Governo desse Estado membro» por «...esse Estado membro» – cf. Tratado de Lisboa, art. 1.º, 9), c).

[576] V. art. art. 7.º, 2, do TUE (e art. 1.º, 9), a), TL). Vide também o n.º 1 do art. 7.º TUE quanto ao fundamento da verificação da existência de um risco de violação dos valores previstos no art. 2.º do TUE.

[577] Na redacção originária do art. 7.º do TUE a violação referia-se aos *princípios* fundamentais da União, os quais com o Tratado de Lisboa passam a ser denominados *valores*, nos termos do art. 2.º TUE. A violação aferida nos termos do art. 7.º TUE passa por

– a substituição, em todo o artigo, do «parecer favorável» do Parlamento Europeu (PE) pela sua «aprovação»[578];
– a substituição, em todo o artigo, do «presente Tratado» (TUE) por «dos Tratados» (TUE e TFUE), com a consequente supressão da dicotomia da suspensão de direitos decorrentes do TUE/TCE (e eliminação do processo por incumprimento qualificado *reflexo* previsto no artigo ex-309.° do TCE)[579], pelo que a suspensão de alguns direitos do Estado membro infractor passa a reportar-se à suspensão de alguns direitos decorrentes da aplicação quer do TUE, quer do TFUE;
– o desaparecimento da possibilidade de o Conselho (da União Europeia) pedir a personalidades independentes um relatório sobre a situação no Estado presumido infractor, mantendo-se no entanto a possibilidade de aquele dirigir ao Estado, na fase preventiva do processo, «recomendações» através de deliberação nesse sentido pelo mesmo processo fixado para aferir o risco de violação[580];
– a clara diferenciação entre a intervenção do Conselho Europeu – na fase declarativa – e do Conselho – na fase preventiva e na fase sancionatória –, desaparecendo a formação atípica do Conselho ao nível de Chefes de Estado ou de Governo prevista, até à entrada em vigor do Tratado de Lisboa, na fase declarativa do processo[581];
– a substituição dos ex-números 5 e 6 do artigo 7.° do TUE por um único número 5[582] cuja redacção prevê que as regras de votação aplicáveis, para efeitos do artigo em causa, ao PE e ao Conselho são as estabelecidas no artigo 354.° do TFUE[583]. De acordo com a nova redacção do artigo 354.° do TFUE: i) mantém-se a regra

---

isso a reportar-se também aos novos valores do respeito pela dignidade humana e da igualdade.

[578] V. art. 7.°, 1 e 2, TUE (e art. 1.°, 9), a), TL).
[579] V. art. 7.°, 3, TUE (e art. 1.°, 9), a), TL).
[580] V. art. 7.°, 1, 1.° par., TUE (e art. 1.°, 9), b), TL).
[581] V. art. 7.°, 2 e art. 7.°, 1 e 3, TUE, respectivamente (e, art. 1.°, 9), c), TL).
[582] V. Tratado de Lisboa, art. 1.°, 9), d).
[583] V. Tratado de Lisboa, art. 2.°, B. Alterações específicas, 291) – nova redacção do artigo 309.° do TCE a que corresponde, após a renumeração decorrente do Tratado de Lisboa, o art. 354.° do TFUE, o qual deixa assim de prever o processo por incumprimento *qualificado reflexo* por incumprimento dos princípios fundamentais da União Europeia.

segundo a qual o PE delibera por maioria de dois terços dos votos expressos que represente a maioria dos membros que o compõem; ii) mantêm-se, no âmbito do processo, as regras específicas sobre a definição da maioria qualificada no Conselho, designadamente a não participação na votação do membro do Conselho Europeu ou do Conselho que represente o Estado em causa, acrescentando-se agora a sua não consideração para efeitos de cálculo do terço ou dos quatro quintos dos Estados previstos nos números 1 e 2 do artigo 7.° do TUE; iii) mantém-se a regra da abstenção construtiva, a qual não impede a adopção da decisão declarativa do incumprimento qualificado; iv) a definição da maioria qualificada para a adopção das decisões sancionatória e modificativa ou revogatória das medidas adoptadas é feita nos termos previstos na alínea b) do número 3 do artigo 238.° do TFUE[584]; v) após a suspensão do direito de voto do Governo do Estado infractor no Conselho, a definição da maioria qualificada é feita nos termos da alínea b) do número 3 do artigo 238.° TFUE ou, caso o Conselho delibere sob proposta da Comissão ou do ARUNEPS, nos termos da alínea a) do número 3 mesmo artigo 238.° TFUE[585].

Das alterações registadas, a maior parte reconduzem-se a alterações de forma, ou de terminologia, pelo que apenas a primeira, a terceira e a quarta indicadas se traduzem em alterações de índole substancial.

10.1.2. *Processo por incumprimento* especial

As alterações introduzidas pelo Tratado de Lisboa no TCE incluem algumas alterações em matéria de incumprimento *especial* por défices

---

[584] Segundo a alínea b) do n.° 3 do artigo 238.° TFUE a maioria qualificada corresponde a pelo menos 72% dos membros do Conselho que representem, no mínimo, 65% da população dos Estados participantes na votação (v. Tratado de Lisboa, art. 2.°, B. Alterações específicas, 191) – nova redacção dos números 1 e 2 do artigo 205.° do TCE ao qual corresponde, após a renumeração decorrente do TL, o referido art. 238.° TFUE).

[585] Segundo a alínea a) do n.° 3 do artigo 238.° TFUE a maioria qualificada corresponde a pelo menos 55% dos membros do Conselho que representem, no mínimo, 65% da população dos Estados participantes na votação (v. art. 2.°, B. Alterações específicas, 191), TL).

§ 10 Incumprimento dos Estados membros e poder sancionatório da UE 183

excessivos e respectivo processo doravante previsto no artigo 126.º do TFUE.

As principais alterações ao correspondente ex-artigo 104.º do TCE a registar, são as seguintes[586]:

– a (nova) possibilidade de a Comissão, quando considerar que existe ou que poderá ocorrer um défice excessivo num Estado membro, enviar a esse Estado um *parecer* e informar o Conselho desse facto[587];
– a decisão do Conselho sobre a existência de um défice excessivo passa a ser tomada com base numa *proposta* da Comissão, e não com base numa *recomendação* desta, como sucede em relação às suas decisões posteriores[588];
– quando o Conselho decida que existe um défice excessivo, deve (sob recomendação da Comissão) *adoptar sem demora injustificada* recomendações que dirige ao Estado membro[589];
– a possibilidade de revogação parcial ou total das recomendações adoptadas pelo Conselho (além da já prevista revogação das suas decisões)[590];
– a não consideração do voto do membro do Conselho que representa o Estado membro em causa na adopção das medidas previstas nos números 6 a 9, 11 e 12 do artigo 126.º do TFUE – respectivamente declaração da existência de défice excessivo, aprovação de recomendações, publicitação das recomendações, notificação do Estado para adopção de medidas, adopção de medidas sancionatórias e revogação total ou parcial das decisões ou recomendações aprovadas – e a definição da maioria qualificada nos termos da alínea a) do número 3 do artigo 238.º do TFUE[591-592].

---

[586] Quanto a outras alterações, não principais, refira-se ainda a substituição, no parágrafo 11, do termo «intensificar», reportado às medidas sancionatórias, por «reforçar»; a eliminação, no terceiro par. do n.º 14, do prazo «até 1 de Janeiro de 1994» (v., respectivamente, art. 2.º, B. Modificações específicas, 90), d) e g), TL).
[587] Art. 126.º, 5, TFUE (e art. 2.º, B. Modificações específicas, 90), a), TL).
[588] Art. 126, 6, TFUE (e art. 2.º, B. Modificações específicas, 90), b), TL).
[589] Art. 126.º, 7, TFUE (e art. 2.º, B. Modificações específicas, 90), c), TL).
[590] Art. 126.º, 12, TFUE (e art. 2.º, B. Modificações específicas, 90), e), TL).
[591] Art. 126.º, 13, TFUE (e art. 2.º, B. Modificações específicas, 90), f), TL).
[592] Segundo a alínea a) do n.º 3 do artigo 238.º TFUE (ex-205.º TCE) a maioria qualificada corresponde a, pelo menos 55% dos membros do Conselho, devendo estes repre-

As alterações introduzidas pelo Tratado de Lisboa no TFUE não se afiguram particularmente significativas, com excepção de duas. Com efeito, as verdadeiras inovações a registar são: a competência conferida à Comissão para o envio de um parecer ao Estado membro quando considerar que exista ou que poderá ocorrer um défice excessivo, por um lado, e a existência de proposta da Comissão como formalidade essencial da decisão declarativa do incumprimento (existência de défice excessivo), por outro – com as inerentes consequências em termos de maioria de deliberação no Conselho.

Não pode deixar de sublinhar-se que as alterações introduzidas pelo Tratado de Lisboa na disciplina jurídica do processo por incumprimento *especial* não retomam qualquer das alterações introduzidas, em 2005, na versão originária do Pacto de Estabilidade e Crescimento (PEC)[593], em especial aquela que respeita à possibilidade de aprovação pelo Conselho, de recomendações ou de notificações[594] *revistas*[595].

10.1.3. *Processo por incumprimento* comum

As alterações introduzidas, pelo Tratado de Lisboa, em matéria de incumprimento *comum* e respectivo processo[596], afiguram-se inovadoras e

---

sentar no mínimo, 65% da população desses Estados (V. art. 2.º, B. Alterações específicas, 191), TL).

[593] As alterações ao PEC foram introduzidas pelos Regulamentos (CE) n.º 1055/2005 e 1056/2005, ambos do Conselho, de 27 de Junho de 2005 (JO L 174, de 7/7/2005, respectivamente p. 1 e ss. e p. 5 e ss.). Quanto ao elenco dessas alterações v. Maria José RANGEL DE MESQUITA, *O Poder...*, p. 159, e *Vicissitudes de uma União de Direito: a aplicação do Tratado da Comunidade Europeia e do Pacto de Estabilidade e crescimento nos casos da Alemanha e da França*, in Estudos Jurídicos e Económicos em Homenagem ao Professor Doutor António de Sousa Franco, Vol. III, p. 119, e Luis D. S. MORAIS, *Portugal e os défices – O pilar económico da União Económica e Monetária e a disciplina do* "Pacto de Estabilidade e Crescimento", in Estudos Jurídicos e Económicos em Homenagem ao Professor Doutor António de Sousa Franco, Vol. II, pp. 839-840.

[594] Aprovadas, respectivamente, com base nos então n.ᵒˢ 7 e 9 do ex-artigo 104.º TCE.

[595] V. art. 1.º, 2) e 3) do Regulamento (CE) n.º 1056/2005, cit., e arts. 3.º, n.º 5, e 5.º, n.º 2, do Regulamento (CE) n.º 1467/97 do Conselho, de 7 de Julho de 1997, relativo à aceleração e clarificação da aplicação do procedimento relativo aos défices excessivos (JO L 209, de 2/8/1997, p. 6 e ss.)

[596] V. Tratado de Lisboa, art. 2.º, B. Alterações específicas, 212), a) e b).

significativas. As alterações ao TCE reportam-se ao seu artigo 228.º que disciplinava, até à entrada em vigor do Tratado de Lisboa, por um lado, a obrigação de execução do acórdão do Tribunal de Justiça proferido num processo por incumprimento *comum* em primeiro grau e, por outro, ao processo por incumprimento em *segundo grau*, ou seja, por incumprimento da obrigação de execução de um acórdão por incumprimento do Tribunal de Justiça[597]. As alterações introduzidas pelo Tratado de Lisboa reportam-se a *ambos* os processos por incumprimento *comum* – em primeiro grau e em segundo grau – e constam do artigo 260.º do TFUE.

Quanto ao processo por incumprimento em *segundo grau*, a alteração da redacção do n.º 2 do art. 228.º TCE – a substituição dos parágrafos 1 e 2 por um único parágrafo com nova redacção – traduz-se no encurtamento da fase pré-contenciosa do segundo processo por incumprimento: nos termos do art. 260.º, número 2, primeiro parágrafo do artigo 260.º TFUE, a Comissão passa a poder intentar uma segunda acção por incumprimento no Tribunal de Justiça desde que tenha dado ao Estado infractor a possibilidade de apresentar as suas observações. Desaparece assim a referência ao parecer fundamentado especificando os pontos em que o Estado infractor não executou o acórdão anterior do Tribunal de Justiça. Esta inovação não está isenta de críticas, já que a aparente supressão do parecer fundamentado não é por si só uma garantia de celeridade processual e de encurtamento do período temporal que decorre entre o primeiro e o segundo acórdão por incumprimento.

Quanto ao processo por incumprimento em *primeiro grau*, consagra-se com carácter inovatório – no novo n.º 3 do artigo 260.º do TFUE – que, no caso de incumprimento da obrigação de comunicação das medidas de transposição de uma directiva (aprovada de acordo com um processo legislativo previsto no Tratado): i) a Comissão pode, quando intentar uma acção por incumprimento (em primeiro grau) no TJUE, se o considerar adequado, indicar o montante da quantia fixa ou da sanção pecuniária compulsória, a pagar pelo Estado infractor, que considere adequado às circunstâncias; ii) o TJUE, se declarar o incumprimento, pode condenar o Estado em causa ao pagamento de uma quantia fixa ou de uma sanção pecuniária compulsória, no limite do montante indicado pela Comissão; iii) a obrigação de pagamento da sanção pecuniária em que o Estado for

---

[597] *Supra*, § 9, 9.2.1.

condenado produz efeitos na data estabelecida pelo TJ no seu acórdão. As alterações introduzidas, que se traduzem na criação de um regime *especial* de primeira acção por incumprimento, não estão também isentas de críticas, sobretudo porque a autonomização do incumprimento da obrigação de transposição de directivas, ainda que compreensível em razão da sua relevância numérica, cria uma situação injustificada de tratamento diferenciado do incumprimento estadual num triplo sentido: criação de um regime de incumprimento distinto quanto a uma categoria de regras de Direito Comunitário derivado em detrimento das demais; criação de um regime de incumprimento distinto mais gravoso para regras de Direito derivado do que para as regras que lhe servem de fundamento e parâmetro de validade – o Direito originário; e, ainda, criação de um regime distinto de incumprimento em função de um critério formal (não transposição de directivas no prazo nelas previsto) sem atender à natureza material ou substancial do incumprimento.

10.2. *O balanço*

Em termos de balanço afiguram-se pertinentes as considerações que de seguida se enunciam.

a) A unificação da estrutura jurídica da União, com a supressão formal da estrutura de pilares não teve tradução ao nível da unificação do regime dos processos por incumprimento, com excepção do caso do incumprimento *qualificado,* na medida em que se suprime o processo por incumprimento *qualificado reflexo* previsto no ex-artigo 309.° do TCE. Esta unificação não teve todavia qualquer reflexo inequívoco ao nível da extensão do controlo jurisdicional do processo por incumprimento *qualificado*[598], o qual se mantém limitado em termos de legitimidade activa, meios contenciosos e prazos[599].

---

[598] Vide o teor do art. 269.° TFUE que retoma a alínea e) do art. 46.° do TUE na versão anterior à entrada em vigor do TL – artigo que, com as modificações introduzidas pelo Tratado de Lisboa, desaparece como disposição autónoma nos Tratados.

[599] Remete-se para o que se referiu a propósito do poder judicial após a entrada em vigor do Tratado de Lisboa – v. *supra,* § 9, 9.4.2., e).

Reitere-se todavia que o artigo 269.º do TFUE, disposição correspondente à alínea e) do ex-artigo 46.º TUE, na versão anterior ao TL, carece de clarificação, pelo menos no tocante a dois aspectos essenciais. Em primeiro lugar, a clarificação da sua natureza *especial,* em termos de articulação com as demais disposições em matéria de competência do Tribunal de Justiça da União Europeia, em particular em matéria de recurso de anulação – clarificando, designadamente a legitimidade *exclusiva* do Estado potencialmente infractor em sede de recurso de anulação quanto aos actos adoptados com fundamento no artigo 7.º do TUE, a limitação dos fundamentos do recurso e o encurtamento dos prazos. Em segundo lugar, e tendo em conta a alteração do artigo ex-309.º do TCE, nos termos supra indicados, a clarificação de que todas as decisões ao abrigo do processo previsto no artigo 7.º do TUE – designadamente a decisão sancionatória aprovada pelo Conselho, bem como as decisões que a modifiquem ou revoguem – ficam abrangidas pelo controlo jurisdicional *especial* previsto pelo TFUE, de forma a, pelo menos, não restringir a sindicabilidade das decisões sancionatórias do Conselho de suspensão de direitos decorrentes do ex-TCE, tal como decorria do texto do ex-artigo 309.º do TCE.

b) Em matéria de incumprimento *especial* não se aproveitou a revisão dos Tratados para consagrar ao nível do Direito originário as alterações mais relevantes introduzidas no PEC, ao nível do Direito derivado – sobretudo aquela que deu azo à intervenção do Tribunal de Justiça e à anulação das conclusões do Conselho adoptadas nos casos da Alemanha e da França[600] que esteve na origem de uma das alterações do PEC: a possibilidade de adopção de recomendações ou notificações *revistas* no âmbito do procedimento em causa. A consagração dessa possibilidade ao nível do Direito originário dissiparia qualquer dúvida sobre a compatibilidade dessa possibilidade com o ex-TCE, ora TFUE – uma vez que a letra deste a não prevê expressamente.

c) Quanto ao processo por incumprimento *comum,* a consagração de um regime especial do processo por incumprimento em primeiro grau, da obrigação de comunicação das medidas de transposição de uma directiva,

---

[600] Ac. do TJ de 13/7/2004, *Comissão c. Conselho,* proc.º C-27/04, Col., p. I-6649 e ss.

apresenta um sério risco quer de violação do princípio da igualdade e da proporcionalidade – sobretudo porque o novo regime não se aplica ao caso de incumprimento materialmente idêntico ou mesmo mais grave mas que não resulte da não transposição atempada de uma directiva –, quer de limitação da competência de plena jurisdição do TJUE em razão do teor da proposta da Comissão, pelo menos quanto ao montante proposto da sanção pecuniária cuja aplicação aquela solicita ao Tribunal. E, assim, transforma uma acção – até agora essencialmente declarativa, numa acção simultaneamente declarativa e sancionatória[601].

d) Perdeu-se, em suma, a oportunidade, com a nova revisão dos Tratados, em matéria de incumprimento estadual, e processos respectivos – e, consequentemente, de poder sancionatório – de, em especial: i) clarificar, estendendo-o, o âmbito do controlo jurisdicional do processo por incumprimento *qualificado* e *especial*; ii) adequar o procedimento por incumprimento *especial* à reforma do PEC; iii) clarificar a natureza e o âmbito das sanções aplicáveis ao incumprimento *qualificado*; iv) clarificar a possibilidade – já verificada no caso *Comissão c. França*[602] – de aplicação concomitante de uma sanção de quantia fixa e de uma sanção de quantia progressiva no âmbito do incumprimento *comum*[603].

---

[601] Remete-se, quanto à críticas, para o que se referiu a propósito do poder judicial após a entrada em vigor do Tratado de Lisboa – v. *supra*, § 9, 9.2.1.

[602] Ac. do TJ de 12/7/2005, proc. C-304/02, Col., p. I-6263 e ss., n.os 113 e 116.

[603] Quanto ao possível sentido de uma reforma em matéria de processos por incumprimento e poder sancionatório da União sobre os Estados membros vide ainda Maria José RANGEL DE MESQUITA, *O Poder*..., p. 693 e ss. e pp. 785-787.

§ 11 Cooperações reforçadas e cooperação estruturada permanente

O Tratado de Lisboa mantém a consagração do princípio da integração diferenciada por via da possibilidade de instituição de cooperações reforçadas entre os Estados membros introduzidas no Direito originário pelo Tratado de Amesterdão e desenvolvidas pelo Tratado de Nice, introduzindo no entanto algumas alterações significativas.

As versões consolidadas do TUE e do TFUE, decorrentes da entrada em vigor do Tratado de Lisboa, implicam uma tripla distinção fundamental relativamente às cooperações reforçadas entre os Estados membros: i) entre cooperações *reforçadas* e cooperação *estruturada permanente* no domínio da política comum de segurança e defesa, a qual é parte integrante da PESC; ii) entre o regime comum das cooperações reforçadas e o regime das cooperações reforçadas em matéria de cooperação judiciária em matéria penal e de cooperação policial; iii) no quadro do regime comum das cooperações reforçadas, entre o procedimento decisório das cooperações reforçadas em «domínios referidos nos Tratados, com excepção dos domínios de competência exclusiva e a PESC» e no domínio da PESC, ou seja, entre o regime comum das cooperações reforçadas e o procedimento aplicável às cooperações reforçadas no domínio da PESC.

As bases jurídicas reguladoras das cooperações reforçadas e da cooperação estruturada permanente encontram-se quer no TUE, quer no TFUE: respectivamente nos artigos 20.º TUE (disposições relativas às cooperações reforçadas) e 42.º, n.º 6, e 46.º TUE (PESC-PCSD), 326.º a 334.º TFUE (cooperações reforçadas – regime comum), 82.º, n.º 3, 83.º, n.º 3, TFUE e 86.º, 1 TFUE (cooperação judiciária em matéria penal) e 87.º, 3 TFUE (cooperação policial).

O preceito básico sobre as cooperações reforçadas encontra-se no TUE e delimita o âmbito material das cooperações reforçadas e os seus requisitos básicos, segundo os quais: i) as cooperações reforçadas só podem incidir sobre as competências não exclusivas da União; ii) as cooperações reforçadas visam favorecer a realização dos objectivos da União, preservar os seus interesses e reforçar o seu processo de integração; iii) as cooperações reforçadas estão abertas a todos os Estados membros; iv) a decisão do Conselho, por unanimidade, de autorização de uma cooperação reforçada constitui uma última *ratio* quando aquele órgão tenha determinado que os objectivos da cooperação não podem ser atingidos num prazo razoável pela União no seu conjunto; v) a cooperação reforçada depende do requisito da participação do número mínimo de 9 Estados membros; vi) participação na votação apenas dos Estados que participam na cooperação reforçada (sem prejuízo de poderem participar nas suas deliberações); vii) vinculação dos actos adoptados no âmbito de uma cooperação reforçada apenas quanto aos Estados participantes, os quais não são considerados acervo que deva ser aceite pelos Estados candidatos à União[604].

Os Estados membros que queiram instituir entre si uma cooperação reforçada no âmbito das competências não exclusivas da União podem, pois, recorrer às instituições desta, aplicando-se as disposições pertinentes dos Tratados, dentro dos limites e segundo as regras previstas no referido artigo 20.º TUE e nos artigos 326.º a 334.º do TFUE.

11.1. *O regime comum das cooperações reforçadas e o procedimento aplicável às cooperações reforçadas no domínio da Política Externa e de Segurança Comum e nos demais domínios referidos nos Tratados*

Sem prejuízo da disposição geral em matéria de cooperações reforçadas constante do artigo 20.º o TUE, o regime comum das cooperações reforçadas encontra-se regulado nos artigos 326.º a 334.º do TFUE.

Para além dos requisitos gerais que retomam, em parte, o disposto no ex-artigo 43.º do TUE e que se prendem com o facto de as cooperações reforçadas não poderem prejudicar o mercado interno nem a coesão económica e social e territorial, não poderem constituir uma restrição nem uma discriminação ao comércio entre os Estados membros nem provocar distorções de concorrência entre eles[605], bem como com o princípio da

---

[604] Cf. art. 20.º TUE.
[605] V. art. 326.º TFUE.

abertura das cooperações reforçadas a todos os Estados membros no momento da sua instituição ou posteriormente – especificando-se agora que desde que sejam respeitadas as eventuais condições de participação fixadas pela decisão de autorização[606] – o Tratado de Lisboa não só fixa outros princípios relativos às cooperações reforçadas como institui dois procedimentos distintos consoante se trate do domínio da PESC ou de outros domínios da União (excepto domínios de competências exclusivas).

Em primeiro lugar, afirma-se que «As cooperações reforçadas respeitam as competências, direitos e deveres dos Estados membros não participantes» e que estes últimos não dificultam a sua execução por parte dos Estados participantes[607]. Em segundo lugar, a Comissão e os Estados participantes devem assegurar que seja promovida a participação do maior número possível de Estados membros[608]. Em terceiro lugar, a Comissão e, quando for caso disso, o ARUNEPS informam periodicamente o PE e o Conselho da evolução das cooperações reforçadas[609]. Em quarto lugar, o Conselho e a Comissão devem garantir a «coerência das acções empreendidas no âmbito de uma cooperação reforçada, bem como a coerência dessas acções com as políticas da União»[610]. Por último, as despesas relativas à execução de uma cooperação reforçada que não sejam custos administrativos ficam a cargo dos Estados membros participantes[611].

O regime *comum* das cooperações reforçadas previstas no artigo 326.º e seguintes do TFUE consagra uma dualidade de procedimentos consoante se trate de uma cooperação no domínio da PESC ou noutro dos domínios previstos nos Tratados, com excepção dos domínios de competência exclusiva – respectivamente artigos 329.º, n.º 2, e 331.º, n.º 2, do TFUE e artigos 329.º, n.º 1 e 331.º, n.º 1, do TFUE. A dualidade de pro-

---

[606] V. art. 328.º, n.º 1, par. 1, TFUE. Tais condições de participação hão-de traduzir-se em condições de carácter objectivo que afastarão a participação numa cooperação reforçada por mero efeito da vontade política estadual.
[607] V. art. 327.º TFUE.
[608] V. art. 328.º, 1, par. 2, TFUE.
[609] V. art. 328.º, 2, TFUE.
[610] V. art. 334.º TFUE.
[611] Cf. art. 332.º TFUE – excepto decisão em contrário do Conselho, deliberando por unanimidade de todos os membros que o compõem (e não apenas dos que participam na cooperação reforçada) e após consulta ao PE.

cedimentos implica a participação de órgãos diferentes da União e a consagração de regras de deliberação pelo Conselho distintas[612].

Assim, no caso de cooperações reforçadas no domínio da PESC, os Estados interessados em instituí-las devem dirigir um pedido ao Conselho, o qual é transmitido ao ARUNEPS e à Comissão, para emissão de parecer – respectivamente sobre a sua coerência com a PESC e com as outras políticas da União – e a autorização é concedida pelo Conselho deliberando por unanimidade. Os Estados que desejem participar numa cooperação reforçada no domínio da PESC já instituída devem notificar a sua intenção ao Conselho, ao ARUNEPS e à Comissão – sendo o Conselho que, por unanimidade, confirma a participação do Estado em causa após consulta ao ARUNEPS e depois de constatar o preenchimento das condições de participação[613]. O Conselho, sob proposta do ARUNEPS pode ainda adoptar, também por unanimidade, as medidas transitórias necessárias quanto à aplicação de actos já adoptados.

No caso das demais cooperações reforçadas, o pedido deve ser dirigido à Comissão, a qual ou apresenta uma proposta nesse sentido ao Conselho ou informa os Estados das razões pelas quais não a apresenta – a autorização para a instituição de uma cooperação reforçada é concedida pelo Conselho, sob proposta da Comissão e após aprovação do PE. De igual modo, os Estados que desejem participar numa cooperação reforçada já instituída devem notificar a sua intenção ao Conselho e à Comissão, a qual, no prazo de 4 meses confirma a participação do Estado membro em questão – e, se for caso disso, constata o preenchimento das condições de participação e adopta as medidas transitórias necessárias à aplicação dos actos já adoptados no âmbito da cooperação reforçada[614].

---

[612] Relativamente à regra de deliberação do Conselho e ao processo de tomada de decisão, note-se que o artigo 333.º do TFUE prevê que sempre que uma disposição dos Tratados passível de ser aplicada no âmbito de uma cooperação reforçada determine que o Conselho delibera por unanimidade ou que adopta actos de acordo com um processo legislativo especial, o Conselho, deliberando por unanimidade nos termos do art. 330.º, pode adoptar uma decisão que determine, respectivamente, que deliberará por maioria qualificada e que deliberará de acordo com o processo legislativo ordinário – neste último caso delibera após consulta do PE.

[613] No caso de não estarem preenchidas as condições de participação, o Conselho indica quais as disposições a tomar pelo Estado membro interessado para satisfazer tais condições e estabelece um prazo para reanalisar o pedido de participação (cf. art. 331.º, n.º 2, par. 2, *in fine*, TFUE).

[614] No caso de não estarem preenchidas as condições de participação, a Comissão

11.2. O procedimento especial aplicável à instituição de cooperações reforçadas em matéria de cooperação judiciária em matéria penal e de cooperação policial

Os artigos 82.º, n.º 3, 83.º, n.º 3 e 86.º, n. 1, do TFUE, em matéria de cooperação judiciária em matéria penal e o artigo 87.º, n.º 3, do TFUE, em matéria de cooperação policial prevêem um procedimento especial relativamente ao procedimento do regime comum das cooperações reforçadas. A especialidade do procedimento traduz-se, em termos genéricos, na transformação de determinados processos legislativos, ordinários ou especiais, em cooperações reforçadas entre os Estados membros.

Os processos legislativos em causa são os seguintes: i) processo de aprovação de directiva, pelo PE e pelo Conselho, através do processo legislativo ordinário – para facilitar o reconhecimento mútuo das sentenças e decisões judiciais e a cooperação policial e judiciária nas matérias penais com dimensão transfronteiriça, ou para estabelecer regras mínimas relativas à definição das infracções penais e das sanções em domínios de criminalidade particularmente grave com dimensão transfronteiriça; ii) processo de aprovação de regulamentos, através de um processo legislativo especial (deliberação por unanimidade após consulta ao PE) – para instituição de uma procuradoria Europeia a partir da Eurojust; iii) processo de aprovação, pelo Conselho, deliberando através de processo legislativo especial (deliberação por unanimidade após consulta ao PE), de medidas em matéria de cooperação operacional entre as autoridades competentes dos Estados membros no âmbito da cooperação policial.

Nestes casos e, assim, no âmbito dos processos legislativos em causa, os Estados podem solicitar a submissão do projecto de acto ou medida ao Conselho Europeu ou porque consideram que o projecto de directiva no âmbito da cooperação judiciária em matéria penal prejudica «aspectos fundamentais do seu sistema de justiça penal»[615] ou porque não existe unani-

---

indica quais as disposições a tomar pelos Estados membros interessados para as satisfazer e estabelece um prazo para reanalisar o pedido de participação (art. 331.º, n.º 1, par. 3, TFUE) – se a Comissão continuar a entender que as condições não estão preenchidas o Estado pode submeter o assunto ao Conselho que se pronunciará sobre o pedido, deliberando (por maioria qualificada) nos termos do artigo 330.º TFUE e, poderá adoptar, sob proposta da Comissão, as medidas transitórias relativa à aplicação de actos já aprovados.

[615] Cf. arts. 82.º, n.º 3 e 83.º, n.º 3, TFUE.

midade no seio do Conselho quando o acto ou medida deva ser aprovada através de processo legislativo especial (unanimidade do Conselho após aprovação do PE)[616].

Se tal acontecer, o processo legislativo, ordinário ou especial, consoante o caso, fica suspenso, o projecto de acto ou medidas é submetido ao Conselho Europeu e, na falta de consenso[617], e desde que pelo menos 9 Estados assim pretendam, o processo legislativo transforma-se, de forma 'quase-automática' num processo de cooperação reforçada com base no projecto – de acto ou medida – em causa. Assim, os Estados interessados notificam o PE, o Conselho e a Comissão e «considera-se que foi concedida» a autorização para proceder à cooperação reforçada referida no n.º 2 do artigo 20.º do TUE e no n.º 1 do artigo 329.º do TFUE, aplicando-se as disposições relativas à cooperação reforçada.

11.3. *O regime especial da cooperação estruturada permanente em matéria de Política Comum de Segurança e Defesa*

O TUE, no âmbito da PESC e, dentro desta, das disposições relativas à PCSD, prevê a possibilidade de os Estados membros instituírem uma *cooperação estruturada permanente* no âmbito da União e que se rege pelo regime especial previsto no artigo 46.º do mesmo Tratado.

A cooperação estruturada permanente vem dar corpo à excepção à possibilidade de instituição de cooperações reforçadas prevista pelo Tratado de Nice quando estendeu as cooperações reforçadas ao segundo pilar (PESC) – determinando então que as mesmas não podiam incidir em questões que tivessem implicações militares ou do domínio da defesa[618]. Onde não era possível instituir cooperações reforçadas, o Tratado de Lisboa vem modificar o TUE no sentido de permitir a instituição de uma cooperação estruturada permanente que se distingue daquelas, entre outros, por dois

---

[616] Cf. arts. 86.º, n.º 1, par. 2, e 87.º, n.º 3, par. 2, TFUE.

[617] Existindo consenso, o Conselho Europeu, no prazo de 4 meses a contar da data da suspensão, consoante se trate de processo legislativo ordinário ou especial, remete o projecto ao Conselho, o qual porá termo à suspensão do processo legislativo ordinário (arts. 82.º, n.º 3, par, 1, e 83.º, n.º 3, par. 1, TFUE) ou remete o projecto ao Conselho para adopção (arts. 86.º, n.º 1, par. 2, e 87.º, n.º 3, par. 2, TFUE).

[618] Vide o teor do ex-art. 27.º-B, par. 2, do TUE.

aspectos essenciais: a dispensa do requisito geral do número mínimo de Estados membros participantes e o imperativo de preenchimento de requisitos específicos e da assunção de compromissos como condição da participação numa cooperação estruturada permanente *ab initio* e posteriormente.

A cooperação estruturada permanente pode ser instituída pelos «Estados cujas capacidades militares preencham critérios mais elevados e que tenham assumido compromissos mais vinculativos na matéria tendo em vista a realização das missões mais exigentes». A participação de Estados membros numa cooperação estruturada permanente depende do preenchimento dos critérios e da subscrição dos compromissos em matéria de capacidades militares previstos no *Protocolo (N.º 10) relativo à cooperação estruturada permanente estabelecida no artigo 42.º do Tratado da União Europeia*.

O estabelecimento de uma cooperação estruturada permanente não depende do preenchimento de um número mínimo de Estados membros – ao contrário das cooperações reforçadas, incluindo em matéria de PESC – mas do preenchimento dos critérios e subscrição dos compromissos previstos naquele Protocolo. Nos termos do Protocolo, a participação dos Estados membros numa cooperação estruturada permanente implica a assunção do compromisso, desde a entrada em vigor do Tratado de Lisboa, de proceder de forma mais intensiva ao desenvolvimento das suas capacidades de defesa[619] e de fornecer, o mais tardar em 2010, quer a título nacional quer enquanto elemento de grupos multinacionais, unidades de combate especificamente treinadas para as missões programadas, que estejam em condições de levar a cabo as missões previstas no artigo 43.º do TUE[620], num prazo de 5 a 30 dias, designadamente para responder a pedi-

---

[619] Cf. art. 1.º, a), do Protocolo (N.º 10). Nos termos desta disposição o «desenvolvimento das suas capacidades de defesa é feita a através do desenvolvimento dos respectivos contributos nacionais, e, se for caso disso, da participação em forças multinacionais, nos principais programas europeus de equipamento e da actividade da Agência Europeia de Defesa (cf. art. 42.º, n.º 3, par. 2, e art. 45.º TUE).

[620] As missões em causa, previstas no art. 43.º TUE, nas quais a União pode utilizar meios civis e militares, incluem as acções conjuntas em matéria de desarmamento, as missões humanitárias e de evacuação, as missões de aconselhamento e assistência em matéria militar, as missões de prevenção de conflitos e de manutenção de paz, as missões de forças de combate para a gestão de crises, incluindo as missões de restabelecimento de paz e as operações de estabilização no termo dos conflitos.

dos da Organização das Nações Unidas, e que possam estar operacionais por um período inicial de 30 dias, prorrogável até 120 dias, no mínimo. Além disso, os Estados que participem numa cooperação estruturada permanente comprometem-se a: cooperar no sentido de alcançar objectivos acordados relativamente ao nível de despesas de investimento em matéria de equipamento de defesa e a rever regularmente esses objectivos; aproximar, na medida do possível, os seus instrumentos de defesa; tomar medidas concretas para reforçar a disponibilidade, interoperabilidade, a flexibilidade e a capacidade de colocação das suas forças no terreno; cooperar no sentido de garantir que os Estados membros participantes tomem as medidas necessárias para colmatar as lacunas constatadas no âmbito do «Mecanismo de Desenvolvimento de Capacidades»; e participar, se for caso disso, no desenvolvimento de programas comuns ou europeus de grandes equipamentos no âmbito da Agência Europeia de Defesa[621].

Em termos procedimentais, o estabelecimento de uma cooperação estruturada permanente passa pela notificação, ao Conselho e ao ARUNEPS, pelos Estados membros, da sua intenção de a estabelecer e pela adopção de uma decisão do Conselho que, no prazo de 3 meses a contar daquela notificação, estabelece a cooperação e determina a lista dos Estados membros participantes deliberando por maioria qualificada após consulta ao ARUNEPS[622]. A cooperação estruturada permanente está aberta

---

[621] Cf. art. 2.º, a) a e) do Protocolo (N.º 10).

[622] Cf. art. 46.º, 1 e 2, TUE. Na falta de indicação expressa, deve entender-se que a maioria qualificada prevista no n.º 2 do art. 46.º TUE – para a aprovação da decisão que estabelece uma cooperação estruturada permanente – é definida a partir de 1 de Novembro de 2014, nos termos do n.º 2 do artigo 238.º TFUE, já que o Conselho não delibera sob proposta da Comissão ou do ARUNEPS, existindo apenas «consulta» prévia deste – ou seja, a maioria qualificada corresponde a, pelo menos, 72% dos membros do Conselho, devendo estes representar Estados membros que reúnam, no mínimo, 65% da população. Até 31 de Outubro de 2014 (e, se for caso disso, entre 1/11/2014 e 31/3/2017), aplicar-se-á o disposto no art. 16.º, 5, TUE e no Protocolo (N.º 36) relativo às disposições transitórias, cujo artigo 3.º, n.º 3, prevê que, não existindo obrigatoriedade de proposta da Comissão, a deliberação por maioria é qualificada é tomada em função de três patamares distintos: n.º de votos ponderados (255), número de Estados membros (mínimo de 2/3 dos Estados membros) e, se tal for pedido por um Estado membro, percentagem da população (62% da população total da União). A mesma regra se aplica até 31/10/2014 quando nem todos os Estados membros participem na votação (art. 3.º, n.º 4 do referido Protocolo) – o que sucede nos casos previstos nos n.ᵒˢ 3 e 4 do art. 46.º do TUE.

à participação de outros Estados membros que preencham os critérios e subscrevam os compromissos acima referidos e mediante decisão do Conselho deliberando em moldes idênticos aos impostos para o estabelecimento da cooperação estruturada – com a diferença de só tomarem parte na votação os membros do Conselho que representem os Estados membros participantes[623]. No caso de os Estados participantes deixarem de preencher aqueles requisitos ou de poder satisfazer os necessários requisitos, o Conselho pode adoptar, em moldes idênticos, uma decisão que suspenda a participação do Estado em causa[624]. O TUE prevê também a possibilidade de um Estado membro se retirar da cooperação estruturada, a qual depende apenas de notificação de decisão do Estado nesse sentido ao Conselho, que dela toma nota. Por último refira-se que as demais decisões e as recomendações do Conselho no âmbito da cooperação estruturada permanente são adoptadas por unanimidade, a qual é constituída apenas pelos votos dos representantes dos Estados membros participantes – restando saber se, na falta de remissão ou referência expressa nesse sentido, é aplicável a regra da abstenção construtiva prevista no artigo 238.º, n.º 4, TFUE e segundo a qual as abstenções dos membros presentes ou representados não impedem que sejam tomadas as deliberações do Conselho que exijam unanimidade. Deve entender-se que sim, sobretudo tendo em conta o disposto na regra geral constante do artigo 16.º, 3, do TUE e o não afastamento expresso do regime geral previsto no artigo 238.º, 4 do TFUE.

---

[623] À aprovação da decisão de confirmação da participação de um Estado membro é aplicável, conforme dispõe o n.º 3 do art. 46.º TUE, a alínea a) do n.º 3 do artigo 238.º do TFUE, uma vez que nem todos os Estados membros do Conselho tomam parte na votação – só tomam parte os membros do Conselho que representem os Estados participantes. Note-se que em rigor a remissão deveria ser para a alínea b) do n.º 3 do artigo 238.º TFUE que se aplica quando o Conselho, como se julga ser o caso, não delibera sob proposta da Comissão ou do ARUNEPS – já que o n.º 3 do art. 46.º TUE apenas prevê a «consulta» do ARUNEPS. Poderá ter sido intenção todavia facilitar a aprovação da decisão em causa, já que a maioria prevista na alínea a) do n.º 3 do art. 238.º TFUE é menos exigente do que a prevista na alínea b).

[624] À aprovação da decisão de suspensão em causa é aplicável, conforme dispõe o n.º 4 do art. 46.º TUE, a alínea a) do n.º 3 do artigo 238.º do TFUE, uma vez que só tomam parte na votação os membros do Conselho que representem os Estados participantes. Também neste caso, em rigor, a remissão deveria ser para a alínea b) do n.º 3 do art. 238.º TFUE que se aplica quando o Conselho, como se julga de igual modo ser o caso, não delibera sob proposta da Comissão ou do ARUNEPS. Veja-se o disposto na nota anterior.

ÍNDICE

Nota prévia 5

Abreviaturas e siglas 7

I – O TRATADO DE LISBOA

§ 1 **Antecedentes: do Tratado de Nice à entrada em vigor do Tratado de Lisboa** 11

§ 2 **A conformação do Tratado de Lisboa pelo Mandato da Conferência Intergovernamental definido pelo Conselho Europeu de Bruxelas de Junho de 2007** 15

2.1. As «modificações» às inovações da Conferência Intergovernamental de 2004 17
2.2. As alterações ao Tratado da União Europeia 24
2.3. As alterações ao Tratado da Comunidade Europeia 25

§ 3 **O Tratado de Lisboa: apreciação geral** 29

3.1. A estrutura de pilares 30
3.2. A «desconstitucionalização» dos Tratados 33
3.3. O estatuto jurídico da Carta dos Direitos Fundamentais da União Europeia.... 33
3.4. As atribuições da União Europeia 39
3.5. As alterações institucionais 40
3.6. As alterações constantes do Tratado que estabelece uma Constituição para a Europa e retomadas pelo Tratado de Lisboa 42
  3.6.1. Alterações ao Tratado da União Europeia 42
  3.6.2. Alterações ao Tratado da Comunidade Europeia 44
  3.7. Balanço geral: um *novo* mas *velho* Tratado 45

II – A UNIÃO EUROPEIA APÓS O TRATADO DE LISBOA

§ 4 Princípios, valores e objectivos da União Europeia 51

§ 5 Atribuições e políticas da União Europeia 57

§ 6 Cidadania e legitimação democrática 71

6.1. As vias de reforço do lugar do cidadão da União na construção europeia 71
6.2. O controlo da observância do princípio da subsidiariedade pelos parlamentos nacionais, em especial 78

§ 7 Direitos Fundamentais e adesão da União Europeia à Convenção Europeia dos Direitos do Homem 83

7.1. O objectivo de adesão da União Europeia à Convenção Europeia dos Direitos do Homem 83
7.2. Algumas questões jurídicas subjacentes à adesão da União Europeia à Convenção Europeia dos Direitos do Homem 88
    7.2.1. Catálogo de direitos fundamentais... 88
    7.2.2. Legitimidade passiva e legitimidade activa................................ 89
    7.2.3. Exaustão dos meios internos.. 91
    7.2.4. Reparação razoável 93
    7.2.5. Violação de direitos fundamentais no domínio da Política Externa e de Segurança Comum 93
    7.2.6. Natureza da Convenção Europeia dos Direitos do Homem enquanto fonte de Direito da União Europeia 95
    7.2.7. Exclusividade de jurisdição do Tribunal de Justiça da União Europeia e do Tribunal Europeu dos Direitos do Homem 95
7.3. A (in)suficiência do sistema jurisdicional de protecção dos direitos fundamentais da Ordem Jurídica da União Europeia 97

§ 8 A estrutura orgânica da União Europeia 109

8.1. As alterações institucionais.. 109
    8.1.1. A elevação do Conselho Europeu a «instituição» da União Europeia... 109
    8.1.2. A criação do cargo de Presidente do Conselho Europeu 112
    8.1.3. O estatuto jurídico do Alto Representante da União para os Negócios Estrangeiros e a Política de Segurança 112
    8.1.4. A composição da Comissão.. 117
    8.1.5. O sistema de votação por maioria qualificada no Conselho e no Conselho Europeu 120

8.1.6. O sistema de presidências rotativas do Conselho	130
8.2. Os poderes legislativo e executivo	133
8.3. Do 'triângulo' institucional ao 'pentágono' institucional: o significado do princípio do equilíbrio institucional à luz do Tratado de Lisboa	138

§ 9 O poder judicial ... 141

9.1. A organização do poder judicial	141
9.2. Os meios contenciosos	149
9.2.1. Processo por incumprimento	150
9.2.2. Recurso de anulação	153
9.2.3. Processo por omissão	155
9.2.4. Processo das questões prejudiciais	157
9.2.5. Acção de responsabilidade civil extracontratual	159
9.2.6. Excepção de ilegalidade	160
9.3. As disposições transitórias	161
9.4. A competência *ratione materiae* do Tribunal de Justiça da União Europeia	163
9.4.1. As disposições relevantes	163
9.4.2. A evolução verificada	169
9.5. O balanço	175

§ 10 Incumprimento dos Estados membros e poder sancionatório da União Europeia ... 179

10.1. As alterações decorrentes do Tratado de Lisboa	180
10.1.1. Processo por incumprimento *qualificado*	180
10.1.2. Processo por incumprimento *especial*	182
10.1.3. Processo por incumprimento *comum*	184
10.2. O balanço	186

§ 11 Cooperações reforçadas e cooperação estruturada permanente ... 189

11.1. O regime comum das cooperações reforçadas e o procedimento aplicável às cooperações reforçadas no domínio da Política Externa e de Segurança Comum e nos demais domínios referidos nos Tratados	190
11.2. O procedimento especial aplicável à instituição de cooperações reforçadas em matéria de cooperação judiciária em matéria penal e de cooperação policial	193
11.3. O regime especial da cooperação estruturada permanente em matéria de Política Comum de Segurança e Defesa	194
Índice	199